Der Krieg in unseren Städten

UDO ULFKOTTE

Der Krieg

Wie radikale Islamisten
Deutschland unterwandern

in unseren Städten

Eichborn.

1 2 3 4   05 04 03

© Eichborn AG, Frankfurt am Main, März 2003
ISBN 3-8218-3978-3

*»Dann und wann begegnen wir der Realität
und sind überhaupt nicht auf sie vorbereitet.«*
John Le Carée

*Für Sean Tom Ernst Dobler und Pascal Braun,
die wie viele andere Kinder in einer unruhigen
und wahrlich gefährlichen Zeit geboren wurden;
und natürlich für alle Harley-Fahrer.
Ride Free ...*

Inhalt

Vorwort 11

Teil I
Spurensuche – Islamistische Wölfe im Schafspelz muslimischer Vereine
Ein hermetisch abgeriegeltes Gelände   23
Waffenbrüder im Namen Allahs   26
Das Netzwerk der Familie El-Zayat   30
Unterwanderung, Tarnung, Geldwäsche – Die Muslimbrüder,
  ihre „Wohltätigkeitsorganisationen« und weitere
  »Glaubenskämpfer«   40
Der islamistische Staat im deutschen Staate: Milli Görüs (IGMG)   58
Der Kalif von Köln – Verboten und trotzdem wirksam   73
Hizb ut-Tahrir – Eine radikale Stimme   88
Al Aqsa e.V. – Spenden sammeln für die Hamas   95
Von Eroberern und Moscheen   103

Teil II
Das Netzwerk der Islamisten und die Organisierte Kriminalität
Juristische Versteckspiele   113
Von ehrenwerten Autohändlern und eigenartigen
  Finanztransfers   116
Pilgerreisen, Heilbehandlungen – und Tarngeschäfte?   123
Auf der Suche nach der Waffenschieberbande   125
Terrorismus und Organisierte Kriminalität   130
Ajatollah Chamenei und der öffentliche Dienst   137
Die iranische Revolution in den deutschen Moscheen   142
Terroristische Telefonbücher, islamistische Netzwerke und die
  Vorbereitungen auf einen Massenmord   146
Die Frankfurter Tarik-Moschee – Anschlagsvorbereitungen
  auf Fährschiffe   151
Geldwäsche nach dem Glückskettenprinzip – Milli Görüs und
  die Kombassan Holding A. S.   157

Teil III
Willkommen im Kalifat von Europa
   Bereit zur Zerstörung der westlichen Welt 169
   Gemeinsamer Nährboden – Der Nahe Osten, die Islamisten
      und die Rechtsextremisten 178
   Söhne und Töchter aus »gutem« Hause – Soldaten für
      den Dschihad 183
   Die Saat der Gewalt – Selbstmordattentäter 187
   Die neue Weltunordnung 194
   Religion und Terror – Eine unheilige Allianz 197

Teil IV
Und was tut der Staat?
   Tausche Freiheit gegen Sicherheit 203
   Die Angst vor der Unsicherheit – Eine Bankrotterklärung
      des Rechtsstaats? 207
   Der Terrorismus und die Medien – Ein zynisches Kalkül 213
   Fanal einer neuen Bedrohung 215
   Frustrierte Ermittler 218
   Machtlose Behörden 220
   Von der Politik im Stich gelassen 225
   Der kommende Krieg in unseren Städten 231
   Gegenmaßnahmen 241

Nachbemerkung 245

Anhang
Abkürzungen 249
Auszüge aus Dokumenten und Schriften 251
Literaturhinweise 258
Register 264
Danksagung 272

Vorwort

Deutschland wird unterwandert. Islamisten tarnen sich als friedliche Muslime und verbergen sich in islamistischen Vereinigungen, die über die gesamte Republik verteilt sind. Sie spinnen ein Netzwerk des potenziellen Terrors, das jederzeit aktiviert werden kann. Eine islamistische Minderheit rüstet zum Angriff gegen den deutschen Rechtsstaat, indem sie heimlich, still und leise eine Infrastruktur zweifelhafter Organisationen schafft, deren Einfluss bis in die entlegensten Winkel unserer Gesellschaft reicht.

Viele der in diesem Buch erwähnten Personen sprechen im Namen aller hier lebenden Muslime und sind inzwischen zu herausragenden Repräsentanten »des« Islam geworden. Der Autor ist davon überzeugt, dass die meisten deutschen Muslime keine Ahnung davon haben, was in ihrem Namen und hinter ihrem Rücken geschieht. Um es ganz deutlich zu sagen: Dieses Buch ist NICHT repräsentativ für die Mehrheit der Muslime in der Bundesrepublik. Aber in gewissen Kreisen wird es für Aufregung und Entrüstung sorgen. Denn das Buch widmet sich den Aktivitäten der Islamisten unter den Muslimen, ihren Organisationen, ihrer Tarnung, der Geldbeschaffung und vor allem ihren Zielen, die seit dem 11. September 2001 jeden Menschen angehen – auch in Deutschland.

Während der Islam eine Religion ist, ist der Islamismus eine Ideologie. Und nicht der Islam, sondern der Islamismus ist die Ursache der heutigen Gefahr. Die Religion ist nur das Medium eines politischen Konflikts und, wenn man so will, die Tarnkappe der Terroristen im Namen Allahs. Den Islamismus haben wir in der industrialisierten Welt bisher nur dann wahrnehmen wollen, wenn er uns selbst oder unsere Verbündeten (zum Beispiel in Israel) bedroht. Gleichwohl polemisiert er scharf gegen Europa und die USA. Er bombt sich immer lautstarker mit terroristischen Anschlägen in das Gedächtnis unserer Kultur, die in der Vergangenheit lieber über die Aussöhnung zwischen christlicher und muslimischer Welt als über den »Kampf der Kulturen« im Sinne von

Samuel P. Huntington nachdachte. Die Auffassung jedoch, wonach der Islam (und nicht nur der Islamismus) für den Westen eine fundamentalistische Bedrohung darstellt, ist gefährlich, da sie dem Absolutheitsanspruch der islamistischen Chefideologen entgegenkommt. Dabei sind die Islamisten nur eine kleine – wenn auch wachsende – Gruppe innerhalb des Islams.

Religion und Politik bilden für die Islamisten eine untrennbare Einheit. Die Botschaft des Korans ist für sie eindeutig und unveränderlich, die Scharia betrachten sie als universal gültige Rechts- und Werteordnung. Auch in den kleinsten Dingen des täglichen Lebens dulden sie keine Abweichung von dem, was ihnen als unmittelbares Gotteswort gilt. Der Fluchtpunkt ihrer politischen Ziele ist die Errichtung einer weltweiten Gemeinschaft aller Muslime, eines islamischen Staats, eines »Kalifats« – notfalls mit Gewalt. Gerechtfertigt wird dies durch die angebliche Entrechtung der muslimischen Bevölkerungsschichten, die sich nach Selbstachtung und Anerkennung sehnen, von der intellektuellen und kulturellen Aggression des Westens aber permanent mit Füßen getreten werden. Das islamistische Motto »Der Islam ist die Lösung« klingt vor diesem Hintergrund einfach und verlockend.

Aus der Sicht des Westens ist es kaum verständlich, welche Folgen der israelisch-arabische Konflikt für die Erfolgswelle des Islamismus nach sich zog. 1967 wurde mit dem Sieg Israels im Sechs-Tage-Krieg das Selbstbewusstsein der muslimischen Welt zerstört – und der Nährboden für die islamistische Ideologie vom Sieg der missachteten islamischen Minderheit über die westliche Welt bereitet. Von diesem Zeitpunkt an erlebte das, was zunächst unter dem Namen »islamischer Fundamentalismus« beschrieben wurde, eine beispiellose Renaissance. Mit dem Sturz des Schahs 1978/79 gelangten die Islamisten im Iran erstmals in die Lage, ein Staatswesen nach ihren Auffassungen zu verwirklichen. In Pakistan kam der islamistische General Zia ul-Haq an die Macht, in der Türkei bildete die Bewegung um Necmettin Erbakan (der nicht nur verwandtschaftliche Beziehungen nach Deutschland unterhält) ein Auffangbecken für Fundamentalisten, im Sudan einte Hassan al Turabi die muslimischen Massen des Nordens, und auch in Algerien zeichnete sich früh eine Entwicklung ab, die bisher mehr als 100 000 Menschen das Leben kostete. In Marokko, Pakistan und der Türkei haben die Islamisten im

Jahr 2002 große Wahlerfolge errungen. Die größte Sprengkraft aber entfaltet der Islamismus als Oppositionsideologie. Von Algerien über den Nahen Osten bis hin zum indischen Subkontinent und auf den Philippinen verstehen sich die Islamisten als Sammelbecken für Unzufriedene und sozial Benachteiligte, für deren Rechte sie vermeintlich immer dann eintreten, wenn sich die Regierungen ihrer Meinung nach den Vorwurf der »Gottlosigkeit« eingehandelt haben. Die Hoffnung, der Islamismus werde keinen Zuspruch unter den Muslimen der Welt finden, hat sich als falsch erwiesen. Nach der Parole des iranischen Revolutionsführers Ajatollah Chomeini »Weder Ost noch West, sondern Islam« kämpfen Islamisten heute auf allen Kontinenten gegen »Juden und Kreuzfahrer«.

Die Unterscheidung zwischen der radikalen islamistischen Minderheit, die dem weltweiten Terrorismus das Wort redet, und der friedliebenden islamischen Mehrheit ist demnach elementar – nicht nur in religions- oder kulturphilosophischer, sondern vor allem auch in weltpolitischer Hinsicht. Aus Furcht vor dem Vorwurf der Ausländerfeindlichkeit wagt man es in der Bundesrepublik jedoch nur selten, die Trennung zwischen Islam und Islamismus wahrzunehmen. Selbst nach den Anschlägen von New York und Washington standen die Islamisten hierzulande unter keinem sonderlich hohen Fahndungsdruck. Man kennt zwar ungefähr 1800 in Deutschland lebende Ausländer islamischen Glaubens mit Namen und Anschrift, die sich für künftige Gewalttaten bereithalten. Man kennt ihre Kontakte, ihr Denken und ihr Gewaltpotenzial. Aber solange sie keine Straftaten begehen, kann man sie nicht verhaften, sondern allenfalls ausweisen. Da viele von ihnen zwischenzeitlich die deutsche Staatsbürgerschaft angenommen haben, ist auch das oftmals unmöglich. Die Ausländerakten wurden vernichtet, und die Observation der Verdächtigen scheitert bei den Sicherheitsbehörden für gewöhnlich an Personenmangel.

Im Jahr 2002 waren es in Deutschland vor allem türkischstämmige Islamisten, die auffielen: Bundesweit bekannt wurde ein Kölner Türke, der vor lauter Bewunderung für die Al Qaida seinen neugeborenen Sohn »Osama Bin Laden« nennen wollte. Anfang des Jahres behauptete der in Pakistan lebende Terroristenausbilder Hassan Butt, 60 türkischstämmige Deutsche in pakistanische Terroristencamps gebracht zu haben, von denen 20 mit »Missionen« schon wieder nach Deutschland zurückgekehrt seien. Die meisten der türkischen Islamisten, die scheinbar isolierte Einzeltäter sind, hegen große Sympathien für eine der bekanntesten muslimischen Gruppen in Deutschland, die der islamistischen Ideologie anhängt: die »Islamische Gemeinschaft Milli Görüs« (IGMG).

Wann immer in Deutschland Terrorzellen enttarnt werden, ist das Gedankengut von Milli Görüs nicht weit: Der bekennende Islamist Meliani, der zum Jahreswechsel 2000/2001 einen Anschlag auf den Straßburger Weihnachtsmarkt vorbereitete und in Afghanistan für den »Heiligen Krieg« ausgebildet worden war, besuchte jeden Freitag zum Gebet die Mevlana-Moschee in Berlin. Ermittlungen zufolge gehört die Moschee zu Milli Görüs. In der Moschee legt man natürlich Wert darauf, dass diese ein Ort des Glaubens und kein Treffpunkt für Terroristen ist. In Bremen sieht die Situation nicht anders aus. Der dortige Verfassungsschutz berichtete der *Welt am Sonntag*, im »inneren Zirkel« der Fatih-Moschee sei der Anschlag des 11. September 2001 »mit unverhohlener Freude begrüßt« worden. Die Fatih-Moschee soll Sicherheitsbehörden zufolge ebenfalls ein Teil von Milli Görüs sein. Überall gibt es in der Islamistenszene Querverbindungen, die bei der »Islamischen Gemeinschaft Milli Görüs« zusammenlaufen. Ein Anliegen des Buches ist es, diesen Spuren nachzugehen und Verbindungen aufzuzeigen, die häufig zu Milli Görüs bestehen. Denn nach Erkenntnissen des Autors, die im Verlaufe des Buches offen gelegt werden sollen, werden viele islamische Betvereine und Gotteshäuser in Deutschland für die Rekrutierung oder Unterstützung von Islamisten missbraucht. Das Zentrum dieses islamistischen Spinnennetzes bildet in jüngster Zeit zunehmend Milli Görüs. Von dort werden die Fäden weiter gesponnen ins Ausland, zur radikalen ägyptischen Muslimbruderschaft, zur Hamas, Hisbollah und zur Al Qaida. Vor diesem Hintergrund war es gewiss auch kein Zufall, dass einige der Attentäter des 11. Septembers 2001 ausgerechnet in der hessischen Landeshauptstadt Wiesbaden ihren »Abschied« feierten. Mit dabei waren nämlich Muslimbrüder und Mitglieder verschiedener muslimischer Vereine. Das aber wurde der Öffentlichkeit bis heute nicht mitgeteilt.

Lange Zeit gab es in Deutschland ein ungeschriebenes Gesetz: Die hier lebenden Muslime verhalten sich friedfertig und brauchen dafür im Gegenzug staatliche Repressionen oder die Auslieferung in ihre autoritären Heimatländer nicht zu fürchten.« »Schurkenstaaten« wie die Islamische Republik Iran oder Libyen entsandten ihre Geheimdienstminister, um mit deutschen Regierungsvertretern stille Übereinkünfte auszuhandeln, die die Bundesrepublik zur Tabuzone für den Terror erklärten – was natürlich seinen Preis hatte. Es war der bleibende Eindruck des 5. September 1972, der die Regierenden in diesem Sinne handeln ließ. Damals ermordeten Terroristen aus dem Nahen Osten während der Olympischen Spiele in München elf israelische Sportler. Fortan wollte Deutschland alles dafür tun, nie wieder zum Schauplatz eines Terroranschlags zu werden. Dieser Vorsatz führte zu »vertrauensbildenden« Gesprächen mit iranischen, irakischen, sudanesischen, libanesischen, syrischen, jemenitischen und vielen anderen Geheimdienstchefs, denen man Einfluss auf die gewaltbereiten Islamisten unterstellte. Die Rechnung ging auf: Mit wenigen Ausnahmen wie dem Anschlag auf das Berliner Restaurant »Mykonos« wurde Deutschland vom nahöstlichen Terror lange Zeit verschont.

Nach dem Fall der Mauer und dem Zusammenbruch der Sowjetunion entglitten die radikalen islamistischen Gruppen ihren Ziehvätern in den Geheimdiensten des Nahen Ostens. Während der Kommunismus friedlich scheiterte, erlebte der islamische Fundamentalismus einen ungeahnten Aufstieg. Abgesehen von einigen wenigen Fachleuten wollte diese Entwicklung niemand so richtig zur Kenntnis nehmen. Zu sehr hatte man in der Vergangenheit den Blick auf den Eisernen Vorhang und die vermeintlich dahinter lauernde Gefahr gerichtet. So sehr, dass sich der Westen nach der Auflösung der Sowjetunion auf der Siegerseite und in Sicherheit wähnte. Wie in Trance vergaß man dabei nach und nach die Grundregeln jeglicher Wachsamkeit. Dieses trügerische Gefühl einer nur noch fiktiven Sicherheit fand am 11. September 2001 ein abruptes Ende. An jenem Tag wurde die westliche Welt wachgerüttelt.

Seitdem war man sich bewusst: Es ist nur noch eine Frage der Zeit, bis es auch in Deutschland Anschläge geben wird, die den 5. September 1972 wie eine Anfängerübung von Terrorschülern aussehen lassen werden. Deutschland als Schauplatz eines unerklärten Krieges, auch wenn die Bürger davon zunächst nichts zu spüren bekamen. Das Land mit dem liberalsten Asylrecht innerhalb der Europäischen Union, das Land, das vor lauter gut gemeintem Respekt vor dem Gebot der Religionsfreiheit Terrorgruppen wie der Hamas und der Hisbollah gestattete, in ihren hiesigen religiösen Zentren offen für den Terror gegen Israel und alle Andersdenkenden zu werben, ausgerechnet dieses Land sollte nun die Quittung für seine Toleranz präsentiert bekommen. Am 11. September 2001 ahnte man das bereits in Berlin.

Genau sieben Monate später, am 11. April 2002, wurde klar, dass die alten Spielregeln tatsächlich nicht mehr galten. Ein zur Flüssiggasbombe umgebauter Lieferwagen explodierte vor der Synagoge der tunesischen Ferieninsel Djerba. Der Attentäter Nizar Ben Mohammed Nawar rief an jenem Tag um 7.07 Uhr noch einmal bei seinem Freund Christian G. in Deutschland an. Nawar meldete sich am Telefon mit seinem Kampfnamen. Er sagte, er sei »Saif« (»das Schwert«) und brauche nur noch seine »Daawa« (seine »Einladung«). »So Allah will«, antwortete Christian G. Hundert Minuten später starben auf Djerba zehn deutsche Urlauber und fünf Tunesier. »Saif« hatte zugeschlagen. Der Auftrag zum Töten kam aus Deutschland. Christian G. war längere Zeit in Afghanistan und Pakistan gewesen, leugnete aber erfolgreich, eine »Terrorausbildung« absolviert zu haben. Nachweisen konnte man dem deutsch-polnischen Konvertiten überhaupt nichts, obwohl bei der Hausdurchsuchung die Kontonummer der russischen Frau von Mounir al-Motassadeq gefunden wurde, der das Testament von Mohammed Atta beglaubigt hatte, und obwohl bei seinem marokkanischen Freund Karim M. die ehemalige Telefonnummer des Logistikers der Al Quaida, Ramzi Bin al Shibh (Binalshibh), gefunden wurde, der sich nichts sehnlicher gewünscht hatte, als mit einem der Flugzeuge des Atta-Kommandos über das World Trade Center oder das Pentagon direkt ins Paradies zu fliegen. (Sein Wunsch scheiterte daran, dass er kein Visum für den Besuch einer Flugschule in den USA bekam.)

Der Krieg gegen die westliche Welt hat längst im Verborgenen begonnen – und das Merkwürdigste an ihm ist, dass man den Drahtziehern und Hintermännern so gut wie nie etwas beweisen kann. Die neuen Krieger haben keine Hemmungen, den demokratischen Rechtsstaat, den sie aus Überzeugung ablehnen, zum Schutz vor Bestrafung und Ausweisung anzurufen. Der von amerikanischen Ermittlern als Komplize der World-Trade-Center-Attentäter verdächtigte und in Hamburg lebende Syrer Mamoun Darkanzali hob sogar lobend hervor: »Ich habe

Vertrauen in das deutsche Rechtssystem.« Kein Wunder, dass sich »Schläfer« mit Vorliebe in Deutschland verstecken. Denn die Polizei verhaftet die Verdächtigen, und die Richter setzen sie gleich wieder auf freien Fuß. Eine absurde Situation, die mittlerweile zum Alltag der Ermittler in der Islamistenszene gehört. Verantwortlich dafür ist eine weitere Spezies von »Schläfern«, die in den Reihen der Politiker zu finden ist: Viele Politiker vergessen gerne, dass die Planer der Anschläge vom 11. September 2001 nicht in Afghanistan, sondern in Europa – vor allem auch in Deutschland – lebten. Sie vergessen, dass die Anti-Terror-Allianz im weit entfernten Afghanistan den Taliban eine Niederlage abringen konnte, die Mehrzahl der Terrorgruppen jedoch unabhängig von der Al Qaida darauf wartet, den weltweiten Kampf fortzuführen.

Vor allem die europäischen Politiker haben ihre Lektion noch nicht richtig gelernt: Zum ersten Mal in der Geschichte verfügen Terroristen über ein enormes Zerstörungspotenzial, das sie ohne Skrupel einsetzen werden. Solange eine Bombe, eine Pistole oder ein Dolch als Waffe dient, bleibt die Zahl der Opfer begrenzt. Auch wenn ein Flugzeug entführt wird, kommt nicht gleich der ganze Flugbetrieb zum Erliegen. Wenn aber ein Flugzeug in ein Hochhaus hineinfliegt, kommen Tausende von Menschen zu Tode, und die Welt steht für einen Augenblick still. Angesichts dieser neuen Bedrohung muss die Politik ihre punktuelle Sprachlosigkeit erst noch überwinden. Man verharmlost die »rein abstrakte Gefahr« und legt eine kollektive Verantwortungslosigkeit an den Tag, indem man den Menschen in den westlichen Ländern verschweigt, was sich vor ihren Haustüren zusammenbraut. Statt sich dieser Verantwortung zu stellen, blicken viele Politiker beständig nach Afghanistan oder Pakistan und loben die angeblichen Erfolge gegen die »Achse des Bösen«.

Dieses Buch blickt nicht nach Afghanistan. Es erwähnt den fernen Bin Laden und die Al Qaida allenfalls am Rande. Auch wenn in Europa einige Terrorzellen Bin Laden unterstützen, den Kampf gegen unsere freiheitlich-demokratische Grundordnung führen hierzulande aber ganz andere Gruppen. Dem Autor bekannte Polizeiberichte, Informationen von Ermittlungsbehörden und andere Dokumente machen deutlich: Wir beherbergen und finanzieren in Deutschland genügend Islamisten, denen wir aus falsch verstandener Toleranz jegliche Gelegenheit bieten, um in aller Ruhe und Verschwiegenheit ein Netzwerk des Terrors aufzubauen.

Die jüngste Geschichte des Terrorkriegs, der im Begriff ist, auf unsere Städte überzugreifen, gleicht ein wenig jenen Kinofilmen, in denen die »guten« Helden gegen einen scheinbar unbesiegbaren »bösen« Gegner kämpfen. Soll der Film ein Kassenschlager werden, müssen letztlich die Guten siegen und die Bösen in die Schranken weisen. Hoffen wir, dass die Realität sich den Forderungen der Filmindustrie anpassen wird. An den Drehbüchern wird in der Gegenwart fleißig geschrieben. Der rote Faden des Plots ist die langsame Unterwanderung nicht nur Deutschlands, sondern aller europäischen Staaten durch die islamistischen Netzwerke, getarnt durch eine lebhafte islamische Vereinskultur. Die Hintermänner des Terrors verstehen es, die Grenzen zwischen Gut und Böse verschwimmen zu lassen, die Rechtsordnungen europäischer Staaten zu ihrem eigenen Vorteil zu nutzen und den freiheitlichen Gesellschaften ihren wohltuenden Glauben an den »Dialog« zwischen zwei Kulturkreisen zu bewahren. Die Drehbuchautoren geben sich als dialogbereite Biedermänner, wollen aber langfristig die westliche Gesellschaftsordnung zerstören und auch aus Deutschland ein muslimisches Kalifat machen. Verborgen wie hinter einem Schleier schüren sie im inneren Kreis der Gleichgesinnten den Hass auf die christlich-abendländische Kultur und werben für den Terror gegen die verabscheuungswürdige westliche Welt. Das Ziel des Buches ist es, Schritt für Schritt diesen geheimnisvollen Schleier zu lüften. Dabei musste der Autor die Erfahrung machen, dass das Schreiben des Buches in eine Grauzone führt, die die Krux der Situation wiedergibt: Während die Ermittlungen deutscher Behörden gegen Islamisten laufen, verstehen es diese nur allzu gut, ihre Spuren immer wieder zu vertuschen und sich dem Zugriff der Fahnder zu entziehen. Der Brisanz des Themas ist die Notwendigkeit geschuldet, an manchen Stellen Namen nicht zu nennen bzw. Namen von Islamisten und ihren Tarnfirmen mit Initialen abzukürzen. An manchen Stellen mag der Text daher vielleicht etwas weniger lesefreundlich erscheinen, worüber der Autor sich bewusst ist. 350 Seiten lang war das Manuskript, das den Anwälten zur Begutachtung vorgelegt wurde. Vieles musste aus Sicherheitsgründen, anderes wegen laufender Ermittlungsverfahren und ein Teil aus juristischen Gründen gestrichen werden. Was geblieben ist, hat höchste Brisanz. Der Autor kennt sie alle, die Schwächen und Vorlieben der in Deutschland lebenden Islamisten. Und er kennt ihre Vorstrafen, Adressen, Telefonnummern und Namen, die er allein aus juristischen Gründen in diesem Buch abkürzen musste. Nicht nur Islamisten dürfte das verunsichern. Auch das Bundeskriminalamt (BKA) beauftragte schon im Spätsommer 2002 eine dreiköpfige Ermittlungsgruppe damit, die Quellen des Autors ausfindig zu machen. Das geschah vor dem Hintergrund, dass der Autor deutschen Ermittlern schon im September 2002 die nicht zur Veröffentlichung gelangte Rohfassung dieses Manuskripts – mit allen Telefonnummern, Adressen und Querverbindungen des Islamisten-Netzes – zur Verfügung gestellt hatte.

Um dem Leser das Verständnis der Strukturen und Verbindungen zwischen den einzelnen muslimischen Organisationen, Personen und sonstigen Institutionen zu erleichtern, befindet sich auf der Innenseite des Schutzumschlags das Netzwerk der Islamisten grafisch dargestellt. Dieser Umschlag kann auseinander gefaltet werden auf das Format DIN A2.

Vor dem Hintergrund seiner jahrelangen Recherchen über Terror und Islamisten hat der Autor im Februar 2003 den Annette-Barthelt-Preis erhalten.

Teil I

Spurensuche – Islamistische Wölfe im Schafspelz muslimischer Vereine

Ein hermetisch abgeriegeltes Gelände

10. Januar 2003, Frankfurt, das Sheraton-Hotel am Flughafen. Hier werden ohne Aufsehen in ihren Zimmern zwei ranghohe mutmaßliche Führer der Al Qaida verhaftet. Unter ihnen auch der Finanzchef von Bin Laden, Mohammed Ali Hassan Al Mohjad, der auch in die Vorbereitung des Sprengstoffanschlags auf das amerikanische Kriegsschiff »Cole« im Oktober 2000 im Jemen verwickelt gewesen sein soll. Der Mann wurde vom BKA zusammen mit seinem Sekretär verhaftet. Beide behaupteten, in Frankfurt nur einen Arzt aufgesucht zu haben. Auf ihr Gerichtsverfahren darf man gespannt sein, denn amerikanische und israelische Zielfahnder behaupten, dass sie in Frankfurt einen interessanten Ort besuchen wollten: ein Gelände in der Rebstöcker Straße, das auch vom BKA, dem Staatsschutz, Beamten des Verfassungsschutzes und vielen anderen heimlich beobachtet wird.

Auch wer die Spuren der islamistischen Wölfe im Schafspelz der muslimischen Vereine verfolgt, landet irgendwann unweigerlich in Frankfurt am Main, genauer gesagt: vor den Toren eines riesigen Geländes in der Rebstöcker Straße. Viel weiter als bis vor die Türen kommt man dort allerdings nicht, denn die ansässigen Organisationen halten sich bei Nachfragen lieber bedeckt. Der Eingang ist durch eine Schranke und einen Pförtner abgesichert, sodass nur ausgewählte Personen Zutritt zur Fatih-Hamidiye-Moschee, zu den Wohn- und Schlafmöglichkeiten, Geschäften und Vereinen erhalten. Dem Autor vorliegende Informationen aus deutschen Sicherheitskreisen lassen ahnen, warum. Zu den Bewohnern des Geländes zählt die »Islamische Föderation in Hessen e.V.« (IFH). Aufgrund der örtlichen Gegebenheiten, so das auch dem BKA bekannte Schriftstück, sind alle Einrichtungen der Rebstöcker Straße organisatorisch mit der Föderation verbunden oder stehen ihr zumindest nahe. Offiziell ist die IFH im Vereinsregister des Amtsgerichts Frankfurt unter dem Aktenzeichen 73 VR 8090 eingetragen. Es wird jedoch vermutet, dass die IFH eine Tarnorganisation der IGMG ist.

Damit wären wir bereits im Visier des Verfassungsschutzes angelangt.

Hinter der harmlos klingenden Abkürzung IGMG verbirgt sich nämlich die seit längerem observierte Islamistenvereinigung Milli Görüs, der wir in diesem Buch noch häufiger begegnen werden und die auf dem Grundstück schon »Islamische Buchmessen« durchgeführt hat. An der Pförtnerloge fallen wechselnde Plakate der IGMG in türkischer Sprache auf. Im April 1999 war dort zum Beispiel eine Einladung für die IGMG-Jahresversammlung in der Arena Oberhausen angebracht. Die in der Rebstöcker Straße gemeldeten Personen zählen nach den Erkenntnissen der Ermittler im Regelfall zumindest zu den Sympathisanten der IFH/IGMG bzw. deren Neben-, Unter- oder Mitgliedsorganisationen – und sind in den meisten Fällen keine unbeschriebenen Blätter: Ein ehemaliges Vorstandsmitglied der IFH war dreifach polizeilich auffällig wegen Vermögensdelikten, ein anderes wegen falscher Versicherung an Eides statt. Als Ansprechpartner für die IFH stellte sich im Zuge der Ermittlungen Dr. Makfi Karacabey vor. Dieser war zu jenem Zeitpunkt Mitglied der kommunalen Ausländervertretung und ganz nebenbei der zuständige Mann in informatorischen Kontaktgesprächen (IFH und IGMG). Bei einem Brandfall, der sich am 23. Oktober 1999 auf dem Gelände der IFH ereignete, meldete sich ein weiterer Gesprächspartner zu Wort, der über beste Beziehungen verfügt und den Behörden gleichfalls nicht unbekannt ist. Herr Gümüsoglu gehörte zu den Verantwortlichen für die Anmeldung einer Demonstration der »IGMG-Hessen«, die am 8. März 1997 zum Thema »Visumpflicht für Kinder« in Frankfurt am Main stattfand.

Es gibt noch weitere merkwürdige Vereine, die in der Rebstöcker Straße in Frankfurt ein abgeschottetes Leben führen. Deshalb werden wir im Laufe unserer Spurensuche gelegentlich auf dieses geheimnisvolle Gelände zu sprechen kommen. Die polizeilichen Ermittler hatten es seinerzeit nicht leicht, verdeckt auf das Grundstück vorzudringen und dieses genauer unter die Lupe zu nehmen, zumal sie sehr vorsichtig sein mussten. Die meisten islamischen Vereine gelten als besonders klagefreudig vor Gericht. Denkwürdige Verbindungen ließen sich zum Beispiel für die am 27. Juni 1997 gegründete »Internationale Humanitäre Hilfsorganisation e.V.« (IHH) nachweisen. Die Eintragung ins Vereinsregister wurde im Oktober 1997 beantragt, im April 1998 jedoch zurückgewiesen. Trotzdem firmiert die IHH weiterhin als »e.V.«. Als ehrenamtlicher Vorsitzender taucht der bereits in einem anderen Zusammenhang erwähnte Dr. Makfi Karacabey auf.

Von Frankfurt aus spinnt sich das Netz weiter: In der Kölner Maibachstraße existiert eine Filiale der umtriebigen »Hilfsorganisation«. Außerdem gibt die IHH die Zeitschrift *Hand in Hand* heraus und wirbt regelmäßig in der Extremistenzeitung *Milli Gazette*, so zum Beispiel im August 2002 mit einem Spendenaufruf für »Flutopfer«. Hinter der IHH steckt vermutlich der Verein »Islamic Relief, Humanitäre Organisation in Deutschland e.V.«. Dieser hat seinen Sitz ebenfalls in Köln und erhält laut Satzung der IHH deren gesamtes Vermögen, falls die Organisation aufgelöst wird. Auch mit diesem Verein werden wir uns in einem späteren Kapitel noch ausführlicher beschäftigen müssen. Zuvor allerdings wollen wir die komplizierten Beziehungen zweier Brüder aufdecken.

Waffenbrüder im Namen Allahs

Am 1. Oktober 2001 stapfte ein Mann durch das Hauptportal des Polizeipräsidiums in Trier, blickte scheu und angespannt um sich, als ob er etwas zu verbergen hätte, und verlangte mit zittriger Stimme nach einem Kriminalbeamten, dem er »absolutes Vertrauen« schenken konnte. Die Beamten hielten das Ansinnen des merkwürdigen Besuchers für eine reine Routineangelegenheit: Hier wollte ein Kleinkrimineller sein Gewissen erleichtern. Auf die Idee, dass dieser um sein Leben fürchtete, kam zunächst niemand. Doch schon nach wenigen Sätzen horchten die Polizisten auf. Wenn auch nur ein Teil der Aussagen zutraf, würde es nicht nur in Trier, sondern in ganz Deutschland fortan reichlich Arbeit geben, bei der die Ermittler keine Fehler machen durften. Ein unsichtbarer Feind, den man eigentlich weit entfernt in anderen Ländern wähnte, hatte seinen Krieg offenbar auch in Deutschland erklärt: der islamistische Terrorismus und der organisierte Waffenhandel.

Der Hinweisgeber erzählte folgende Geschichte: Bei Besuchen in europäischen Moscheen und längeren Aufenthalten in arabischen Ländern habe er zahlreiche Islamisten kennen gelernt, darunter auch einen Ägypter namens A.G., der ihm Kataloge mit »Mini-Raketen« gezeigte habe, die angeblich von Radarschirmen nicht erfasst würden. Dieser Mann unterhalte angeblich geschäftliche Kontakte zu »Al Madudi«, einem im saudiarabischen Dschidda ansässigen Unternehmen, dessen Inhaber mit Bin Laden verwandt sein soll. Früher wohnte A.G. in Trier, war dort seit dem Spätsommer allerdings nicht mehr anzutreffen. Im Januar 2001 gründete er in Frankfurt am Main die »B.N.G.«, eine Firma für den Handel mit medizinischen Geräten und landwirtschaftlichen Produkten.

Die Geschichte erweckte nicht den Eindruck einer Räuberpistole, einzig der Name des Ägypters schien etwas unklar zu sein. Die Kriminalbeamten durchstöberten ihre Datenbestände und fanden ein umfangreiches Sündenregister: Konkursverschleppung (1997), Urkundenfälschung, Verletzung der Unterhaltspflicht (1998), Körperverletzung und Bedrohung (1999). Das war genug: Die Trierer baten das Frankfurter

Polizeipräsidium um Abklärung der Spur, deren Brisanz allmählich immer deutlicher wurde.

In Frankfurt waren weder A.G. noch seine Firma gemeldet. Den einzigen Hinweis auf die Firma fanden die Ermittler in einer Straße in der Nähe des Hauptbahnhofs. Dort existierten zwei Büroräume eines arabischen Geschäftsmannes, in denen es wohl irgendwann einmal ein Unternehmen dieses Namens gegeben hatte und in denen wohl auch Kataloge mit Preislisten herumlagen, die Kriegswaffen enthielten: Panzer aus Ostblockbeständen und ferngelenkte Raketen. Telefonisch zu erreichen war in den Büros niemand mehr, erst recht kein Mann namens A.G. Interessanterweise hatte dieser jedoch einen Mobilfunkanschluss, der genau auf diese Adresse eingetragen war.

Des Rätsels Lösung: Von Februar bis März 2001 wohnte A.G. als Untermieter bei einem gewissen M.M., der eben jene Räume für seine im März in Konkurs gegangene »Renta Consult« gemietet hatte. Nach der Pleite zog A.G. mit der »B.N.G.« dort ein, die laut Handelsregister für die Herstellung und den Vertrieb von Düngemitteln auf biologischer Basis zuständig war. Den Part des Alleingesellschafters übernahm G.N., ein saudische Staatsbürger. A.G. selbst trat lediglich als Geschäftsführer auf und verhielt sich reichlich merkwürdig: Schon am 6. Oktober 2001 stellte er beim Frankfurter Amtsgericht den Antrag, die GmbH wieder zu löschen. Das Stammkapital sei verbraucht und der saudische Alleingesellschafter G.N. nicht erreichbar. Der Antrag wurde abgelehnt, denn das Amtsgericht hegte berechtigte Zweifel an der plötzlichen Vermögenslosigkeit.

Die früheren Geschäftsbeziehungen A.G.s waren nicht minder pikant. Von 1993 bis 1998 unterhielt er die »ITP Import Export Handels GmbH«, die angeblich mit elektrischen Geräten, Fahrzeugen, Werkzeugmaschinen, Düngemitteln und Lebensmitteln handelte, medizinische Fachmessen organisierte und Fachzeitschriften herausgab. Einer der Gesellschafter war der Verwandte Bin Ladens in Dschidda, über den auch der Zeuge in Trier Angaben machte: Al Madudi. Nach einer erneuten Pleite betrieb A.G. die »CCG – Continental Consulting Group« in Luxemburg. Vieles spricht laut Auffassung des Bundesnachrichtendienstes dafür, dass es sich dabei um eine reine Briefkastenfirma handelte. Auch dieses fadenscheinige Unternehmen ging in den Konkurs.

Erst jetzt taucht der Name A.G. im Zusammenhang mit der Firma »B.N.G.« auf, und zwar seit Februar 2001. Der Geschäftsführer bezeichnet sich selbst als »Diplomgeologen« und reist für seine Firma erstaunlich oft in arabische und östliche Staaten. Im Nahen Osten, namentlich in Saudi-Arabien, unterhält er offenbar enge Beziehungen bis in die höchsten Regierungskreise. Doch auch in Moskau und in der litauischen Hauptstadt Vilnius wird A.G. gesehen. In einem luxemburgischen Schließfach soll der Handlungsreisende dreißig Kilogramm eines »Bodenhilfsstoffes« aufbewahrt haben, den er »TC-3« oder »ABC-plus« nannte. Und über einen gewissen J.V. vermittelte A.G. den Verkauf eines »Edelsteines« nach Saudi-Arabien. Das Geschäft platzte, da der Stein manipuliert war, so eine Aktennotiz deutscher Sicherheitsbehörden.

Ein mutmaßlicher Waffenhändler, der in Sachen »Bodenhilfsstoffe« und »Edelsteine« unterwegs ist, über beste Kontakte verfügt, aber offiziell eine Pleite nach der anderen abliefert! Laut Europol war der Geschäftsmann seit Jahren hoch verschuldet und gab vor, selbst kleine Rechnungen nicht begleichen zu können. Alle Zwangsvollstreckungsmaßnahmen blieben erfolglos, da die Früchte seiner Auslandsgeschäfte auf deutschen Bankkonten nicht auftauchten. Dagegen verfügte A.G. allein bei einer Bank in Luxemburg im Jahr 1994 über ein Guthaben von 55 000 Dollar. Wie passte das alles zusammen? Was geschah mit dem Geld, und wo kam es überhaupt her? In einem Bericht des BKA heißt es dazu nur, dass die finanziellen Verhältnisse des A.G. sehr undurchsichtig seien.

Der entscheidende Hinweis führte in das Netzwerk der islamischen Vereine: A.G. gehörte der mittlerweile aufgelösten »Muslim Studentenvereinigung Trier« an und vermutlich auch der Muslimbruderschaft, über die wir später noch berichten werden. In einem Brief in die Vereinigten Arabischen Emirate hatte er laut Bundesnachrichtendienst zudem angeboten, dort eine »Islamische Internet-Universität« zu gründen, mit deren Hilfe er weltweit Imame ausbilden lassen wolle. In diesem Zusammenhang tauchte der Name des in Hessen lebenden Bruders unseres Geschäftsmannes, S.G., auf. Laut Informationen besteht der Verdacht, dass dieser engsten Kontakt nicht nur zu seinem weit gereisten Verwandten, sondern auch zu einer Reihe von radikalen muslimischen

Betvereinen hielt. Über ihn hieß es im November 2001, er sei in islamischen Kreisen eine führende Größe. S.G. ist heute der Leiter eines islamischen Stabszentrums in Frankfurt, über das verschiedene finanzielle Angelegenheiten für islamische Gruppierungen – angeblich auch für Bin Laden – abgewickelt werden. Die dazu gehörende Liegenschaft ist uns aus dem vorigen Kapitel bestens bekannt: Frankfurt, Rebstöcker Straße.

Die Polizei benötigte viel Zeit und viele glückliche Zufälle, um das Puzzlespiel der Gebrüder G. zu vervollständigen. Und wenn der ängstliche Informant nicht eines Tages in das Trierer Polizeipräsidium spaziert wäre, wären die Ermittler vielleicht immer noch auf der Suche nach dieser wahrlich heißen Spur. Wer weiß! Manchmal dauert es eben besonders lange, bis die Fülle von Verdachtsmomenten zu den richtigen Schlüssen führt. Warum das so ist, werden wir noch klären müssen.

Das Netzwerk der Familie El-Zayat

Als im Juli 2002 zehn Polizisten das Gebäude des Moscheevereins in der Frankfurter Eichenstraße stürmten, glaubte man an den ganz großen Fang. Irgendjemand hatte behauptet, in einem Fahrzeug nahe Bonn Bin Laden gesehen zu haben. Der Fahrer des Wagens war schnell gefunden, verwickelte sich bei der Befragung in Widersprüche und redete von einem Auftrag im Namen der Bonner Moschee, wonach er mehrere Männer zu einem Verein nach Frankfurt-Griesheim fahren sollte. Namen nannte der Chauffeur nicht. Man ging dem Hinweis nach und stattete dem »Islamischen Zentrum« in Frankfurt einen Besuch ab. Von Bin Laden keine Spur. Stattdessen hagelte es verbale Prügel für die Polizisten, die es wagten, die Teppiche in der Moschee mit Straßenschuhen zu betreten.

Es war ein gewisser Ibrahim El-Zayat, Präsident der »Islamischen Gemeinschaft in Deutschland« (IGD) und Freund des Griesheimer Moscheevereins, der das Vorgehen der Polizei als »völlig unverhältnismäßig« kritisierte und sich »empört und entsetzt« darüber zeigte. Solche Aktionen würden die Integrationsbemühungen von Muslimen in Deutschland massiv gefährden. Die harschen Worte sprach einer ihrer wichtigsten Führer. El-Zayats Meinung hat Gewicht, und das nicht nur unter muslimischen Gläubigen. Politiker aller Parteien, Stiftungen und Verbände suchen den Kontakt zu ihm. Denn er besitzt Macht, viel Macht, und man schenkt ihm Glauben, wenn er auf den öffentlichen Podien bekundet, für den Dialog zwischen Muslimen und Christen einzustehen. Auf Einladung der Katholischen Akademie in Berlin hielt der medienwirksame Kämpfer für die Rechte des Islam am 6. Oktober 2002 sogar einen Vortrag zu dem bezeichnenden Thema: »Das islamische Verständnis von Staat und Religion und der säkulare Staat«.

Das allerdings ist nur die eine Seite von Ibrahim El-Zayat. Die andere Seite scheint auf, wenn man die sonstigen Kontakte, Querverbindungen und Freundschaften der gesamten Familie studiert. Die Frage, welche Ziele die El-Zayats in Deutschland verfolgen, beantwortet sich dabei von allein.

Als die Beamten des BKA nach dem 11. September die Hamburger Wohnung des mutmaßlichen Attentäters Mohammed Atta drei Wochen lang peinlich genau durchsuchten, fanden sie neben vielen anderen Schriftstücken einen Brief aus dem Jahr 1996, dessen Brisanz ihnen erst viel später deutlich wurde. Der Absender war eine Marburger Moschee. Deren Imam, der aus Ägypten stammende Farouk El-Zayat, hatte mit Bin Laden oder der Al Qaida nichts zu schaffen. Bei näherem Hinsehen jedoch erwies er sich als interessante Figur mit vielerlei Beziehungen.

Seit Jahrzehnten schon betrieb Farouk El-Zayat in einem heruntergekommenen Altbau in der Fußgängerzone der Marburger Oberstadt einen »Orient-Basar«, in dem er neben alten arabischen Kaffeekannen, orientalischen Parfüms, Stoffen und Kalligrafien immer wieder einmal Bücher anbot, deren Inhalte den radikalen ägyptischen Muslimbrüdern nahe standen. Im Keller eines von El-Zayat genutzten Hauses vermuteten einige Hinweisgeber Kriegswaffen, Sprengstoff und Maschinengewehre. Ein Strafverfahren wegen Verstoßes gegen das Kriegswaffenkontrollgesetz kam dennoch nicht zustande, da der Verdacht sich nicht bestätigt hatte. Als die Ermittlungsbehörden zwei Wochen nach dem Hinweis das vermeintliche Marburger Waffendepot endlich in Augenschein nahmen, konnte nichts gefunden werden. Der Leiter der Staatsschutzabteilung Marburg wollte sich zu diesem Vorgang gegenüber dem Autor nicht äußern, dementierte den Fall aber auch nicht.

Obwohl das Verfahren im Sande verlief, hatte es einen positiven Nebeneffekt: Farouk El-Zayat und seine Familienangehörigen, von denen einige ranghohe Positionen in muslimischen Verbänden und Vereinen einnehmen, gerieten nun ebenso wie einige ihrer Freunde, Vereins- und Geschäftspartner insgeheim in das Visier der Ermittler. Zu diesem Umfeld, das bestätigten Sicherheitskreise dem Autor im Juli 2002, gehört auch die Familie der Gebrüder G. Die Familienmitglieder streiten das selbstverständlich ab. Kontakte zu Extremisten oder Terroristen sind zwar in Deutschland nicht ohne weiteres strafbar, in der Öffentlichkeit aber durchaus rufschädigend.

Dieses Mal jedoch ließen die Behörden nicht locker. Als man routinemäßig den Umkreis des heute weitgehend erblindeten Scheichs Farouk El-Zayat überprüfte, stieß man nämlich auf ein Geflecht komplizierter

Beziehungen, das man in diesem Ausmaß in der Vergangenheit nicht wahrgenommen hatte – weil sich bislang niemand dafür interessierte.

Einer von Farouks drei Söhnen ist jener Mann, der, wie eingangs berichtet, so streng mit der Frankfurter Polizei wegen der Verschmutzung von Moscheeteppichen ins Gericht ging, als diese nach Bin Laden suchte. Ibrahim El-Zayat ist nicht nur äußerst populär, sondern hat auch Beziehungen: Er ist Vorstandsmitglied der 1964 in München gegründeten »Muslim Studenten Vereinigung« (MSV) sowie der »Islamic Relief, Humanitäre Organisation in Deutschland e.V.«. Nach Auffassung des BKA stehe Erstere angeblich den Muslimbrüdern nahe, und Letztere soll eine Tarnorganisation der Bruderschaft sein. Hier wird noch ermittelt. Die internationalen Verflechtungen, die sich hier andeuten, werden wir im nächsten Kapitel beleuchten. Darüber hinaus sitzt El-Zayat im Vorstand der »Gesellschaft Muslimischer Sozial- und Geisteswissenschaftler/Innen e.V.« (GMSG) in Köln. Will man der Selbstdarstellung folgen, handelt es sich um eine »unabhängige, nicht an die Sprache oder Nationalität gebundene Vereinigung«, die ein sozialwissenschaftliches Kommunikationsnetz aufbauen will. Das BKA hält Verbindungen der GMSG zur ägyptischen Muslimbruderschaft für wahrscheinlich. Auf der Internetseite der Gesellschaft fand sich zudem noch im September 2002 ein Link zur extremistischen Milli Görüs. Doch damit nicht genug: Ibrahim El-Zayat ist Generalsekretär der »Islamischen Jugend in Europa e.V.« und des »Islamischen Konzils in Europa e.V.«, Vorstandsmitglied im Münchner Verein »Muslime Helfen e.V.« und Vorsitzender der »Europäischen Moscheebau- und Unterstützungsgemeinschaft e.V.« (EMUG), die Ermittlungen zufolge ebenfalls zu Milli Görüs gehört.

Wenn man sich die Mühe macht, das Kölner Haus der GMSG aus der Nähe zu betrachten, werden die Verhältnisse immer verworrener. Dort teilt sich Ibrahim El-Zayat einen Briefkasten mit der Rechtsanwältin S.A. Eine Anwältin mit diesem Namen ist auch beim Landgericht Neuruppin zugelassen, in diesem Fall mit Wohnsitz in Brandenburg. Die soeben erwähnte Gesellschaft und der Verlag der »Muslim Studenten Vereinigung« (MSV) teilen sich übrigens ebenso wie das »ISW-Institut für Vergleichende Sozial- und Wirtschaftsforschung« und die »SLM-Consulting« jeweils einen Briefkasten.

Womit wir wieder bei Milli Görüs wären – und bei Ibrahim El-Zayat, denn die Post für die »SLM Liegenschaftsmanagement« kann man auch in dessen Briefkasten einwerfen. Wegen des Verdachts der Geldwäsche soll bei Redaktionsschluss dieses Buches ein Verfahren bei der Staatsanwaltschaft gegen SLM anhängig gewesen sein. Die Staatsanwälte prüfen eine Spur des Bundeskriminalamtes, wonach mithilfe der SLM sehr viele Millionen Euro gewaschen wurden.

Die SLM tätigt nach Erkenntnissen des BKA die Immobiliengeschäfte für die »Europäische Moscheebau- und Unterstützungsgemeinschaft« (EMUG). SLM und EMUG zählen zum Finanzgeflecht von Milli Görüs. Verfügungsberechtigt über die Konten der SLM sind neben Ibrahim El-Zayat dessen Ehefrau und Oguz Ü. Als im Jahr 2001 auf ein der SLM gehörendes Konto bei der Dresdner Bank eine Million DM einging, wurde diese in die Schweiz weitertransferiert. Der bereits erwähnte mutmaßliche Waffenhändler A.G. nahm regelmäßig Kontakt sowohl zur SLM als auch zu Ibrahim El-Zayat auf. Und Ibrahim El-Zayat ist ein Duzfreund von A.G.s Bruder S.G. Justiziabel ist das zwar nicht, aber durchaus typisch für das Umfeld jener Personen, die in der Öffentlichkeit gern ihre weiße Weste präsentieren. Nur: Nicht jeder, der mit allen Wassern gewaschen ist, hat auch wirklich eine reine Weste.

Die Weste des Ibrahim El-Zayat scheint jedenfalls ständig gefährdet zu sein, ein paar Schmutzspritzer abzubekommen. Beim Grundstückskauf für das Milli-Görüs-Gelände in Kerpen managte er das Geschäft. Eine auf den British Virgin Islands registrierte (saudische) »Akira Corporation« vermietete das gewünschte Gelände an die IGMG. Deren Generalbevollmächtigter für Deutschland war Ibrahim El-Zayat.

Noch komplizierter und undurchschaubarer wurde das Netzwerk für die Sicherheitsbehörden, als sie feststellten, dass Ibrahim El-Zayat mit einem Familienmitglied der Erbakan-Sippe verheiratet ist. Sabiha El-Zayat ist die Schwester des Milli-Görüs-Vorsitzenden Mehmet Sabri Erbakan und leitet das »Zentrum für Islamische Frauenforschung und Frauenförderung« (ZIF) in Köln. In Deutschland war Erbakan längere Zeit Generalsekretär von Milli Görüs, seine Mutter Amina Erbakan, eine gebürtige Deutsche, leitet die bedeutende »Deutschsprachige Islamische Frauengesellschaft« (DIF), die ihrerseits mit Milli Görüs kooperiert. Es gibt noch weitere Beziehungen zwischen beiden

Familien, die uns wieder in das »Islamische Zentrum« in Frankfurt zurückführen.

Noch auf eine weitere Merkwürdigkeit sei an dieser Stelle hingewiesen: Der IGMG-Vorsitzende und El-Zayat-Schwager Mehmet Sabri Erbakan beabsichtigte in der Vergangenheit, eine Flugschule zu besuchen, um sich mit den Künsten des Luftverkehrs vertraut zu machen. Das Regierungspräsidium Düsseldorf lehnte das Gesuch ab, da sein Punktekonto in der »Verkehrssünderkartei Flensburg« einfach zu hoch war.

Irgendwann fiel den Sicherheitsbehörden auf, dass Ibrahim El-Zayat zusammen mit einem Muslimbruder in einen Ausschuss gewählt wurde, der laut Satzung den Vorstand der »Muslim Studenten Vereinigung in Deutschland e.V.« (MSV) bestimmt. Dabei handelte es sich um Mohammed El-Islambouli, einen Cousin von Khaled El-Islambouli, der 1981 das Attentat auf den ägyptischen Staatspräsidenten Sadat verübte. Mohammed El-Islambouli studierte damals in Köln, trat dem MSV bei, stieg dort auf und heiratete eine Deutsche. Mitte der neunziger Jahre setzte er sich nach Ägypten ab. In den vergangenen Jahren hielt er sich nach Erkenntnissen des BND unter anderem an der Seite Bin Ladens in Afghanistan auf. Gewiss muss El-Zayat rein juristisch nichts befürchten, nur weil er einen El-Islambouli kennt. Wieder aber fällt durch eine zwielichtige Bekanntschaft ein Schatten auf den Mann, der sich deutschen Gesprächspartnern als dialogbereiter Aktivist empfiehlt.

Genauere Umrisse bekommt dieser Schatten einer Umgebung, die statt Frieden dem Terror das Wort redet, beim Blick auf El-Zayats Verwandtschaft im Ausland. In Kairo verteidigte ein gewisser Montasser El-Zayat vor Gericht Khaled El-Islambouli im Attentatsprozess. Montasser El-Zayat ist nicht nur ein bekanntes Mitglied der ägyptischen Muslimbuderschaft, sondern der Vertreter zahlreicher bekannter Islamisten vor Gericht. Lange galt er als inoffizieller Sprecher der Terrorgruppe Gamaat al-Islamiya, die bei ihren brutalen Mordaktionen neben christlichen Arabern mit Vorliebe europäische Touristen tötete. Gemeinsam mit dem Bin-Laden-Freund und »Gehirn« der Al Qaida Ayman Al-Zawahiri saß Montasser El-Zayat in den achtziger Jahren vier Jahre im Gefängnis. Heute distanziert er sich zwar in der Öffentlichkeit von den Attentaten der Al Qaida, bezeichnet sich selbst aber als »Islamisten« und fungiert weiterhin als Rechtsbeistand für die Mitglieder der gewaltfähigen Gamaat al-Islamiya. Montasser ist der Onkel von Ibrahim El-Zayat und ein jüngerer Bruder von Farouk El-Zayat, dem blinden Marburger Imam, aus dessen Moschee ein Brief stammt, der an die Hamburger um Mohammed Atta gerichtet ist.

Je mehr islamische Vereine die Sicherheitsbehörden betrachteten, umso öfter stießen sie auf den Familiennamen El-Zayat. Egal, ob es sich um den in der Frankfurter Mönchhofstraße ansässigen »Islamischen Verein Tarik Ben Ziad e.V.« handelte, die Zweigstelle von Milli Görüs in München, das Bauvorhaben für eine türkische Moschee in Pfungstadt: Die vielen Verbindungen und Kontakte von Ibrahim El-Zayat verwirrten mehr, als dass sie Klarheit schufen. Obwohl in diesem Ermittlungsstadium nichts auf kriminelle oder gar terroristische Machenschaften hindeutete, vermuteten die Fahnder, dass hinter der Fassade der scheinbar harmlosen muslimischen Vereine mehr steckte, als sie auf den ersten Blick erkennen konnten.

Man wusste im BKA: Die Familie El-Zayat unterstützte die Muslimbrüder, gehörte zum Umfeld von Milli Görüs und tätigte gelegentlich seltsame Geschäfte. Merkwürdig war zudem, dass dem scheinbar so weltoffenen, toleranten und redegewandten Ibrahim El-Zayat manchmal Äußerungen entglitten, die Zweifel an seiner Dialogbereitschaft zwischen Islam und christlichem Abendland schürten. Für das islamische Jugendmagazin *TNT* verfasste er zum Beispiel einen Bericht, in dem es hieß: »Ich glaube nicht, dass es unmöglich ist, dass der Bundeskanzler im Jahre 2020 ein in Deutschland geborener und aufgewachsener Moslem ist, dass wir im Bundesverfassungsgericht einen moslemischen Richter oder eine moslemische Richterin haben ... Dieses Land ist unser Land, und es ist unsere Pflicht, es positiv zu verändern. Mit der Hilfe Allahs werden wir es zu unserem Paradies auf der Erde machen, um es der islamischen Ummah der Menschheit insgesamt zur Verfügung zu stellen.« Was würden wohl die Verantwortlichen der Katholischen Akademie oder der Konrad-Adenauer-Stiftung zu solchen Äußerungen sagen, die der von ihnen geschätzte und geladene Gastredner Ibrahim El-Zayat ungeniert in einer Jugendzeitschrift veröffentlichte? Dem Bild eines Islam der Toleranz, Herzensgüte und Nachdenklichkeit, das dieser auf so vielen Veranstaltungen zu zeichnen vorgibt, entspricht der Artikel jedenfalls nicht.

Der Artikel entspricht jedoch einer Taktik der Tarnung, die die Islamisten in den vergangenen Jahren entwickelten und die sie auch auf die Organisationen, in denen sie sich verbergen, anwenden. Die Rede ist von einem Verein, dem Ibrahim El-Zayat vorsteht: die »Europäische Moscheebau- und Unterstützungsgemeinschaft e.V.« (EMUG). Im Jahr 1982 spaltete sich der später als »Kalif von Köln« bekannte radikale Islamist Kaplan mit seinen Anhängern von der »Islamischen Union Europa e.V.« ab. Aus dem verbliebenen Rest entstand die »Vereinigung der nationalen Weltsicht in Europa e.V.« (AMGT). Diese wiederum änderte im Dezember 1994 ihren Namen in »Europäische Moscheebau- und Unterstützungsgemeinschaft e.V.« (EMUG) und verwandelte im Januar 1995 den Namen des früheren Bonner AMGT-Ortsvereins in »Islamische Gemeinschaft Milli Görüs e.V.« (IGMG). Der Grund der Namensänderungen ist vermutlich im Folgenden zu sehen: Die AMGT war durch ihre Hassparolen in Deutschland zu bekannt geworden. Deshalb vollzog sie mit einem neuen Namen auch eine bemerkenswerte taktische Wandlung. Statt offener Hetze wählte sie fortan den weitaus subtileren Weg der Unterwanderung und der als »christlich-islamischen Dialog« getarnten Dauerpropaganda. Noch 1997 zitierte Rolf Stolz in seinem Buch *Kommt der Islam?* ein wahrlich eindeutiges Flugblatt der AMGT: »Der Europäer ist ein Atheist und Götzenanbeter, ein Wucherer, Kapitalist, Sozialist, Zionist, Kommunist und Imperialist, ständig brünstig und betrunken, ehebrecherisch und materialistisch.« Solche Pamphlete werden heute, so heißt es weiter bei Stolz, nur noch für die interne Schulung verwendet. In der Öffentlichkeit präsentiert man sich dagegen friedliebend, offen, tolerant und dialogbereit. »Nach außen posieren die Brandstifter als Biedermann« – gerade so wie Ibrahim El-Zayat.

Während die EMUG mit Sitz in Köln seither für die wirtschaftlichen und finanziellen Angelegenheiten der früheren AMGT zuständig ist, hat Milli Görüs (IGMG) deren religiöse Aufgaben übernommen. Die leitenden Posten sind seit Mitte der neunziger Jahre bei EMUG und IGMG identisch. Die Macht teilen sich – wir hatten es schon erwähnt – Ibraham El-Zayat und sein Schwager Mehmet Sabri Erbakan.

Das Beziehungsgeflecht der Familie El-Zayat zu den Muslimbrüdern und zu Milli Görüs ist zugegebenermaßen äußerst kompliziert. Trotzdem lohnt es sich, noch etwas genauer hinter die Kulissen zu blicken, bevor wir auf die Muslimbruderschaft im Einzelnen eingehen. Denn nur so können wir erkennen, wie der Weg zu den terroristischen Vereinigungen im Ausland, beispielsweise zu den World-Trade-Center-Attentätern 1993 oder zu den Djerba-Attentätern 2002, verläuft: über Familien- und Vereinsmitgliedschaften. Bei den El-Zayats wie bei den Erbakans gehen die Verbindungen von der 1964 gegründeten »Muslim Studenten Vereinigung in Deutschland e.V.« (MSV) aus, die Milli Görüs nahe steht und in der, auch das hatten wir nachgewiesen, Ibrahim El-Zayat sowie Mehmet Sabri Erbakan führende Positionen einnehmen. Die MSV verfügt über enge Beziehungen zur überregionalen »Islamischen Gemeinschaft in Deutschland e.V.« (IGD), die einen ähnlichen Namenswandel erfahren hat wie die EMUG. Die IGD wurde im März 1960 in München als »Moscheebau-Kommission« gegründet und nannte sich seit Februar 1962 »Islamische Gemeinschaft in Süddeutschland e.V.«. Den Namen IGD führt die Gemeinschaft seit Dezember 1982. In München baute sie das »Islamische Zentrum« (IZM), zu dem ein islamischer Kindergarten sowie eine staatlich anerkannte islamische Grundschule gehören. Auf Bundesebene gründete sie weitere Zentren, etwa in Frankfurt am Main, Marburg, Nürnberg oder Stuttgart.

Der Generalsekretär der Gemeinschaft ist ein in Ägypten geborener Funktionär der Kairoer Muslimbruderschaft namens Dr. Ahmad Al-Khalifa. Dieser beherbergte schon Anfang der neunziger Jahre einen späteren Terroristen, den Ägypter Mahmud Abuhalima, was dem Vizepräsidenten des bayerischen Verfassungsschutzes Franz Gruber nicht verborgen blieb. 1993 gehörte Abuhalima zu den Attentätern, die den ersten Anschlag auf das World Trade Center verübten. Die damalige Bilanz: 16 Tote und mehr als 1000 Verletzte. Abuhalima wurde von einem amerikanischen Gericht zu viermal lebenslanger Haft verurteilt. Dem Münchner schadeten solche Kontakte offenkundig nicht, denn der Muslimbruder Al-Khalifa leitete das IGD weiterhin. Die Beziehung zur Familie El-Zayat blieb darüber hinaus stets eng. Ibrahim El-Zayat ist Vorstandsmitglied des »Islamischen Zentrums München« und seit Februar 2002 an der Seite von Al-Khalifa auch neuer Präsident der IGD. (Der Vorgänger, der seit langem in der Schweiz lebende Himmat, war wegen angeblicher Geldgeschäfte für Bin Laden zu sehr ins Visier der Fahndung geraten und musste abgelöst werden. Näheres dazu im nächsten Kapitel.)

Bei schweizerischen und österreichischen Geheimdiensten, von denen auch El-Zayat mehrfach beobachtet worden ist, gibt es Erkenntnisse über Al-Khalifa, die (noch) wie ein Staatsgeheimnis gehütet werden. Ahmad Al-Khalifa reiste zum ersten Mal 1974 in die Bundesrepublik ein. Am 14. Oktober 1991 stellte er einen Asylantrag. Heute lebt der Mann bei München. Seine Telefonnummern finden sich immer mal wieder bei Personen, die der Unterstützung von Terroranschlägen verdächtigt wurden, zuletzt auf Seite neun eines schwarzen Ringbuches, das bei einer Hausdurchsuchung der Familie von Christian G. gefunden wurde. Erinnern wir uns: Christian G. war jener deutsch-polnische Konvertit, der am 11. April 2002 einen Anruf von seinem Freund Nizar Ben Mohammed Nawar aus Tunesien erhielt. Der Anrufer bat um eine »Daawa« (Einladung), worauf Christian G. antwortete: »So Allah will.« Hundert Minuten später ließ Nawar einen zur Flüssiggasbombe umgebauten Lieferwagen vor der Synagoge von Djerba explodieren. Zehn deutsche Urlauber und fünf Tunesier starben. Nachweisen konnte man Christian G. nichts. Bald nach seiner Verhaftung wurde er wieder auf freien Fuß gesetzt, obwohl er ein Jahr zuvor auf dem Weg nach Tschetschenien bereits von georgischen Behörden festgesetzt worden war und obwohl er nachweislich Kontakte zu radikalen Islamisten wie dem Logistiker der Al Qaida Ramzi Binalshibh unterhielt.

In der Bundesrepublik gilt Al-Khalifa weiterhin als Ehrenmann. Sichtlich stolz lud ihn die rot-grüne Regierung laut Pressemitteilung des Deutschen Bundestages vom 25. Juni 2001 als Sachverständigen zu einer Anhörung des Rechtsausschusses nach Berlin. Das Thema der Veranstaltung lautete: »Stärkung des Toleranzgebotes durch einen besseren Schutz religiöser und weltanschaulicher Überzeugungen.«

Das bayerische Innenministerium erkennt zwar einige Verbindungen zwischen IGD und ägyptischer Muslimbruderschaft, formuliert diese öffentlich jedoch zurückhaltend. So räumte Dr. Wolf-Dieter Remmerle auf einem Symposium der bayerischen Landesregierung für politische Bildungsarbeit im Februar 2002 schon ein, dass die IGD die »deutsche Zentrale« der Muslimbruderschaft mit »Sitz im Islamischen Zentrum in München« sei und unter deren »maßgeblichem Einfluss« stehe. Zu einer eindeutigen Haltung gegenüber Al-Khalifa konnte sich der Referent trotzdem nicht durchringen. Remmerle sagte damals: »Die Terroranschläge vom 11. September wurden in weiten Teilen der arabisch-islamistischen Szene zunächst begrüßt. In der El-Salam-Moschee in München, im Islamischen Zentrum München und in der Omar-Moschee München herrschte freudige bis euphorische Stimmung. Offizielle Vertreter islamischer Institutionen distanzierten sich jedoch umgehend von den Anschlägen. Der Generalsekretär der IGD Al-Khalifa sprach vom Entsetzen seiner Organisation über diesen Terrorakt. Dies steht allerdings im Widerspruch zur intern geäußerten Freude der IGD-Mitglieder.«

Alle Spuren führen immer wieder auf die Fährte der Muslimbrüder. Die geistigen Wegbereiter der Attentate des 11. September 2001 machen somit insgeheim auch in Deutschland in vielen muslimischen Vereinen ihren Einfluss geltend. Wer ihre Macht richtig einschätzt, versteht, dass neben Bin Laden und »seinen« Zellen längst eine zweite, ebenso brisante Gefahr getreten ist. Denn immer öfter stellt sich heraus, dass Extremisten, Islamisten und Attentäter immer öfter über Kontakte zu Milli Görüs und den Muslimbrüdern verfügen.

Vergegenwärtigen wir uns am Ende dieses Kapitels noch einmal die Razzia bei einer norddeutschen Import-Export-Firma im September 2002. Der Geschäftsführer M.T. wurde vom Generalbundesanwalt verdächtigt, radikale Islamisten nach Deutschland geschleust zu haben. Sein Sohn studierte gemeinsam mit dem Todespiloten Mohammed Atta, hatte direkten Kontakt zu den Todespiloten Marwan al-Shehi und Ziad Jarrah und gehörte zu den Mitbegründern der »Hamburger Islam AG«. M.T. war ein Muslimbruder – ebenso wie Mohammed Atta. Der Sohn von M.T. war ein Freund von mindestens drei Terroristen des Anschlags vom 11. September: Das alles kann kein Zufall mehr sein. Die Muslimbruderschaft schürt weltweit den Hass und den Terror. Es wäre naiv anzunehmen, dass Deutschland und Europa davon verschont blieben. Wer die geheimen Fäden des weltweiten Netzwerkes entwirrt, hält den Schlüssel für viele ungeklärte Fragen in der Hand. Er wird erkennen, dass dieses Netz weitaus gefährlicher ist als die Gruppe Al Qaida, die letzlich nur eine von vielen Ausgeburten des radikalsten Gedankengutes der Muslimbrüder ist.

Unterwanderung, Tarnung, Geldwäsche – Die Muslimbrüder, ihre »Wohltätigkeitsorganisationen« und weitere »Glaubenskämpfer«

Warum eigentlich löste der Brief aus der Marburger Moschee, der in der Hamburger Wohnung des Attentäters Mohammed Atta gefunden wurde, bei den Sicherheitsbehörden nach einigem Hin und Her doch noch ein Alarmsignal aus? Gewiss: Farouk El-Zayat, der Imam der Moschee, war Ibrahim El-Zayats Vater. Dessen Geflecht von Beziehungen durchschauten die Beamten damals allerdings noch nicht. Eine direkte Verbindung von Marburg zu Bin Laden und den internationalen Terrorzellen existierte ebenso wenig. Was also mag die Behörden zum Handeln bewegt haben? Wo steckten die Bindeglieder, die Hintermänner, die dem Verdacht um die Familie El-Zayat einen Sinn gaben?

Finden konnte man sie im »Orient-Basar« von Farouk El-Zayat, und zwar zwischen den Buchdeckeln seiner Ware. Die Marburger Behörden selbst hatten mehrfach in den Auslagen des »Basars« gestöbert und waren dabei auf erstaunliche Literatur gestoßen. »Verbotene Literatur« war das, erzählten sie dem Autor, Bücher von den Muslimbrüdern Hassan Al-Banna und Sajjid Qutb. Diese Bücher – davon hat sich der Autor überzeugt – gab es tatsächlich bei Farouk El-Zayat zu kaufen. Gepredigt wird in ihnen, dass das islamische Kollektiv, die Ummah, über das Individuum triumphiert und dass die westliche Demokratie Unwissenheit (*dschahiliyya*), Heidentum und Sünde ist. Geleitet von der Überzeugung, im Besitz der absoluten Wahrheit zu sein, gibt es für die radikalen Muslime nach der Buchlektüre keine Zweifel mehr: Sie sind verpflichtet, im gottlosen Westen die »islamische Lösung« (*al-hall al-islami*) durchzusetzen und den Rest der Welt zum »Kalifat« ihrer arabischen Heimat zu machen. Dieser Cocktail aus Ideologie, Religion und martialischem Welteroberertum ist typisch für das Gedankengut des Geheimbundes der Muslimbrüder. Er wirkt verführerisch auf manche Muslime. Und die Familie El-Zayat ist sicherlich nicht die einzige in Deutschland, die erkennbar den Idealen der Bruderschaft nahe steht.

Geheimbund Muslimbrüder

Die Muslimbruderschaft wurde 1928 von Hassan Al-Banna in Kairo gegründet. Ihr Ziel war es, zunächst nur in Ägypten, dann überall in der Welt das »Kalifat« zu errichten: eine islamische Staats- und Gesellschaftsordnung, die alle westlichen Prinzipien strikt ablehnt und die Gesetze von Sunna und Koran in der Scharia als allgemeine Rechtsgrundlage für verbindlich erklärt. Das Feindbild der Muslimbrüder waren anfänglich die Briten, die als »Nachfahren der alten Kreuzfahrer« das Land bis 1936 besetzten und durch ihr »falsches Vorbild« zum Beispiel viele ägyptische Frauen dazu brachten, den Schleier abzulegen. Das war den Muslimbrüdern zutiefst verhasst. Auf ihrer fünften Generalkonferenz 1939 in Kairo legten sie ihre Doktrin fest: Der Islam ist ein vollständig auf sich selbst beruhendes, totales System, das zu jeder Zeit und an jedem Ort Gültigkeit hat. Mit einem Gefolgschaftsgelöbnis schworen die Muslimbrüder ihrem Führer Al-Banna unbedingte Treue.

Dieser hatte in seinem Buch *Erinnerungen des Rufes und seines Rufers* das so genannte »Glaubensbekenntnis« der Muslimbruderschaft niedergelegt. Kernpunkt des Bekenntnisses ist die völlige Unterordnung der Muslime unter die Gesetze des Korans sowie die Verpflichtung eines jeden Einzelnen, die Durchsetzung dieser Gesetze in aller Welt mit allen Mitteln voranzutreiben. Der fünfte Grundsatz lautet dementsprechend: »Ich glaube, dass ein Muslim die Pflicht hat, den Ruhm des Islam neu zu beleben, indem er die Renaissance der Völker fördert und die islamische Gesetzgebung wiederherstellt. Ich glaube, dass die Fahne des Islam die Menschheit beherrschen sollte und dass es Pflicht eines jeden Muslim ist, die Welt von den Regeln des Islam zu unterrichten. Ich gelobe, mein Leben lang zu kämpfen, um diese Mission zu erfüllen, und ihr alles, was ich besitze, aufzuopfern.«

Die Muslimbrüder nahmen ihren religiös-politischen Auftrag ernst, und der Erfolg ließ nicht lange auf sich warten. Die Bruderschaft wurde immer mehr zu einem islamischen Staat im ägyptischen Staate. Seit den vierziger Jahren gründete man auch in den anderen arabischen Ländern Muslimbruderschaften. Kennzeichnend für alle nationalen Organisationen war die strenge Hierarchie ihrer Strukturen, die der Berliner Islamwissenschaftler Peter Heine in seinem Buch *Sicherheitspolitik in neuen*

Dimensionen so beschreibt: »An ihrer Spitze befindet sich ein allgemeines Zentrum (*al-markaz al-amm*), zu dem ein 25-köpfiges Zentralkomitee gehört, an dessen Spitze wiederum der oberste Führer (*al-murshid al-amm*) steht. Die nächste kleinere Einheit ist das Zentrum (*markaz*), von denen sich je eins in jeder größeren staatlichen Verwaltungseinheit (Provinz, Regierungsbezirk) findet. Dem folgt die Unterabteilung (*al-far*), die sich an die entsprechende kleinere Verwaltungseinheit (zum Beispiel der Landkreis) anlehnt, die nächste kleinere Einheit ist die Sektion (*al-shuba*), die einem Stadtviertel oder einem Gemeindeverband entspricht. Die kleinste Einheit ist die Familie (*al-usra*), die in der Regel aus fünf bis elf Personen besteht. Neben dieser formalen Struktur bestehen noch einige Komitees, in denen die besonders wichtigen Aktivitäten der Muslimbrüder koordiniert werden.« Die islamistischen Terrorgruppen haben sich diese Organisationsstruktur der Muslimbrüder weltweit zum Vorbild genommen und erschweren dadurch – wie sich bald nach den Attentaten des 11. September zeigte – ganz erheblich das Aufdecken der personellen Zusammenhänge aus westlicher Sicht.

Nach dem Sturz des ägyptischen Königs Faruk im Jahr 1952 kämpften die Muslimbrüder gegen den Sozialisten Nasser, der von den arabischen Massen zwar als Volksheld gefeiert, unter den Muslimen jedoch zugleich als Kommunist und »Heide« verschrien war. Da Hassan Al-Banna bereits 1949 ums Leben kam, suchte die Bewegung nach einer neuen schillernden Leitfigur. In diese Lücke stieß der Muslimbruder und Schriftsteller Sajjid Qutb, der den Westen als größten Verderber der Welt anklagte und zum Kampf gegen die Kolonialisten (in Israel) und gegen die Imperialisten (der westlichen Welt) aufrief. Sajjid Qutb wurde 1966 in Ägypten hingerichtet – und damit zur Symbolfigur der antiamerikanischen muslimischen Intellektuellen.

Die von den Muslimbrüdern verbreiteten Denkmuster dienen sowohl den iranischen Revolutionären als auch den Terroristen um Usama Bin Laden als ideologische Argumentationshilfen. Bin Laden nennt den Krieg, den er gegen den Westen führt, in einer Videobotschaft den »Krieg zwischen Iman (Glauben) und Kufr (Unglauben)«: Wer sich auf dem Pfad Gottes befindet, dem gehört der Sieg auf Erden und das Paradies im Himmel. Solche Sätze entlehnte der Top-Terrorist aus einem Buch mit dem Namen *Wegzeichen* des Sajjid Qutb, dessen Schriften er schon als Student gelesen hat. Auch in seiner Dschihad-Rede vom 7. Oktober 2001 plagiiert Bin Laden sein Vorbild im Kampf gegen die westliche Kultur. Alle neunzehn Terroristen der Al Qaida, die am 11. September in New York und Washington die Attentate verübten, waren ebenfalls mit den Büchern des Sajjid Qutb vertraut. Sie betrachteten den Westen wie Qutb als ein System, das die islamische Zivilisation seit der Zeit der Kreuzzüge an der Erfüllung ihres Dschihad-Eroberungsauftrags hindert. In diesem von den Muslimbrüdern geprägten und verbreiteten Sinne denken und handeln heute die islamistischen Terrorgruppen in der ganzen Welt.

Aus diesem Grund ist es auch für die Sicherheitsbehörden in Deutschland sehr interessant herauszufinden, ob die deutschen Moscheevereine sich offen zur Bruderschaft bekennen oder verdeckt deren Auffassungen teilen. Heute gibt es in der Bundesrepublik wohl keine größere Stadt, in der nicht wenigstens einige Muslimbrüder leben. Das »Islamische Zentrum Aachen (Bilal-Moschee) e.V.« (IZA) wurde im Jahr 1981 sogar von dem prominenten syrischen Muslimbruder Isameddin El-Attar gegründet, der es auch lange Zeit leitete. Dort behauptet man wie in allen islamischen Vereinen, mit der Bruderschaft nichts mehr zu tun zu haben, und distanziert sich immer wieder öffentlich von jeder Form der Gewaltanwendung. Trotzdem hegen die Sicherheitsbehörden den Verdacht, dass nicht alle Besucher der Aachener Bilal-Moschee friedfertig sind, sondern manch einer von ihnen die freiheitlich-demokratische Grundordnung in Deutschland ablehnt und am liebsten durch ein »Kalifat« ersetzt sehen möchte.

Einem Bericht des nordrhein-westfälischen Verfassungsschutzes folgend gibt es zwei organisatorisch getrennte Zweige der Muslimbrüder, die jeweils über mehrere Filialen verfügen, sowie eine Reihe von Vereinen, die ihnen nahe stehen oder als Tarnorganisationen dienen. Dazu zählen die »Islamische Gemeinschaft in Deutschland e.V.« (IGD), die »Muslim Studenten Vereinigung in Deutschland e.V.« (MSV), das »Islamische Bildungswerk e.V.« in Köln sowie das »Islamische Zentrum Aachen (Bilal-Moschee) e.V.« (IZA). Über die Aktivitäten der Muslimbrüder ist dem Bericht zu entnehmen, dass IGD und IZA die meisten derzeitigen arabischen Staatssysteme für mehr oder weniger unislamisch halten und deren Umgestaltung anstreben. Nach außen hin würden sich beide Gruppen allerdings moderat und dialogbereit geben, gerade auch gegenüber christlichen und jüdischen Organisationen. Das habe das IZA trotzdem nicht davon abgehalten, zumindest bis 1996 die antisemitische Hetzschrift *Die Protokolle der Weisen von Zion* zu verkaufen.

Manche der soeben genannten Namen dürften dem Leser an dieser Stelle bereits bekannt vorkommen und ihm dem – durchaus richtigen – Schluss nahe legen, dass die Mitglieder und Freunde der Familie El-Zayat eine wichtige Rolle bei der Verbreitung der Muslimbruderschaft in Deutschland spielen. Ibrahim El-Zayat unterhält ebenso wie sein Schwager Mehmet Sabri Erbakan direkte Beziehungen zu Organisationen und Personen, die die Ziele der Muslimbrüder vorantreiben. Wo auch immer man in Deutschland auf muslimische Vereine trifft, ist die Bruderschaft nicht weit. Der Orientalist und islamkritische Autor Hans-Peter Raddatz wirft sogar dem Sprecher des IZA und Vorsitzenden des Zentralrates der Muslime in Deutschland Nadeem Elyas vor, ein »islamistischer Muslimbruder« zu sein. Dieser bestreitet – noch – den Vorwurf. Damit dürfte es allerdings bald vorbei sein angesichts der Äußerungen eines Islamwissenschaftlers vom baden-württembergischen Verfassungsschutz. Dr. Herbert Müller schreibt in seinem Aufsatz *Islamische Organisationen in Deutschland*: »Glaubwürdige Augen- und Ohrenzeugen haben übereinstimmend berichtet, dass der Vorsitzende des Zentralrats der Muslime, Nadeem Elyas, auf Anfrage bei einer Veranstaltung in Hamburg sinngemäß erwidert habe, die deutsche Verfassung sei zu akzeptieren, zumindest so lange als die Muslime in der Minderheit seien.« Nadeem Elyas – in der deutschen Öffentlichkeit geachtet und angesehen – dürfte es auch unangenehm sein, wenn bekannt wird, was der im Zusammenhang mit dem Attentat von Djerba verhörte deutsch-polnische Konvertit Christian G. den Generalbundesanwälten beim Verhör berichtete. Der von den Ermittlern als mutmaßlicher Terrorunterstützer verhörte G. – er hatte zuletzt mit dem Djerba-Attentäter telefoniert – soll in den Verhören jedenfalls behauptet haben, von Nadeem Elyas ein Koran-Stipendium für die islamische Universität in der saudischen Stadt Medina vermittelt bekommen zu haben. Im November 2002 verließ der 35 Jahre alte Christian G. die BRD – und flog nach Recherchen der ARD nach Saudi-Arabien. Von der Bundesanwaltschaft war er nicht an der Ausreise gehindert worden.

Welches aber sind die erklärten Ziele der Muslimbrüder und was bedeuten sie für die Zukunft Deutschlands? An erster Stelle steht seit der Bruderschaftsgründung in Ägypten die Errichtung des Kalifats auf der Grundlage islamischer Werte und Prinzipien: ein »islamallumfassendes« System, in dem Christen oder Juden allenfalls als »Tributpflichtige« Platz haben. Um dieses Ziel zu erreichen, treiben die Bruderschaften in vielen Staaten der Welt – auch in Deutschland – Islamisierungsprogramme voran. In einem weiteren Schritt will man das westliche Parteiwesen abschaffen und das Rechtssystem durch die islamische Rechtsordnung der Scharia ersetzen. Die Anwendung von Gewalt betrachten die Muslimbrüder differenziert, man könnte auch sagen: willkürlich. Offiziell gilt Gewalt nicht als politisches Mittel. Anschläge wie die der Hamas oder der Gamaat al-Islamiya gegen westliche Touristen in Ägypten lehnt die Mehrheit der Muslimbrüder ab, Anschläge gegen vermeintliche »Feinde des Islam« (wie die Vereinigten Staaten und Israel) durch »Freiheitskämpfer« oder »Märtyrer« werden jedoch ausdrücklich gefördert. Dafür sammelt man Geld und wirbt um Unterstützung in aller Welt. Die Gratwanderung in der Bundesrepublik verläuft deshalb auf sehr schmalem Grund: Auch Deutschland könnte jederzeit zum »Feind des Islam« erklärt werden. Und dann stünde man sofort in der Schusslinie der gewaltbereiten Muslimbrüder, ihrer »Märtyrer« und Selbstmordattentäter.

Ursprünglich plante die Bruderschaft den politischen Umsturz in den arabischen Staaten. Die Anhänger kämpften in Syrien und Afghanistan. Sie versuchten, ihre Auffassung vom islamischen Staat im Jemen umzusetzen, und verbreiteten Schriften in ehemaligen südlichen Sowjetrepubliken wie Aserbeidschan, die einen hohen muslimischen Bevölkerungsanteil aufweisen. Sie fassten Fuß in Tunesien, Marokko, Algerien, Libyen und geben Zeitschriften in den USA heraus. Alle Muslimbrüder sind weltweit durch ein Netz geheimer Kontakte verbunden. Den deutschen Knotenpunkt bildet die »Islamische Gemeinschaft in Deutschland e.V.« (IGD), die unter dem Einfluss der ägyptischen Bruderschaft steht. Ihr früherer Präsident Dr. Ghaleb Himmat wurde bekanntlich im Februar 2002 von Ibrahim El-Zayat abgelöst, Vizepräsident ist Muhammad Hegazi aus Frankfurt. Als Generalsekretär fungiert wie bereits erwähnt Dr. Ahmad Al-Khalifa.

Neben El-Zayat und Al-Khalifa treffen wir hier auf eine weitere Führungspersönlichkeit mit ebenso vielfältigen wie undurchsichtigen Aufgaben. Dr. Ghaleb Himmat traf als IGD-Präsident und auch als Bevollmächtigter für das »Islamische Zentrum« in Frankfurt zurück, nachdem er wegen mutmaßlicher Geschäfte mit Bin Laden das Interesse der Fahnder auf sich zog. Die IGD und das »Islamische Zentrum Frankfurt« kannte man gleichfalls nicht, dafür jedoch – unter der fraglichen Adresse – die »Muslim Studenten Vereinigung« (MSV). Gemeldet war statt Himmat ein gewisser Mahmoud G., gegen den das LKA Wiesbaden wegen gefährlicher Körperverletzung, Freiheitsberaubung und Raub ermittelte. So also sah das Umfeld aus, in dem die vermeintlich friedfertigen Muslimbrüder in Deutschland verkehrten.

Fachleuten ist schon seit 1990 bekannt, wo die Muslimbrüder in Deutschland ihren Sitz haben: in den vielen »Islamischen Zentren«, die zumeist auf die IGD zurückgehen und mittlerweile bundesweit in fast jeder größeren Stadt anzutreffen sind. Damals schrieb Karl Binswanger einen Beitrag mit dem Titel *Fundamentalisten-Filz – Getrennt marschieren, vereint schlagen?*, den – leider – niemand so richtig zur Kenntnis nehmen wollte, auch nicht der Verfassungsschutz. Binswanger beschrieb die »Islamischen Zentren« als deutsche Hochburgen der Muslimbrüder: »In ihnen sitzen die wahren Fundamentalisten, die Muslimbrüder nicht nur Syriens, sondern auch Ägyptens und anderer Länder. Ihr politisches Ziel ist die Errichtung rein islamischer Staaten und die Wiedererrichtung des Kalifats. Die IZ in der Bundesrepublik haben dieselbe Funktion für eine ganze Reihe von Staaten der islamischen Welt, wie einst Nauphle-le-Château für die islamische Revolution Chomeinis: Sie sind Kommandozentralen für mehrere Exilregierungen, die einen Staatsstreich in ihrer jeweiligen Heimat vorbereiten.« Die von Binswanger schon 1990 als Speerspitze des Fundamentalisten enttarnten »Islamischen Zentren« gibt es natürlich auch außerhalb Deutschlands. In Italien kam im Frühjahr 2003 das »Islamische Zentrum Mailand« – wieder einmal – zur zweifelhaften Berühmtheit. In der Silvesternacht 2002/2003 hatte die Turiner Polizei einen Mann aufgegriffen, dem die linke Hand mit einem Fleischermesser abgetrennt worden war. Bei den Ermittlungen konzentrierte man sich auf das »Islamische Zentrum Mailand«, wo während mehrerer Razzien auch schon Mitglieder der Terrorgruppe Al Qaida festgenommen worden waren. Offenbar, so die ersten Ermittlungen, war es ein Zentrum geheimer islamischer Gerichtshöfe, die unabhängig von der italienischen Justiz extralegal Urteile gemäß der Scharia fällten und vollstrecken ließen. In Italien häufen sich die Fälle von heimlicher »islamischer Rechtssprechung«. So wurden 2002 mehrere muslimische Frauen in Krankenhäuser eingeliefert, die offenbar wegen angeblichen Ehebruchs gesteinigt werden sollten.

Binswanger gebührt die Ehre, lange vor den deutschen Sicherheitsbehörden diese nebulöse Szene enttarnt zu haben. Bereits zu jener Zeit erfüllten die »Islamischen Zentren« in Deutschland nämlich noch eine weitere wichtige Funktion für die gewaltbereite Armee im Untergrund: Sie dienten als Rückzugsbasen für die Frontkämpfer, die auch die syrischen Mudschahedin zum »Erholungsurlaub« nutzten. So zynisch es klingen mag: Hier konnten sie sich reorganisieren und neue Kräfte sammeln. Hier konnten sie, weitgehend unbehelligt, die Revolution planen. Keine nationale Revolution, sondern die Weltrevolution – eine islamische, wohlgemerkt.

Der vom BKA in Frankfurt nur schwerlich auszumachende Ghaleb Himmat ist – wenn man so will – ein Mann der ersten revolutionären Stunde. Nach dem Verbot der Muslimbruderschaft in Ägypten 1954 setzte er sich gemeinsam mit Hunderten der prominentesten Mitglieder nach Europa ab. Zwei Jahre später gründete er zusammen mit dem naturalisierten Italiener Yusuf Nada und dem Ägypter Said Ramadan in Genf das erste europäische »Islamische Zentrum«. Letzterer war ein Schwiegersohn des Bruderschaftsgründers Hassan Al-Banna und 1954 in das Attentat auf den damaligen ägyptischen Präsidenten Nasser verwickelt. Al-Bannas Enkel wiederum, Tariq Ramadan, repräsentiert heute von der Schweiz aus ähnlich wie El-Zayat in Deutschland die muslimische Dialogbereitschaft mit dem Westen. Er gilt nicht nur in der Schweiz als Autorität, wo er an den Universitäten Fribourg und Genf Philosophieprofessor ist, sondern als geschätzter Gesprächspartner bei all jenen französischen und schweizerischen Politikern, die sich von ihm die Integration der in ihrem Land lebenden Muslime in die westliche Gesellschaft erhoffen. Derzeit hat der friedfertige Tariq Ramadan – so deutsche Sicherheitskreise – Einreiseverbot in Frankreich, wo man zumindest beim Geheimdienst dessen Absichten zu kennen glaubt und ihn für einen besonders abgefeimten Muslimbruder hält. Wie friedliebend die Familie Ramadan in der Schweiz gegenwärtig wirklich ist, bewies Hani Ramadan, ein Bruder des Philosophen Tariq, am 8. Oktober 2000 bei einer Demonstration in Genf: Als Leiter des dortigen »Islamischen Zentrums« zog er mit einer Demonstration von etwa tausend Muslimen zum Freitagsgebet auf den Platz der Vereinten Nationen, wo diese in Sprechchören den Tod der Juden forderten.

Die Familien Ramadan, Nada und Himmat sind die Speerspitzen des islamistischen Fundamentalismus in Europa. Sie pflegen freundschaftlichen Umgang miteinander und züchten nach Auffassung westlicher Sicherheitsdienste in den von ihnen errichteten muslimisch-fanatischen Kaderschmieden – gut getarnt hinter den Schlagworten Dialogbereitschaft und Integrationswille – jene trojanischen Pferde, die ein europäisches Netzwerk mit dem Ziel der Zerstörung westlicher Freiheiten und Grundrechte errichten sollen. Natürlich kennen die Familien die ägyptisch-deutsche Sippe El-Zayat. Tariq Ramadan bedankte sich jedenfalls bei dem Muslimbruder und Milli-Görüs-Förderer Ibrahim El-Zayat nebst Gattin im Vorwort seines Buches *Muslimsein in Europa*, ohne deren Mitwirkung es »gewiss nicht erschienen« wäre. Der kleine Kreis des Führungskaders der Muslimbruderschaft in Europa schließt sich eben immer wieder.

Nada und Himmat lernten in der Schweiz einen weiteren Muslimbruder kennen, der nach seiner Entlassung aus einem ägyptischen Gefängnis Rache schwor und fortan danach trachtete, die westliche Welt mit Terroranschlägen zu tyrannisieren. Der spätere Bin-Laden-Stellvertreter Al-Zawahiri soll durch den Zuspruch einflussreicher Freunde sogar einen Schweizer Reisepass erhalten haben, was das Land bis heute bestreitet. Der Pate des Terrors tarnte sich damals und nutzte statt seines Klarnamens den Fantasienamen »Amin Othman«. Mit dem völlig unverdächtigen Ehrenmann »Amin Othman«, der auch europäische Pässe auf den Namen »Sami Mahmoud El-Hifnawi« und »Dr. Abdel El-Moez« zur Tarnung nutzte, trafen sich in der Schweiz, den Niederlanden, Frankreich und Dänemark mehrfach führende Repräsentanten deutscher Muslime. Niemand kann verlässlich nachweisen, ob sie bei diesen geheimen Treffen gemeinsam für den Weltfrieden beteten oder handfestere Dinge besprachen. Sicher ist allerdings, dass »Amin Othman« mehrere tödliche Attentate in Ägypten plante, bei denen zahlreiche Menschen ums Leben kamen. »Amin Othman« alias Al-Zawahiri zieht eine lange Blutspur hinter sich her.

Der Aufbau einer breiten Basis für die Muslimbruderschaft gestaltete sich für Nada und Himmat in der ersten Zeit eher schwierig. Als einige Jahre später Zehntausende von Türken als Arbeiter nach Deutschland kamen, änderte sich die Situation schlagartig. Die Türken waren noch nicht in muslimischen Vereinen organisiert und bildeten ein beachtliches Potenzial. Überaus günstige Bedingungen also, um eine als harmlos erscheinende Vereinsstruktur türkischer Betvereine zur Tarnung für die arabischen Revolutionäre zu errichten. Die Fäden für die Bundesrepublik zog im Hintergrund ein Funktionär der Muslimbrüder namens Yusuf Zeyn el-Abidin: Zwei Monate nach der Gründung des »Islamischen Kulturzentrums Köln« im September 1973 übernahmen die Muslimbrüder die bis dahin bedeutungslose »Islamische Gemeinschaft in Süddeutschland e.V.«, die nach Angaben deutscher Sicherheitsbehörden heute identisch ist mit dem Frankfurter »Islamischen Konzil in Deutschland« (IK). Damit waren, wie Binswanger schreibt, die Grundlagen für die Unterwanderung durch die Bruderschaft vorhanden: »Das Islamische Zentrum Genf hatte seine deutsche Zweigstelle eröffnet, ein bundesweites Netz im Kern angelegt.«

Die ersten Vereinsmitglieder traten später an anderen Orten in Deutschland in Erscheinung und bauten die Infrastruktur des potenziellen Terrors beständig aus. 1976 gründete Yusuf Zeyn el-Abidin in Köln die »Türkische Union Europa«, aus der später die im Zusammenhang mit Ibrahim El-Zayat angesprochene »Organisation der nationalen Weltsicht« (AMGT), die Bewegung des Kalifen von Köln, die Milli Görüs, die EMUG und viele andere uns schon bekannte Gruppierungen hervorgingen. El-Abidin war demnach der erste Vorsitzende der AMGT, und somit der Mutterorganisation der späteren Milli Görüs. Weitere »Islamische Zentren« folgten 1978 in Aachen und Köln. Als Yusuf Zeyn el-Abidin im Dezember 1979 die Leitung des Kölner Zentrums übernahm, lagen der Vorsitz von AMGT und IZ Köln in einer Hand, genauer gesagt: in der Hand eines extremistischen Muslimbruders. Die Zentralisierung hinter den Kulissen ging aber noch weiter: Mitglieder des »Islamischen Zentrums München« traten dem Kölner

Zentrum bei, ohne den Wohnsitz zu wechseln. Im August 1980 gründete el-Abidin die »Föderation Islamischer Vereine im Lande Nordrhein-Westfalen«, der zwei Jahre später entsprechende Gründungen in Hessen und Baden-Württemberg folgten, dort mit dem uns bereits bekannten IZ-Direktor aus München Ahmad Al-Khalifa, der 1984 auch noch in den Vorstand der in Bayern gegründeten Föderation einzog.

Binswanger hält das Verfahren der Unterwanderung und Tarnung für eindeutig: »Stets handelt es sich um den Zusammenschluss der AMGT-Vereine des betreffenden Bundeslandes, aber mit einem Vertreter der Muslimbruderschaft der Landeshauptstadt im Vorstand. Sinnfällig ergänzt wird dies durch die Föderation Islamischer Zentren Deutschland, quasi dem Bundesverband der Muslimbruderschaft, der – da er Vertreter in allen AMGT-Landesföderationen sitzen hat – die Holding von AMGT ist... Die Frage, wer hier wen unterwandert, ist sekundär, wer wem gehört, ist dagegen offensichtlich... Spielen diese Vereine Rumpelstilzchen, werfen sie Nebelbomben, wissen sie überhaupt noch, wer sie selbst, wer die anderen sind? Der deutsche Beobachter, der die Szene wenig kennt, mag seine Zweifel haben und es irgendwann einmal aufgeben, diesen Fragen nachzugehen.« Dann, so Binswanger weiter, sei der Zweck des Verwirrspiels erreicht: Die Frage nach den tatsächlichen Hintermännern würde man über die vordergründigen Probleme des »Wer wen?« und »Wer wem?« einfach vergessen. Dabei verstecken sich hinter den Millionen Türken, die heute diesem und morgen jenem Verein angehören, ungefähr tausend Muslimbrüder, die in deutschen Moscheen auf deutschem Boden den Umsturz planen. Die ständigen Namensänderungen und »Beteiligungsgesellschaften« an vorgeblich rein gottesfürchtigen türkischen Betvereinen sind Teil einer Strategie, die bis in die Gegenwart ungehindert fortgesetzt wird. Im Kreis der Akteure treffen sich Extremisten von Hisbollah, Hamas, algerische Kindermörder der GIA, sudanesische, marokkanische, saudische, jemenitische, türkische, jordanische, syrische, tunesische, kuwaitische, irakische, iranische und viele andere Extremisten, die inmitten der unverdächtigen und friedfertigen muslimischen Vereine in Deutschland eine perfekte Tarnung gefunden haben.

Die betonte Friedfertigkeit der Muslimbrüder sowie die öffentliche (angebliche) Ablehnung jeglicher Gewalt sind Bestandteil der Unterwanderungstaktik, bei der nach Kräften gelogen und betrogen wird. Als Beweis für ihre aktuelle Friedensbewegtheit führen die Muslimbrüder gern die Tatsache an, dass einige ihrer Mitglieder im ägyptischen Parlament sitzen. Doch das ist, so der Kairoer *Spiegel*-Korrespondent Volkhard Windfuhr in seinem Buch *Ein Tag im September*, eine reine Schutzbehauptung. In Europa bestimmen einige wenige Führungskader der Muslimbrüder, wohin der Weg gehen soll. Durch eine gezielte »Öffentlichkeitsarbeit« wahren sie den Schein der Gewaltfreiheit und Kooperationsbereitschaft, um bei europäischen Politikern, Kirchenvertretern und sonstigen Organisationen Berührungsängste abzubauen und diese gewissermaßen in Sicherheit zu wiegen. Eines ihrer wichtigsten Institute heißt »Institut Européen des Sciences Humaines« und liegt nahe dem französischen Ort Château-Chinon. Der Schwerpunkt des Unterrichts im »Institut« liegt auf der »Arabisierung« und »Re-Islamisierung« der jungen Menschen, die in Europa tätig werden sollen. Die dortigen Schuldirektoren haben auch eine Zusammenarbeit mit Milli Görüs vereinbart, die Studenten dorthin zur Ausbildung schickt. Auch viele der in diesem Buch erwähnten Hauptakteure besuchten früher die Muslimbrüder-Schule. Einer von ihnen ist der langjährige Leiter der »Islamischen Religionsgemeinschaft Hessen« Amir Zaidan, der ein vier Jahre währendes Studium am »Institut« auf seiner Homepage als »Qualifikation« für seine Tätigkeit als Lehrbeauftragter im Fachbereich Religionswissenschaft an der Universität Frankfurt am Main anführt.

Französische, schweizerische und deutsche Sicherheitskreise nennen das »Institut Européen des Sciences Humaines« heute übereinstimmend eine der führenden europäischen Kaderschmieden der Muslimbrüder. Und vom baden-württembergischen Verfassungsschutz erfährt man, dass die Bibliothek der Schule klar erkennbar Bezüge zum Aktionsnetz und zu den Ideen widerspiegele, die sich auf das Erbe der Muslimbrüder im Nahen Osten berufen würden. Die Franzosen beobachten die Schüler seit dem 11. September noch aufmerksamer als zuvor, denn einige Personen aus dem Umfeld des »Institut« sollen – vorsichtig ausgedrückt – zu den Sympathisanten des islamistischen Terrors zählen.

Immer wieder führen die Spuren des Terrors zum Umfeld der ersten Gründer »Islamischer Zentren« in Deutschland, auch wenn es um die Hintergründe der Finanzierung geht. Die Fahndungsfäden laufen bei

Ghaleb Himmat, Yusuf Nada, der Bank Al Taqwa sowie ihrer Nachfolgeorganisation, der »Nada Management«, in der Schweiz zusammen. Himmat steht für »Nada Management« als Verwaltungsrat im Handelsregister, während sein Freund und bekennender Muslimbruder Nada als deren Leiter firmiert. Beide Organisationen gehören nach Angaben amerikanischer Anti-Terror-Ermittler zu einem gewaltigen Finanznetz, das auch für Bin Laden arbeiten soll. Neben Al Taqwa interessieren sich die Ermittler vor allem für die »International Islamic Charitable Organisation« (IICO) mit Sitz in Kuwait, über die ebenfalls Gelder an extremistische Gruppierungen geflossen sein sollen – die wiederum auch Bin Laden erreichten. In der Genfer Filiale der IICO saß Himmat im Vorstand. Ein anderer IICO-Direktor namens Yusuf Al-Qaradawi ist Präsident des religiösen Beraterstabs, der sicherstellt, dass die Bank die Lehre des Korans nicht verletzt. Dieser, einer der höchsten geistigen Führer der Muslimbruderschaft, bekennt sich offen zur palästinensischen Terrorgruppe Hamas. Er gab sogar eine Fatwa heraus, die deren Selbstmordattentäter zu Märtyrern erhebt und die Taten als »höchste Form des Dschihad« preist.

Dem Autor liegt eine Liste der Aktionäre der Muslimbrüder-Bank Al Taqwa vor, nach der Nada, Himmat und Yusuf Al-Qaradawi jeweils eine beträchtliche Anzahl von Anteilen besitzen. Al-Qaradawi befindet sich außerdem im Vorstand zahlreicher Gruppen, die angeblich indirekt Gelder für Terrororganisationen sammeln, etwa bei der so genannten palästinensischen »Wohlfahrtsorganisation« »Union für Gott – I'tilafu al-Khayr«, wo er als »Chairman« fungiert. Wegen seiner radikalen Äußerungen saß Scheich Al-Qaradawi, der den Gründer der Muslimbruderschaft Hassan Al-Banna noch persönlich kennen gelernt hatte, dreimal im Gefängnis und durfte lange Zeit nicht in ägyptischen Moscheen predigen. Aber es gibt noch andere einflussreiche Muslime als Anteilseigner bei Al Taqwa. Zahghiloul El-Naggar, ein ägyptischer Wissenschaftler mit zahlreichen weiteren Aufsichtsratsposten in »Wohltätigkeitsorganisationen«, hält ebenfalls eine größere Zahl von Anteilen. Der Pakistaner Ahmed Idris Nasreddin, auch unter den Namen Hadj Ahmed oder Idris Nasreddin bekannt, hat ebenfalls Anteile und wurde von den Vereinigten Staaten nach dem 11. September zusammen mit Nada und Himmat auf die Liste terrorverdächtiger Personen gesetzt. Im November 2001 schlossen italienische Ermittler in Mailand ein Kulturzentrum unter dem Verdacht, als logistische Basis gleich mehrerer europäischer Al-Qaida-Zellen zu dienen. Der wohlhabende Geschäftsmann Idris Nasreddin, ehemals kuwaitischer Konsul in Mailand, unterstützte das mutmaßliche Mailänder Terrorzentrum finanziell. Damit war der Boden für die Bank zu heiß geworden: Al Taqwa wechselte den Namen in »Nada Management« und wurde im Winter 2001/2002 aufgelöst. Grund genug dafür gab es offensichtlich. Aiman El-Attar sagte über den Hauptanteilseigner Nada, der zugleich sein Schwiegervater ist: »Weltweit hat er seine Geschäfte gemacht und zu seinen Anlegern bei seiner Bank, die jetzt pleite gegangen ist, gehörten Teile der Großfamilie Bin Laden.«

Islamic Relief

Wo man hinschaut: Beziehungen, Verwandtschaften, Mitgliedschaften, finanzielle Abhängigkeiten, ideologische Geheimbündler. Das Netzwerk des Terrors ist international verflochten, finanzkräftig und gut gerüstet – auch in Deutschland. Über allem schwebt die Instanz der Muslimbrüder, deren Verbindungen fast undurchdringlich scheinen. Ein weiterer Knotenpunkt des Netzes liegt im britischen Birmingham. Dort ist seit 1984 die »Islamic Relief Worldwide« beheimatet, eine »Wohltätigkeitsorganisation« unter der Leitung von Dr. Hany Al-Banna, die offenkundig von den ägyptischen Muslimbrüdern gesteuert wird. Auch dieser Al-Banna ist ein Verwandter von Hassan Al-Banna. Und der wiederum war bekanntlich der Begründer der Bruderschaft.

»Islamic Relief«? Das hört sich eigentlich ganz unverdächtig und seriös an. Doch der erste Eindruck trügt beim Blick auf die geheimbündlerischen Hintermänner. Erinnern wir uns, wer und was bislang schon alles aus der Muslimbruderschaft hervorging. Die ägyptische Terrorgruppe Gamaat al-Islamiya mit ihrem ehemaligen Führer Al-Zawahiri, der ein Duzfreund Bin Ladens wurde und als Terrorist von sich reden machte. Jene Männer, die den ägyptischen Präsidenten Sadat töteten. Die Terroristen, die bei zahlreichen Anschlägen in Ägypten Touristen ermordeten, wie im November 1997 beim Massaker in Luxor. Die palästinensische Terrorgruppe Hamas, die algerische Heilsfront (FIS) und –

besonders fatal – das Gedankengut, aus dem Bin Laden seine terroristischen Motive schmiedet. Geldkuriere von »Islamic Relief« reisen nach Informationen des BKA nicht nur von Deutschland aus regelmäßig in solche Gebiete, in denen aufrichtige Muslime gegen Ungläubige kämpfen. Von Tschetschenien bis Afghanistan flossen Gelder, von denen man im BKA vermutet, dass diese auch an Gotteskrieger gingen. Genauere Erkenntnisse und insofern die Antwort auf die Frage, ob dem tatsächlich so ist, gibt es derzeit nicht. »Islamic Relief« jedenfalls behauptet, ausschließlich wohltätige Zwecke zu verfolgen. Weitere Nachforschungen durch das BKA würden dessen Kompetenzen überschreiten. Nur durch Ermittlungen des Bundesnachrichtendienstes könnte überprüft werden, ob hinter dieser Gruppe ein Muster von Unterwanderung, Tarnung und Finanzierung des islamischen Terrors steht. In Pullach will man sich dazu derzeit nicht äußern.

Geschäftsstellen der Birminghamer Schaltzentrale gibt es in Frankreich, Belgien, Holland, Mauritius, Schweden und in der Schweiz. Der deutsche Ableger der »Islamic Relief« unterliegt den üblichen verwandtschaftlichen Beziehungen. Ibrahim El-Zayat ist Vorstandsmitglied der Filiale in Köln. Die diffizilen Verflechtungen seiner Familie und Freunde sind mittlerweile bestens bekannt: Sie reichen über zahlreiche Vereinsmitgliedschaften bis zu Milli Görüs, den Muslimbrüdern und deren Spitzenleuten in der Schweiz um Himmat und Nada. Allein deshalb mag es nicht verwundern, dass Milli Görüs einschließlich der vielen Unterorganisationen im Falle der Auflösung auch die »Islamic Relief« in Köln begünstigt.

Die Selbstdarstellung von »Islamic Relief« klingt wie eine Geschichte von Wohltätern: »Was ist IR? Im Februar 1984 erreichte die Nachricht der Hungersnot in Afrika zwei Studenten der Universität Birmingham, Dr. Hany El-Banna und Dr. Ihsan Shbib. Sie beschlossen, eine Wohltätigkeitsorganisation zu gründen, um den Bedürftigen in dieser Welt zu helfen. Die erste Spende, die sie erhielten, war ein 20-Pence-Stück, das sie von einem zwölfjährigen Jungen bekamen. Heute ist IR eine internationale NGO (staatlich unabhängige Organisation), die es sich zum Ziel gesetzt hat, durch Hilfs- und Entwicklungsprogramme und in Zusammenarbeit mit den Gemeinden vor Ort dauerhafte Entwicklungshilfe im wirtschaftlichen und sozialen Sektor zu leisten.«

Einen völlig anderen Eindruck erwecken die Vorwürfe, die die Sicherheitsdienste gegen »Islamic Relief Worldwide« erheben. Russische Geheimdienstquellen behaupten, die »Wohltätigkeitsorganisation« habe tschetschenischen Führern geholfen, arabische Söldner ins Krisengebiet zu bringen. Darüber hinaus soll sie jährlich etwa 20 muslimischen Russen aus verschiedenen Regionen des Landes Reisen nach Saudi-Arabien spendieren, wo sie einer »Gehirnwäsche« unterzogen und dann als radikale Personen nach Russland zurückgeschickt werden. Wenn diese Vermutungen stimmen – was der Autor nicht sagen kann, der Bundesnachrichtendienst aber mit Leichtigkeit herausfinden könnte –, wäre nach Ansicht des Autors bereits die finanzielle Begünstigung von »Islamic Relief« im Falle der Auflösung der Milli-Görüs-Vereine ein triftiger Grund, diese Organisationen in Deutschland zu verbieten.

Radikale Glaubensbrüder

Eine nennenswerte Zahl von Anhängern besitzen in Deutschland in erster Linie die algerische »Islamische Heilsfront« (FIS) und die palästinensische Hamas. Alle anderen Abspaltungen der Muslimbrüder, etwa die »En Nahda« in Tunesien, der sudanesische Nationalkongress, früher die »Nationale Islamische Front« (NIF), sowie die ägyptischen Gruppierungen »Al Jama'at al-Islamiyya« und »Al Jihad al Islami« verfügen nur über einen geringen Rückhalt in Deutschland durch einige wenige Einzelmitglieder.

Die algerische FIS hat nach Erkenntnissen des FBI internationale Bezüge, unter anderem zu Milli Görüs. Der für Deutschland zuständige FIS-Sprecher Rabah Kebir war immerhin als Imam bei der »Islamischen Union Europa e.V.« angestellt. Kassenwart der Organisation ist der stellvertretende Milli-Görüs-Rechnungsführer Recep Cinar. Die FIS propagiert den Widerstand gegen die algerische Regierung, intendiert die Errichtung eines islamischen Staatswesens in Algerien und strebt als Fernziel die weltweite Islamisierung an. Das ausführende Organ der Heilsfront ist zugleich ihr bewaffneter Arm, die »Armée Islamique du Salut« (AIS). Diese Untergruppe hält seit Oktober 1997 eine selbst verkündete Waffenruhe ein. Die in Deutschland lebenden Anhänger der FIS verhalten sich nach Angaben von FBI und BKA angesichts der Entwicklung in Algerien abwartend. Anhaltspunkte für militante Aktionen gibt es in Deutschland laut Verfassungsschutzbericht nicht. Gleichwohl halten hier lebende FIS-Sympathisanten und Milli-Görüs-Mitglieder engen Kontakt zueinander. In einigen Milli Görüs nahe stehenden Vereinen soll in der Vergangenheit auch mehrfach Geld für die Heilsfront gesammelt worden sein. Zwischen dem jetzt verbotenen »Kalifenstaat« von Metin Kaplan in Köln und der FIS gab es freundschaftliche Beziehungen.

Die blutigen Auseinandersetzungen zwischen Palästinensern und israelischen Sicherheitskräften in den letzten Monaten haben der Hamas und ihren Statthaltern in Deutschland weiteren Zulauf beschert. Das Spendenaufkommen für die humanitäre Hilfe in Palästina ist erheblich gestiegen. Wichtigster Exponent dieser Sammeltätigkeit war lange Zeit der neuerdings verbotene Al Aqsa e.V., auf den wir noch zu sprechen kommen. Aber auch in IGMG-nahen Vereinen wurde nach Angaben deutscher und amerikanischer Sicherheitsbehörden regelmäßig für die Hamas und deren Kampf gegen Israel gesammelt.

In Deutschland vertreten ist darüber hinaus der 1982 gegründete »Islamische Bund Palästina« (IBP). Dieser hat etwa 250 Mitglieder in der Bundesrepublik und sieht sich als Stellvertreter der Hamas im Bundesgebiet. Die Hamas, die nach Angaben von FBI, BKA und Verfassungsschutz gute Kontakte zu Milli Görüs unterhält, verfolgt als Ziel die völlige Vernichtung Israels und die Errichtung eines islamistischen palästinensischen Staates auf dem gesamten Gebiet »Palästinas«. Seitdem der israelische Ministerpräsident Scharon dem Tempelberg einen Besuch abstattete, hat der Friedensprozess zwischen Israel und den Palästinensern einen empfindlichen Rückschlag erlitten. Selbst Teile der von Arafat geführten Fatah unterstützen mittlerweile die gewalttätigen Ausschreitungen der Palästinenser, für die sich immer wieder die Hamas als verantwortlicher Drahtzieher zu erkennen gibt.

Die Hisbollah oder »Partei Gottes« hat ebenfalls die völlige Vernichtung Israels mit terroristischen Mitteln zum Ziel und besitzt in Deutschland etwa 800 gewaltbereite Mitglieder. Sie verübt alljährlich zahlreiche Terroranschläge im Norden Israels. Das »Islamische Zentrum Münster« ist laut Verfassungsschutzbericht die zentrale Anlaufstelle für Hisbollah-

Anhänger in Deutschland. Regionale Schwerpunkte bestehen außerdem in Bonn, Bocholt, Dortmund und Löhne. Früher unterhielt die Hisbollah enge Kontakte zu Cemaleddin und Metin Kaplan und deren »Kalifenstaat«. Heute beobachtet der Staatsschutz zahlreiche »Freundschaften« zwischen Milli-Görüs-Mitgliedern und in Deutschland lebenden Hisbollah-Sympathisanten, wenngleich Geldsammlungen für die Hisbollah durch Milli Görüs bislang nicht nachgewiesen werden konnten.

Die »Arabischen Mudschahedin« bilden keine Organisation, sondern vielmehr ein loses Netzwerk fanatischer Kämpfer für die Sache Allahs. Die von Bin Laden gegründete Organisation Al Qaida (»Die Basis«) bildete in eigenen Lagern in Afghanistan und Pakistan jene Kämpfer aus, die sich als Mudschahedin bezeichnen. Während der Invasion der Sowjetarmee in Afghanistan hatten sich zahlreiche Araber unterschiedlicher Nationalität den afghanischen Mudschahedin angeschlossen. Sie wurden in afghanischen und pakistanischen Camps religiös und militärisch geschult und kämpfen seitdem für den Sieg des Islam, wo immer sie sich gebraucht fühlen, zum Beispiel in Bosnien, Tschetschenien und Kaschmir. Hinweise auf Einzelpersonen aus dem Umfeld Bin Ladens gibt es auch in Deutschland. Nach Angaben des amerikanischen FBI sollen einige Anhänger von Milli Görüs im Norden des Irak, in Tschetschenien, Bosnien, Afghanistan, Pakistan und der Türkei mehrfach arabische Mudschahedin unter dem Deckmantel angeblicher Hilfslieferungen getroffen haben. Deutsche Sicherheitsbehörden berichteten dem Autor, dass es in Einzelfällen »Hinweise auf engste Kontakte zwischen mutmaßlichen Al-Qaida-Zellen und Milli-Görüs-Sympathisanten« gebe.

Der islamistische Staat im deutschen Staate: Milli Görüs (IGMG)

Die größte in Deutschland bestehende islamistische Organisation zählt offiziell 27 000 Mitglieder, hat ihren Sitz in Köln und heißt »Islamische Gemeinschaft Milli Görüs« (IGMG). Sie ging im Jahr 1995 – so weit haben wir die Fakten bereits dargelegt – durch eine Namensänderung aus einem Zweig der »Vereinigung der nationalen Weltsicht in Europa e.V.« (AMGT) hervor, die wiederum ein Produkt der Spaltung der »Islamischen Union Europa e.V.« war, auf die auch die Organisation des »Kalifen von Köln« zurückgeht. Hier laufen die Fäden der Familien, Freunde, Kollegen und Vereine zusammen, von denen in diesem Buch bisher die Rede war. Wer die Gefährdung verstehen will, die in der Bundesrepublik von den im zweiten Kapitel erwähnten Gebrüdern G., den El-Zayats, den Muslimbrüdern und allen anderen Organisationen ausgeht, die sich in den Dienst der Pflege und Verbreitung des Islam stellen, muss sich mit Milli Görüs befassen.

Öffentlich betont Milli Görüs, die Umgestaltung der Bundesrepublik mit friedlichen Mitteln anzustreben. Ob das der Wahrheit entspricht, wird man angesichts dessen, was wir über diese »Gemeinschaft« schon gehört haben und auf den nächsten Seiten noch erfahren werden, allerdings bezweifeln können. Der Gründungsvater und Onkel des heutigen Vorsitzenden von Milli Görüs ist bezeichnenderweise der frühere türkische Ministerpräsident Erbakan, der wegen seiner extremistischen Haltung in der Türkei mit einem Politikverbot belegt wurde.

Der Verfassungsschutz beobachtet die IGMG unter anderem wegen antisemitischer Propaganda. Aber das ist nur ein kleiner Teil einer langen Liste von Aktivitäten, die den Prinzipien der Grundrechte und den Interessen des freiheitlichen Rechtsstaats der Bundesrepublik bei weitem nicht entsprechen. Der Weg dorthin heißt Unterwanderung, und die beginnt in den eigenen Reihen: Milli Görüs will für die in Deutschland lebenden Muslime auf der islamischen Scharia basierende Minderheitenrechte durchsetzen, die auf dem Weg des Gruppenzwangs für alle hier ansässigen islamischen Gläubigen verbindliche Pflicht sein sollen. Von Meinungs- und Religionsfreiheit kann man da eigentlich nicht mehr sprechen. Die von Milli Görüs intendierten »Pflichten« schließen eine Einschränkung der in der Verfassung garantierten Grundrechte ein und bewirken eine – durchaus gewollte – Ausgrenzung der Muslime aus der pluralistischen Gesellschaftsordnung. Denn diese werden, geht es nach Milli Görüs, den deutschen Staat irgendwann einmal mit neuem muslimischen Selbstbewusstsein von Grund auf umkrempeln und in ein Kalifat verwandeln.

Auch hier das bewährte Tarnungskonzept: Die IGMG bemüht sich um ein rechtlich unangreifbares Erscheinungsbild in der Öffentlichkeit, verzichtet nach außen hin fast völlig auf agitatorische Aussagen und gibt vor, nur verfassungskonformen Absichten zu folgen. Das eigentliche, ausschließlich in internen Kreisen benannte Ziel von Milli Görüs besteht jedoch darin, den Westen mit seinen eigenen Waffen zu schlagen. Auf der einen Seite gibt man sich pro-westlich und tritt angeblich für Menschenrechte und Religionsfreiheit ein. Auf der anderen Seite wird in den Ortsvereinen nach Angaben des Verfassungsschutzes die Ideologisierung der Mitglieder und deren innere Abschottung vorangetrieben. Die Akteure der IGMG zeigen sich offen, engagiert und gesprächsbereit für die deutsch-islamische Verständigung, indem sie intensive Kontakte zu Politikern aller Parteien, politischen Stiftungen und Personen des öffentlichen Lebens suchen. Sie wollen nach eigener Aussage nicht gegen, sondern mit der Bundesrepublik handeln – und diese dabei diskret unterwandern. Wie aus einem dem Autor vorliegenden vertraulichen Bericht hervorgeht, weiß das mittlerweile auch der Verfassungsschutz, der darauf hinweist, dass seit der Wahl Mehmet Sabri Erbakans zum Vorsitzenden der IGMG im April 2001 verstärkt Mitglieder dazu angehalten würden, die deutsche Staatsbürgerschaft zu erwerben. Dabei ginge es allerdings nicht um die Integration der Muslime in die deutsche Gesellschaft, sondern darum, mithilfe der eingebürgerten Muslime in Deutschland eine eigene Partei zu gründen, die islamistisch-extremistische Positionen vertreten würde.

Erbakan selbst sagte in einer Rede in Hagen am 15. April 2001: »Die Europäer glauben, dass die Muslime nur zum Geldverdienen nach Europa gekommen sind. Aber Allah hat einen anderen Plan.« Obwohl derzeit 22 Millionen Muslime in Europa leben und nur sieben Prozent der Bevölkerung stellen, werde ihre Bedeutung, so der Milli-Görüs-Vorsitzende, durch Bevölkerungszuzug aus den arabischen Ländern und gleichzeitigen Geburtenrückgang bei den Europäern schnell anwachsen. Seine Prognose: Im Jahr 2040 wird es etwa 40 Millionen Muslime in Europa geben. Deren Ziel müsse es sein, die jeweilige Staatsangehörigkeit des Gastlandes anzunehmen, in politische Parteien einzutreten und muslimische Interessen wahrzunehmen. Die Muslime sollen in Europa das werden, was die Juden in den Vereinigten Staaten nach Erbakans Meinung längst sind: die maßgebliche Kontrollinstanz von Wirtschaft und Staat. Der Verfassungsschutz war bei der Hagener Veranstaltung anwesend und zeichnete die freimütigen Worte auf.

Der Umsturz in Deutschland durch Milli Görüs soll mit den Mitteln der Unterwanderung geschehen, aber nicht nur, wie die folgende Situation deutlich macht: Auf einer Veranstaltung in Neu-Ulm mit 1500 Teilnehmern im Juni 2001 stellte der Stellvertreter Erbakans, Karahan, einen Fünfjahresplan vor, nach dem im Jahr 2006 etwa elf Millionen und fünf Jahre später 16 Millionen Muslime in Deutschland leben, für die man eine islamische Partei gründen und mit der man den Einzug ins Parlament nach Berlin schaffen werde. Informationen des bayrischen Verfassungsschutzes zufolge habe Karahan dann auch über den Palästinenserkonflikt gesprochen. Als dabei Bilder des islamistischen Wortführers in der Türkei, Necmettin Erbakan, gezeigt worden seien, hätte die Menge durch Rufe ihre Kampf- und Tötungsbereitschaft geäußert, was nach Ansicht des Staatsschutzes die mindestens latente Gewaltbereitschaft mancher IGMG-Mitglieder zeige.

Erschreckend ist die antijüdische Hetze und die unverfroren offene Haltung von Milli Görüs gegenüber den Terroranschlägen in den USA. Die Marburger Islamwissenschaftlerin Ursula Spuler-Stegemann berichtet: »Die aggressive *Milli Gazete* (›Nationalzeitung‹), die als Stimme der IGMG einzuschätzen ist, auch wenn sie sich neuerdings davon zu distanzieren versucht, ist dem Zentrum für Türkeistudien zufolge ›durchaus als integrationsablehnend zu bezeichnen‹. Antijüdische Hetze findet sich genügend; sie wird sogar mit einem Koran-Zitat begründet und somit religiös legitimiert.« Derartige, auch gegen Christen gerichtete Hetzschriften sollen zur Ausstattung nicht weniger Verkaufsstellen für islamische Literatur gehören. Im Internet verbreite die Mannheimer Fatih-Moschee, eine Filiale von Milli Görüs, eine der »absurdesten Weltverschwörungstheorien im Hinblick auf die Terroranschläge auf das World Trade Center«, wonach das Welt-Freimaurertum für die grausame Tat verantwortlich sei. Die Milli Görüs nahe stehende Zeitschrift *Akit* habe die Terroranschläge darüber hinaus als »Heimzahlung« bezeichnet. Der bayerische Verfassungsschutz bewertet solche Vorgänge eher nüchtern, indem er lediglich darauf hinweist, dass die Terroranschläge vom 11. September in der IGMG-Moschee München von den anwesenden Vereinsangehörigen überwiegend begrüßt worden seien.

Zum Zweck der Unterwanderung nutzt die streng religiöse Milli Görüs bisweilen Strukturen, die ihr eigentlich völlig fremd sind, zum Beispiel das von eher linken Politikern entwickelte bundesdeutsche Gewerkschaftsmodell. Das zur Milli Görüs zählende »Muslimische Sozialwerk in Europa« (MSWE) mit Sitz in Köln fungiert in dieser Hinsicht als eine Art Gewerkschaft für Muslime in Deutschland. Allein im Kölner Ford-Werk weiß das Sozialwerk rund 2000 muslimische Arbeiter hinter sich. Das MSWE fordert Gebetspausen für Muslime sowie »besseren Lohn« und Arbeitszeitverkürzungen. Dahinter steckt, so Rolf Stolz 1994 in *Die Mullahs am Rhein*, allerdings wesentlich mehr: »Der vor IGMG-Plakaten in seinem Büro posierende Generalsekretär Süleyman Delioglu empfiehlt den Mitgliedern im Sinne einer Unterwanderungsstrategie, sich auf verschiedene Parteien zu verteilen und sich gleichzeitig auch den deutschen Gewerkschaften anzuschließen.«

Damit das Spiel perfekt funktioniert, hat man auf der offiziellen »Gegenseite« natürlich einen Verband für die islamistischen Milli-Görüs-Unternehmer installiert, der sich MÜSIAD (»Müstakil Sanayici ve Isadamlari Dernegi«, d. h. »Verband Unabhängiger Industrieller und Arbeiter«) nennt, mit mehreren Milliarden Euro Umsatz einer der größten islamischen Dachverbände der Welt ist und allein in der Türkei ein Zehntel des Sozialprodukts erwirtschaftet. Zu den wahren Zielen von MÜSIAD zitiert Ursula Spuler-Stegemann ein Vorstandsmitglied: »Wir müssen reich werden. Wir müssen noch mehr arbeiten und noch reicher werden, um stärker als die Heiden zu werden. Die Schätze Allahs müssen aus ihren Händen genommen werden. Wir müssen sie besitzen.« Vor Publikum würde das wiederum ganz anders klingen. Vorstandsvorsitzender der MÜSIAD in Köln ist übrigens Hasan Özdogan, eine schillernde Figur mit guten Beziehungen, auf die wir gleich näher eingehen werden.

In einer Selbstdarstellung gibt Milli Görüs an, im Herbst 2000 über 30 Gebietsorganisationen, 511 Moscheevereine, 1091 Zweigstellen, 2137 Jugend-, Frauen- und Universitätsvereine, 17 841 Vorstandsmitglieder und 252 000 Gemeindemitglieder verfügt zu haben. Die Jugendabteilung umfasse 33 546, die Frauenabteilung 14 622 und die Studentenabteilung »mehr als 2517« Mitglieder. Die Namen der einzelnen Vereine, die Milli Görüs zuzurechnen sind, gibt der Verband allerdings nicht preis. Seine Zusage, der Berliner Zeitung *taz* eine Liste der Mitgliedsvereine zu übergeben, hielt Mehmet Sabri Erbakan nicht ein. So kommen die Journalisten Eberhard Seidel, Claudia Dantschke und Ali Yildirim zu dem Schluss: »Milli Görüs belügt die Öffentlichkeit seit Jahren systematisch über den wahren Charakter ihrer Organisation, ihre Verbindung zu Hunderten von Tarnorganisationen, ihr Verhältnis zum türkischen Islamistenführer Necmettin Erbakan.«

Dieser Vorwurf ist mehr als berechtigt. Wie eine Krake hat sich die IGMG in den vergangenen Jahren in Deutschland ausgebreitet und bildet inzwischen einen (islamistischen) Staat im (deutschen) Staate. Nach Informationen des BKA wurde 1999 eine Liste erstellt, die heute in den Panzerschränken der BKA-Außenstelle Meckenheim lagert. Hier sind alle Vereine aufgeführt, die der IGMG zugerechnet werden und über deren wahre Zusammenhänge die Gemeinschaft hartnäckig schweigt. Der Grund dafür liegt auf der Hand: Es gibt kaum einen Ort in der Bundesrepublik, in dem Milli Görüs – oftmals unter nichtssagendem, wohlklingendem Namen – nicht Fuß gefasst hätte. Die Liste umfasst mehr als 750 Einträge. IGMG-Zweigstellen und IGMG-gesteuerte Vereine existieren demnach, verteilt über das gesamte Bundesgebiet, in allen großen Städten, aber auch in solch entlegenen Winkeln wie Bad Bramstedt, Delmenhorst, Ottersberg (nahe Bremen), Rheine (Westfalen), Nienburg und Rinteln an der Weser, Bullay an der Mosel, Nidda (nahe Frankfurt), Blaubeuren auf der Schwäbischen Alb oder Fellbach, Backnang und Waiblingen in der Nähe von Stuttgart.

Das wahre Ausmaß der Verbreitung von Milli Görüs ist damit längst noch nicht erfasst. Die Unterwanderung der Bundesrepublik sowie die

Indoktrination der hier lebenden – und oftmals nichts ahnenden – Muslime geht auf immer subtileren Wegen viel weiter. Ideologie und Religion sind eine unheilvolle, jedoch äußerst praktikable Allianz, wenn die religiöse Überzeugung wie bei Milli Görüs der Rekrutierung von Glaubenskämpfern dient, die den »ungläubigen« Westen auf allen Ebenen und mit allen Mitteln in das Kalifat führen sollen. Die besten Möglichkeiten zur geistigen und organisatorischen Vorbereitung eines solchen Glaubenskrieges bildet der Ort, an dem die Religion gelebt wird: die Moschee. Wen wundert es also, dass Milli Görüs alles daransetzt, mit möglichst vielen Moscheen »zusammenzuarbeiten« oder, deutlicher formuliert, sie unter ihre Kontrolle zu bringen. Einen Anhaltspunkt für den wahren Einfluss der IGMG auf die Moscheen in Deutschland liefert der jährliche »Tag der Moschee«. Im Jahr 2001 veranstaltete Milli Görüs in 134 Moscheen diesen »Tag«, an dem sich die Menschen, so der offizielle Sinn der Einrichtung, über die religiösen Grenzen hinweg kennen und verstehen lernen sollen. Nach eigenen Angaben begrüßte man etwa 27 000 Besucher. Am 3. Oktober 2002 lud Milli Görüs die Öffentlichkeit wiederum zum »Tag der offenen Moschee« und offenbarte dadurch anschaulich die enge Verknüpfung der betreffenden Häuser zur IGMG. Eine perfekt organisierte Glaubensgemeinschaft mit eindeutig undemokratischen Zielen und – wie schon mehrfach angedeutet wurde – undurchsichtigen Verbindungen.

Tarnung, Unterwanderung, Indoktrination. Was noch fehlt zum Aufbau des islamistischen Netzwerks ist die Finanzierung, die durch Spenden, aber auch durch zwielichtige Geschäfte gesichert wird. Darüber hinaus gibt es in Deutschland eine Vielzahl von Firmen, die ihrerseits ihr Scherflein zum Geldbeutel ihres »Zentralverbands« und damit zum Gelingen des Projekts »Glaubenskampf« beitragen. Es gibt eine Liste beim BKA über Firmen, die Verbindungen zur IGMG haben. Offensichtlich existiert kaum eine Branche, in der die IGMG-treuen Unternehmer nicht tätig sind: Im- und Export, Möbelmärkte, Bäckereien, Handels- und Lebensmittelketten, Rechtsanwaltsbüros, Reisebüros, Touristikunternehmen, Fluggesellschaften, Druckereien, Verlage, Schlachtereien, Automobilhandel, Marketing- und Finanzbüros, Investment-Gesellschaften und viele andere mehr. Angesichts der Vielzahl der Unternehmen scheint es schier unmöglich für eine einzige Behörde zu sein, alle Firmen mit allen Bezügen und Verbindungen zu überprüfen und zu beobachten.

Einige der Firmen erfüllen einen Nebeneffekt. Sie helfen dabei, Milli Görüs als »Qualifikationsinstanz« des absolut »reinen« Islam zu etablieren. Denn diese verleiht an ausgewählte Unternehmen und Verbände die »HILAL-Plakette«. »Hilal« bedeutet auf türkisch soviel wie »religiös erlaubt«, die Plakette ist daher eine Art »Blauer Engel« des Islamismus. Wer diese Auszeichnung erhält, dient – nach außen hin – der guten Sache des islamischen Glaubens. Intern trimmen die Polit-Imame der IGMG »verdiente Mitglieder« mit dem Abzeichen auf ihre radikal-islamische Linie.

Nicht wenige Insider behaupten, Milli Görüs beherrsche einen der großen, hiesigen islamischen Dachverbände. Der »Islamrat für die Bundesrepublik Deutschland« wurde vom Leiter des Soester »Islam-Archivs« Mohammed Salim Abdullah gegründet, der sich die Einheit aller Muslime in Deutschland auf die Fahnen geschrieben hat. Hinter Abdullah verbirgt sich in Wahrheit nicht, wie oft behauptet, ein bosnischer Muslim, sondern ein Deutscher mit dem bürgerlichen Namen Herbert Krahwinkel und guten Verbindungen zu den Freimaurern. Krahwinkel ist Erster Meister vom Stuhl der Freimaurerloge »Brüderlichkeit in der Börde« in Bad Sassendorf und Mitbegründer der Mönchengladbacher Loge »Brüderlichkeit«. Den zum Islam konvertierten Deutschen charakterisiert Rolf Stolz als »eine der Schlüsselfiguren sowohl für das fundamentalistische Spinnennetz als auch für die perfide Inszenierung eines angeblichen christlich-islamischen Dialoges«.

Viele der 600 bis 900 Moscheegemeinden, die zum Islamrat gehören, werden hinter den Kulissen von Milli Görüs gesteuert. Obwohl der Islamrat den Eindruck erweckt, zahlreiche verschiedene Mitgliedsorganisationen in eigener Regie zu vertreten, stehen diese mit hoher Wahrscheinlichkeit wie der Islamrat selbst unter dem Einfluss der IGMG. Vor diesem Hintergrund sollte man die Ziele des Islamrats eher kritisch betrachten, als Körperschaft des öffentlichen Rechts anerkannt zu werden und »die Einführung des islamischen Religionsunterrichts als ordentliches Lehrfach« zu bewirken.

Wer den Islamrat wie viele deutsche Politiker bisher für eine wichtige und demokratische muslimische Institution hielt, musste spätestens am

23. Januar 2002 erkennen, dass er einem Irrglauben aufgesessen war. An jenem Tag erläuterte Ghulam D. Totakhyl, der afghanische Generalsekretär des Rates, vor der Presse die Gründe für die Aufgabe seines Amtes. Totakhyls ursprüngliches Ziel sei gewesen, so die katholische Nachrichtenagentur KNA, eine auf die deutsche Gesellschaft und Rechtsordnung basierende Vertretung für die Muslime aufzubauen, mit demokratischen und transparenten Strukturen, weitgehend unabhängig von ausländischem Einfluss. »Dafür sehe er keine Chance mehr.« Deshalb der Rücktritt.

Ehemaliger Chef von Totakhyl und Vorsitzender des Islamrats ist seit 1996 der IGMG-Funktionär Hasan Özdogan. Obwohl man ihn im Frühjahr 2002 als Islamratsvorsitzenden abwählte, hat Özdogan das Amt noch lange Zeit begleitet, weil das zuständige Registergericht die Abwahl nicht akzeptierte. Ganz nebenbei umwarb er einige Zeit die Scientology-Sekte und saß, wie wir schon bemerkt haben, im Vorstand des Kölner Unternehmerverbands MÜSIAD. Doch wie stets reicht das Umfeld weiter bis in die Kreise des islamistischen Extremismus. Hasan Özdogan hält für Milli Görüs den Kontakt zu der von Libyen gesteuerten »Islamic Call Society«, deren deutsche Sektion in Köln registriert ist. Der Vorsitzende des Kölner Ablegers ist ein libyscher Staatsbürger, als Generalsekretär fungiert niemand anderes als Özdogan. Ziel der »Islamic Call Society« ist die Islamisierung der Welt mit allen Mitteln: Westliche Werte, sogar die Menschenrechtserklärung werden negiert, und das Christentum erntet nur Verachtung. Unter Religionsfreiheit versteht die libysche Zentrale der Gesellschaft das Recht der Muslime, über die »Freiheiten« der Andersgläubigen zu entscheiden. Das amerikanische Außenministerium reihte die »Islamic Call Society« schon 1991 unter jene Organisationen ein, die vom libyschen Revolutionsführer Gaddafi genutzt werden, um Terroristen zu rekrutieren und finanziell auszustatten.

Vom Islamrat und dessen Vorsitzenden Hasan Özdogan ist der Weg also nach dieser amerikanischen Auffassung nicht mehr weit zum internationalen Terrorismus und islamischen Fundamentalismus. Der Westdeutsche Rundfunk deckt in einem Dossier mit dem Titel *Islamische Verbände in Deutschland* die engen Beziehungen zur »World Islamic Call Society« (WICS) und »World Islamic Peoples Leadership« (WIPL) in Tripolis auf. Während der Islamrat offizielles Mitglied der WIPL ist, vertritt Özdogan die WICS in Deutschland. Beim Blick auf die sonstigen Mitglieder der WIPL stößt man immer wieder auf Islamisten und gewaltbereite Extremistenvereinigungen wie die afghanische »Hezb-e-Islami«, an deren Spitze der Fundamentalist Gulbuddin Hekmatyar steht. Dieser ist ein erklärter Gegner des Friedensprozesses in Afghanistan und kämpft mit seinen Truppen gegen die Zentralregierung von Präsident Karsai und die Anwesenheit ausländischer Schutztruppen. Weitere WIPL-Mitglieder sind die über einem Supermarkt untergebrachte Anlaufstelle für kampferprobte Islamisten namens »United Islamic Council Pakistan« sowie das dem Bundesnachrichtendienst wegen seiner extremistischen Ausrichtung bestens bekannte »Islamic Centre for Studies and Researches« in der jemenitischen Hauptstadt Sanaa.

Dass Hasan Özdogan aus der Sicht des FBI zu jenen Personen aus dem terroristischen Umfeld zählt, die eigentlich rund um die Uhr beobachtet werden sollten, ist bei solchen Verbindungen leicht nachvollziehbar. Trotzdem wird er ständig von deutschen Politikern kontaktiert, ja hofiert. Der Islamratsvorsitzende bestreitet natürlich jegliche wissentliche Verstrickung in die Machenschaften der Islamisten, weshalb ihn FBI und CIA entweder für »mit allen Wassern gewaschen« halten oder »für reichlich blind«. Nachdem die Libyen-Kontakte in der Öffentlichkeit ruchbar wurden, sah Özdogan immer noch keinen Anlass zur Änderung seines Verhaltens. Er lud den Generalsekretär der libyschen »Islamic Call Society« Dr. Ahmad Al-Sherif nach Deutschland ein, woraufhin dieser im Dezember 1999 an einer Veranstaltung des Islamrats im Kloster Walberberg bei Brühl teilnahm. Thema der Veranstaltung: »Agenda 21 – Gemeinsame Verantwortung für den Frieden«.

Den Tarnanzug des anständigen Biedermanns legt Özdogan offenbar niemals ab. Im Gegenteil: Er treibt das Spiel auf die Spitze. Nach den Terroranschlägen des 11. September 2001 beschwerte sich Özdogan, dass er als Vorsitzender des Islamrats anonyme Drohanrufe erhalte. Wenige Tage später ermittelte der nordrhein-westfälische Staatsschutz insgeheim tatsächlich in dieser Sache. Allerdings nicht wegen der anonymen Drohanrufe, sondern weil Hasan Özdogan und dessen Bruder des Fundamentalismus bezichtigt worden waren. Beziehungen zu den New Yorker Attentaten stellten die Ermittler nicht fest. Wohl aber sei ihnen der luxuriöse Lebensstil der Brüder aufgefallen, der nicht mit ihren Äußerungen über den Islam übereinstimme. Dieses Missverhältnis war den Beamten des BKA aus anderen Zusammenhängen vertraut. Es erinnerte sie stark an die Gepflogenheiten von Ibrahim El-Zayat, Mehmet Sabri Erbakan und vielen anderen Vertretern der deutschen Islamistenszene rund um die verfassungsfeindliche Milli Görüs.

Schon früh kamen bis heute ungeklärte Gerüchte auf, die sich hartnäckig halten: Der Islamrat unter dem Vorsitz von Hasan Özdogan sei das deutsche Pressebüro der algerischen »Islamischen Heilsfront« (FIS) und habe in einem Düsseldorfer Strafgerichtsprozess Anwaltskosten in der Höhe von rund 100 000 DM für die wegen Waffenhandels angeklagten Abbassi-Brüder bezahlt. Gemeint ist der bundesweit erste Prozess gegen algerische Islamisten. Von Deutschland aus – so der Verdacht der Bundesanwaltschaft im August 1996 – hätten zwei Söhne des algerischen Islamistenführers Madani Abbassi Sturmgewehre, Sprengstoff und Maschinenpistolen beschafft und an fundamentalistische Untergrundgruppen in Algerien weitergeleitet. Zehn Monate später verurteilte das Oberlandesgericht Düsseldorf die Abbassi-Söhne lediglich wegen Urkundenfälschung und Mitgliedschaft in einer kriminellen Vereinigung zu 32 und 28 Monaten Haft. Zwei weitere Angeklagte erhielten zwei Jahre und sieben Monate Haft sowie zehn Monate Haft auf Bewährung. In seinem Plädoyer hob der Vertreter der Bundesanwaltschaft hervor, die Abbassi-Söhne hätten Islamisten mit Falschpapieren versorgt und über interne Codes (»Allah 1«) in einer kriminellen Vereinigung mitgewirkt. Von Sturmgewehren und Maschinenpistolen war bis zum Prozessende keine Rede mehr. Ein solcher »Tatnachweis ist nicht zu führen«, behauptete Oberstaatsanwalt Volker Brinkmann trotz des intakten Sprengzünders, den man einst im Kamin der beiden Brüder gefunden hatte. Der Ankläger befand: »Dieser Besitz diente nicht nachweislich der kriminellen Vereinigung.« Damit sprach das Gericht die Söhne vom Vorwurf der Waffenlieferungen an algerische Fundamentalisten frei. Bundesanwaltschaft und Verteidigung nahmen das Urteil noch im Gerichtssaal an, sodass die beiden Abbassi-Söhne den Hochsicherheitstrakt trotz der Verurteilung als freie Männer verließen.

Enorm wichtig für die Verbreitung des Gedankengutes von Milli Görüs und den angegliederten Vereinen ist der Einfluss auf die Medien.

Als Verbandsorgan der Milli Görüs dient *Milli Görüs & Perspektive*. Dem Umkreis der Gemeinschaft sind die Zeitschrift *Akit*, die *Moslemische Revue* sowie das »Türkische Fernsehen in Deutschland« (TFD) zuzuordnen. Ähnlich orientiert ist der türkische Privatsender »Kanal-7«, der ebenfalls die Ideen der Milli Görüs verbreitet. An oberster Stelle steht die islamistische Zeitung *Milli Gazete*, die die IGMG als Sprachrohr nutzt. Das funktioniert wie immer über Beziehungen: Recep Cinar, der stellvertretende Generalsekretär der Milli Görüs, war früher nach Erkenntnissen der BND Redaktionsmitglied der *Milli Gazete*, heute ist er der Generaldirektor der *Milli Gazete Europa*. Osman Yumakogullari, in den Jahren 1995 und 1996 ein Milli-Görüs-Vorsitzender, trat von 1994 bis 1996 als Geschäftsführer der *Milli Gazete Europa* auf. Der *Milli Gazete Türkei* ergeht es nicht anders. Sie steht heute unter dem Einfluss der Saadet-Partei und damit der Nachfolgerin der verbotenen extremistischen Parteien Fazilet und Refah des früheren türkischen Ministerpräsidenten – und Milli-Görüs-Gründungsvaters – Necmettin Erbakan. In der Türkei verfügt die IGMG sogar über eigene Verlage. Der Münchner »SKD Bavaria-Verlag« zählt zwar offiziell zum »Islamischen Zentrum München«. Dieses hat nicht zuletzt durch Ahmad Al-Khalifa Kontakte mit Milli Görüs. Der »Hicret-Verlag« gehört unmittelbar zur Milli Görüs, der »Turm-Verlag« und die IGMG arbeiten zusammen. Milli Görüs ist seit vielen Jahren Veranstalter einer großen »Islamischen Buchmesse«, die meist parallel zur Frankfurter Buchmesse stattfindet – und das auch schon einmal auf dem »hermetisch abgeriegelten Gelände« in der Rebstöcker Straße, von dem wir am Anfang des Buches berichteten.

Unklarheit herrschte beim BKA lange Zeit über die Frage, ob man die »Islamische Religionsgemeinschaft in Hessen« (IRH) mit Milli Görüs in Verbindung bringen kann. Eine Ausgabe des *Freitagsblatts*, des Sprachrohrs der IRH, wäre jedenfalls nach Informationen aus dem BKA 1999 anlässlich der Buchmesse am Bücherstand der IGMG verteilt worden. Der Inhalt habe fundamentalistisch-islamische Tendenzen gezeigt. Ergänzen kann man, dass das übliche Personenumfeld und Beziehungsgeflecht dafür spricht. Wohl nicht zufällig ist nämlich heute eine Schwester von Ibrahim El-Zayat namens Manal El-Zayat in der IRH an führender Position tätig. Und der Kopf der »Religionsgemeinschaft« war von November 1997 bis Juni 2000 Amir Zaidan, der einst an der Seite von Ibrahim El-Zayat in der »Muslim Studenten Vereinigung« (MSV) arbeitete.

Zaidan, ein Syrer und Muslimbruder, dessen Asylanträge abgelehnt wurden, ist in der Öffentlichkeit wie die meisten islamistischen Wölfe im Schafspelz ein gefragter Gesprächspartner von Politikern und Kirchenführern. Die Bundesausländerbeauftragte Marieluise Beck ließ ihn im September 2000 als Fachmann für das Thema »Islamischer Religionsunterricht an staatlichen Schulen in Deutschland« zu Wort kommen. Bei einem Fachgespräch durfte Zaidan seine »Institutionellen Voraussetzungen und pädagogischen Konzepte der Islamischen Religionsgemeinschaft Hessen« vorstellen und einen Lehrstuhl für »Islamologie« in Hessen fordern. Zaidan richtete in Frankfurt, Berlin und München obskure islamologische Institute ein, in denen er den Studenten ebenso wie in seinem Buch *Al-Aqida* die fundamentalistische Sichtweise beibringt, für die er auf der Homepage der »Muslimischen Jugend Deutschland« (MJD) wirbt. Sicherheitsleute, die sich die Kurse des Herrn Zaidan näher angeschaut haben, vertreten die Auffassung, dass dort eine deutsche Kaderschmiede für Islamisten entstehe. Und das wäre kein Wunder: Zaidan ist nämlich jener Mann, den wir im letzten Kapitel kennen lernten, weil er auf seiner Internetseite damit wirbt, am »Institut Européen des Sciences Humaines« studiert zu haben.

Zweifelhafte Berühmtheit erlangte der Absolvent der europäischen Kaderschmiede für Muslimbrüder durch die von ihm konzipierte »Kamel-Fatwa«, die die »Islamische Religionsgemeinschaft Hessen« am 7. Januar 1998 verkündete. Danach darf eine erwachsene muslimische Frau, ganz gleich ob ledig oder verheiratet, ohne Begleitung eines männlichen Verwandten an keiner Klassen- oder Studienfahrt teilnehmen, deren Entfernung größer ist als die Strecke, die ein Kamel während einer Tages- und Nachtreise zurücklegen kann. Die erlaubte Entfernung beträgt nach Schätzungen der Religionsexperten ungefähr 81 Kilometer – nicht viel für einen erwachsenen Menschen. Die IRH wollte auf dieser Basis erreichen, dass die betroffenen Schülerinnen oder Studentinnen von den fraglichen Veranstaltungen offiziell befreit wurden.

Vor allem von der evangelischen Kirche wird Zaidan eifrig umworben, die ihn beim Kirchentag 2001 ausgerechnet zum Thema »Menschenrechte in säkularer Gesellschaft« auf das Podium einlud. Dabei ist die Gesinnung des Lehrbeauftragten am evangelisch-theologischen Fachbereich der Universität Frankfurt längst ein offenes Geheimnis, auf das Ursula Spuler-Stegemann schon seit Jahren in Vorträgen aufmerksam macht. Sie charakterisiert Zaidan als »Sonderfall und Problem-Kandidaten« unter den Islamisten, die immer wieder ihr Interesse an einer Zusammenarbeit mit den Universitäten signalisierten, und zeigt zugleich, wie dieser sich in den Augen westlicher Wissenschaftler mit seinen eigenen Worten disqualifiziert: Auf dem besagten Kirchentag in Frankfurt habe dieser seine »Kamel-Fatwa« unter anderem damit begründet, dass in Deutschland muslimische Frauen, die sich außerhalb der 81-Kilometer-Zone ohne Begleitschutz bewegten, Gefahr liefen, vergewaltigt zu werden.

Wie wir sehen, wird die »Islamische Gemeinschaft Milli Görüs« (IGMG) nicht grundlos in den meisten deutschen Verfassungsschutzberichten als extremistisch eingestuft. Die Betroffenen reagieren auf dementsprechende Anwürfe für gewöhnlich heftig und sehr empfindlich. Als der *Spiegel* die IGMG 1996 »extremistisch« nannte, konterte Hasan Özdogan in *Milli Görüs & Perspektive*, der betreffende Artikel sei ein »rassistischer Hetzbericht« und »ein Produkt des Eurorassismus«. Am 22. Januar 2002 erließ das Landgericht Berlin auf Antrag der »Islamischen Föderation Berlin« (IFB) eine einstweilige Verfügung, die Ozan Ceyhun und Ali Yildirim verbot, in der von ihnen publizierten Broschüre *Politik im Namen Allahs* sowie auf ihrer Internetseite zu behaupten, es gebe enge Verflechtungen zwischen der IFB und Milli Görüs. Einen Monat später hob das Landgericht die einstweilige Verfügung allerdings wieder auf, sodass wir jetzt mit richterlicher Rückendeckung auf diese Beziehungen hinweisen dürfen. Vom Verfassungsschutz werden die »Islamischen Föderationen« sowieso als Landesverbände der IGMG eingestuft.

Juristische Spielchen und Leugnungsversuche scheinen demnach zwecklos zu sein. Denn auch das Bundeskriminalamt befasst sich schon seit mehreren Jahren näher mit Milli Görüs und füllt mit den bisherigen Ermittlungsergebnissen einen langen Artikel in dem Bericht über *Extremistische türkische/kurdische Organisationen*, der den Landeskriminalämtern und der Bundesgrenzschutzdirektion übermittelt wurde und aus dem wir zum Schluss zitieren möchten:

»Am 20. Mai 1985 wurde die Avrupa Milli Görüs Teskilatlari (Vereinigung der nationalen Sicht in Europa e.V. – AMGT) unter VR 9098 in das Vereinsregister Köln eingetragen. Sie verstand sich als Sammelbecken islamischer Auslandstürken. In der Türkei selbst unterhielt die AMGT keine eigenen Strukturen. Sie diente vielmehr als inoffizielle Auslandsorganisation der Refah-Partei. 1995 benannte sich die AMGT in Europäische Moscheebau- und Unterstützungsgemeinschaft e.V. (EMUG) um und widmet sich seither ausschließlich der Verwaltung der umfangreichen Immobilienwerte (geschätzt 100 Millionen DM – teilweise jedoch mit erheblicher Grundschuld belastet). Die Dachverbandsfunktion wurde an den bereits seit 1993 (VR 6621) bestehenden Ortsverein Islamische Gemeinschaft Bonn/Milli Görüs e.V. (IGMG) abgetreten, der daraufhin seinen Namen in Islamische Gemeinschaft/Milli Görüs e.V. (IGMG) änderte und als die eigentliche Folgeorganisation der AMGT angesehen werden muss.

Die IGMG verfolgt laut Satzung das Ziel, die soziale und kulturelle Betreuung der Muslime in Europa zu gewährleisten. Mittelfristig strebt sie die Abschaffung des Laizismus und die Einführung des Korans als Grundlage des Staatsaufbaus in der Türkei an – und langfristig schließlich die weltweite Islamisierung. So lehnt sie auch im Widerspruch zu ihrer Satzung eine Integration ihrer Mitglieder in die deutsche Gesellschaft ab, versucht vielmehr, durch ein breites Spektrum an Aktivitäten (Ferienlager, Wissenswettbewerbe, Computer-, Bastel-, Sport- und Korankurse etc.) ein Wir-Gefühl zu verfestigen, dadurch insbesondere die Jugendlichen dem Einfluss der westlichen Gesellschaft zu entziehen und sie in ihrem Sinne zu formen und für ihre islamistische Ideologie zu nutzen. Eine Selbstisolierung der türkischen Wohnbevölkerung in Deutschland wird damit institutionalisiert und Kontakte zu Deutschen werden auf ein Minimum reduziert, wie überhaupt eine friedliche Koexistenz von Christen und Muslimen in Europa nur zweckgebunden und vorübergehend beabsichtigt erscheint. Die tatsächlichen Bestrebungen der IGMG werden offensichtlich verschleiert. Sie betont, dass Muslime unter jeder nicht-islamischen Rechtsordnung leben könnten, sofern eine uneingeschränkte Religionsfreiheit gewährt wird, bekennt sich aber gleichzeitig ganz offen zu Koran und Scharia und predigt das Leben nach diesen Regeln. Das muss zu Konflikten führen ...

In der Öffentlichkeitsarbeit hebt sich die IGMG von anderen extremistischen Organisationen ab. Handzettel und Plakate gehören nicht zu ihrem Standard. Die IGMG nutzt die Tageszeitung Milli Gazete als Sprachrohr. Die Zeitung stand der mittlerweile verbotenen türkischen Partei REFAH PARTISI (RP) nahe. Heute ist sie deren Nachfolgeorganisation, der FAZILET PARTISI (FP) verbunden. Dominierend in den Parteien war bzw. ist der ehemalige türkische Ministerpräsident Prof. Necmettin Erbakan, dessen Neffe, Mehmet Sabri Erbakan, Generalsekretär der IGMG ist. Neben der Milli Gazete nutzt die IGMG als weitere Medien die monatlich erscheinende Zeitschrift Milli Görüs & Perspektive sowie den türkischen Satellitensender Kanal-7. Zahlreiche Verlautbarungen der IGMG richteten sich in der Vergangenheit gegen Juden und den Staat Israel; in jüngster Zeit ist die IGMG verstärkt um ein unangreifbares Bild in der Öffentlichkeit bemüht und begründet die Notwendigkeit eines islamisch-jüdischen Dialoges wie überhaupt der Kooperation aller Religionen.

Die islamistische Arbeit der IGMG ruht auf zwei Säulen. Einmal sollen die in Deutschland lebenden Muslime türkischer Herkunft organisatorisch gebunden werden. Im Rahmen zielgruppenorientierter Aktivitäten soll deren islamische Identität bewahrt und ausgebaut werden. Daneben will die IGMG die Position der Vereinigung sowie der einzelnen Gläubigen auch mit rechtlichen Mitteln in der deutschen Gesellschaft durchsetzen. Auf diesen Grundlagen bauen die angebotenen Aktivitäten auf. Es werden Pilgerfahrten organisiert, Kultur-, Jugend- und Frauenveranstaltungen angeboten, Reisen veranstaltet. Hinzu kommen Spendenaktionen, Versammlungen und Lagerveranstaltungen sowie Seminare und Schulungsveranstaltungen. Großen Wert wird auf die Koranausbildung der Jugend gelegt. Besondere Beachtung verdient in diesem Zusammenhang die Entscheidung des Bundesverwaltungsgerichts vom 23. Februar 2000, wonach die der IGMG zuzurechnende Islamische Föderation Berlin an öffentlichen Schulen Berlins künftig islamischen Religionsunterricht erteilen darf ...

IGMG und EMUG verfügen über einen beachtlichen finanziellen Rückhalt. Einnahmequellen sind zunächst Mitgliedsbeiträge sowie Spenden von Mitgliedern, Sympathisanten und Moscheebesuchern. Nach Hochrechnungen der bayerischen Polizei auf der Grundlage dort vorliegender IGMG-Unterlagen ergeben die jährlichen Einnahmen aus Beiträgen und Spenden ein Volumen von ca. 15 Mio. DM. Da die Gelder oft nicht über Banken transferiert, sondern als Bargeld transportiert werden, ist das Gesamtaufkommen an Spenden und deren Verbleib kaum nachvollziehbar. Die vereinnahmten Gelder werden zum Unterhalt der Moscheen sowie zum Grunderwerb und Bau neuer Moscheen und Gebetsräume genutzt. Ein nicht unbeträchtlicher Teil wurde regelmäßig zur Unterstützung der RP (jetzt FP) in die Türkei transferiert, was auch offen zugegeben wird. Daneben unterstützt die IGMG Muslime in anderen Ländern, z.B. in Bosnien und Tschetschenien. Auch sollen algerische Muslime partielle Unterstützungen durch einzelne Personen erfahren haben ...«

Der Kalif von Köln – Verboten und trotzdem wirksam

Den bekanntesten Versuch, die freiheitlich-demokratische Grundordnung in Deutschland zu unterwandern und einen »Kalifenstaat« zu errichten, unternahm die Gruppe um Cemaleddin Kaplan, die im Dezember 2001 verboten wurde. Kaplans Sympathien für die Mullahs in der Islamischen Republik Iran brachten ihm in Deutschland die Spitznamen »Kalif von Köln« und »Chomeini von Köln« ein. Er selbst nannte sich »Cemaleddin Hocaoqlu« (»der Sohn des Hoca«), weil schon sein Vater ein religiöser Gelehrter (*Hoca*) gewesen war. Früher zählten ungefähr 7000 Anhänger zum Umkreis Kaplans, heute – nach der Verhaftung des Anführers und dem Verbot der Gruppe – soll die Zahl auf etwa 1000 gesunken sein. Möglich geworden waren diese Schritte durch die gesetzliche Aufhebung des Religionsprivilegs, das auch den religiösen Gemeinschaften aus der islamistischen Szene Immunität zugebilligt hatte. Der geistige Nährboden ist dennoch nicht verschwunden. Viele der radikalen Kaplan-Anhänger bewegen sich mittlerweile im Untergrund oder wechselten zu Milli Görüs.

Die Gruppe um den wohl schillerndsten Führer des »Kalifenstaates« Cemaleddin Kaplan entstand im gleichen Milieu und aus den gleichen Wurzeln, aus denen sich Milli Görüs speist. Im Umfeld von Kaplan gediehen Militanz, Mord und Totschlag – wieder einmal unter dem Deckmantel vermeintlicher Dialogbereitschaft mit der christlich-abendländischen Welt: Der Sohn des selbst ernannten Kalifen, Metin Kaplan, wurde inhaftiert und zeigte sich im Gefängnis überaus integrationswillig, indem er mit großem Eifer an Deutschkursen teilnahm. Als die Anti-Terror-Truppe GSG-9 sein Haus stürmte, fand sie neben ihm allerdings ein schussbereites Gewehr.

Der Vater Cemaleddin Kaplan war in der Türkei Geistlicher im Präsidium des staatlichen Amtes für Religionsangelegenheiten (Diyanet/DITIB) und 15 Jahre lang Mufti von Adana gewesen. Den türkischen Militärputsch vom 12. September 1980 unter der Führung von General Evren hatte er begeistert begrüßt, denn dieser lehnte wie er selbst die parlamentarische Demokratie ab. Als ihm wegen seiner radikalen Auffassungen ein Berufsverbot drohte, ging Kaplan 1981 auf Anraten seines Freundes Erbakan – der die später verbotene extremistische Refah-Partei führte und heute engste Beziehungen zu Milli Görüs unterhält – als Asylbewerber nach Deutschland. Hier trat er zunächst in die »Türkische Union Europa e.V.« ein, mit der er sich jedoch nach zwei Jahren überwarf. Hintergrund des Streits: In der »Union« – die später übrigens zum Vorläufer von Milli Görüs wurde – herrschte Uneinigkeit über die Frage, ob der islamische Gottesstaat nach einem friedlichen Marsch durch die Institutionen oder durch einen gewaltsamen Putsch zu errichten sei.

Fortan probte Kaplan den Alleingang. 1983 gründete er in Köln den »Verband der islamischen Vereine und Gemeinden« (ICCB), den er 1992 zunächst in »Islamischer Bundesstaat Anatolien« (AFID) und 1994 in »Kalifatsstaat« (»Hilafet Devleti«) umbenannte. Kaplan rief sich selbst zum »Kalifen« aus, was streng genommen ein ziemlich anmaßender Schritt war. Er verfügte schließlich nur über einige tausend Anhänger, und das sind vergleichsweise wenig, wenn man bedenkt, dass sich weltweit in 184 Staaten mehr als eine Milliarde Menschen zum Islam bekennen. Cemaleddin Kaplan verstand sich indes als große Integrationsfigur: Durch die Rückkehr zu den Quellen des Korans wollte er dazu beitragen, die Zersplitterung der Muslime zu überwinden, die Macht zu erobern und als Endziel das Kalifat neu zu errichten. Nach seiner Auffassung war es somit nur folgerichtig, dass man seine Person zum Kalifen erhob.

Nach dem damaligen türkischen Vorbild setzten Kaplan und seine Anhänger auf die gewaltsame Lösung. Ermutigt durch die Aufhebung des Parteienverbots gründete Erbakan 1983 in der Türkei die extremistische Refah-Partei, während Kaplan in Köln den Kampf um das Kalifat verkündete und General Evren seine Absichten schriftlich mitteilte: »Unser Ziel ist die Herrschaft des Islam über das alltägliche Leben. Mit anderen Worten soll der Koran zur Verfassung, das islamische Rechtssystem zum Gesetz und der Islam zum Staat werden. Die Methode ist die Verkündung, also eine Verkündungsmethode, das heißt die Methode des Propheten.« Zur »Verkündung« seiner Ziele nutzte Kaplan wie schon Ajatollah Chomeini Tonband- und Videokassetten und strahlte über Satellit das Fernsehprogramm »Hakk TV« bis in die Türkei aus. Die Ziele selbst dürften den Lesern nach der Lektüre des Milli-Görüs-Kapitels merkwürdig bekannt vorkommen.

Die Lehre des Kalifen hat drei Schwerpunkte: Unter Berufung auf den islamistischen Vordenker und Muslimbruder Sajjid Qutb prangert er einen geistigen und sozialen Missstand an, nach dem sich die Türkei im Zustand der Barbarei befindet und von Verfall und Niedergang gekennzeichnet ist. Die Rettung des Gemeinwesens liegt seiner Meinung nach nicht in den Händen der Parteien, sondern in denen der Revolutionäre, die die Verkündung des Korans und dessen Beachtung im Staate (gewaltsam) durchsetzen. Dabei sollen die revolutionären Muslime nicht auf ein Land beschränkt bleiben, sondern »panislamisch« agieren, sich über die arabische Welt hinaus zusammenschließen und überall dort, wo die Glaubensbrüder leben, das Kalifat einsetzen.

Im Gegensatz zu seinem Weggefährten Necmettin Erbakan gelang es Cemaleddin Kaplan nicht, seine Ideen an die veränderten politischen und gesellschaftlichen Rahmenbedingungen in der Türkei und Europa anzupassen. Viel früher als Kaplan erkannte Erbakan, dass die offen propagierte Gewalt nicht das richtige Mittel war. Deshalb plädierte er dafür, den Kampf um das Kalifat von nun an auf wesentlich leiseren Sohlen durch den Streit um die kulturelle Hegemonie in der Welt zu führen. Diese taktische Kehrtwende erregte den Widerstand des bisherigen Kölner Kampfgefährten. Ende 1991 forderte Kaplan seine Anhänger zum Glaubenskrieg gegen die Türkei auf, 1992 rief er die Exilregierung aus, 1994 ernannte er sich zum Kalifen.

Als Cemaleddin Kaplan im Mai 1995 starb, ging die Nachfolge nicht ohne einen vorangehenden Machtkampf auf seinen Sohn Metin über. Monatelang stritten sich Metin Kaplan und der damals 29 Jahre alte Halil Ibrahim Sofu um die Macht. Sofu, besser bekannt als Dr. Yusuf, war einst ein enger Vertrauter von Cemaleddin Kaplan gewesen. Ein Jahr nach dessen Tod rief nun ausgerechnet Metin während des Freitagsgebets zum Mord an ihm auf, um seinen persönlichen politischen Gegner endlich auszuschalten. Metin Kaplan setzte sich in Köln durch, während der Widersacher Sofu in Berlin mehr als hundert Abtrünnige um sich scharte, ihn für abgesetzt erklärte und sich selbst zum neuen »Kalifen der islamischen Nation« ausrief.

Metin Kaplan war durchaus geschäftstüchtig und führte ein strenges Regiment, wobei er keinen seiner Getreuen über die wahren Absichten im Unklaren ließ. Jeder musste sich dem Kalifen gegenüber zum Gehorsam verpflichten und Steuern an die Kölner Zentrale entrichten. Abtrünnige, die sich von der Gruppe lösen wollten, wurden massiv bedroht – bis hin zur Todesstrafe. Darüber hinaus scheute sich Kaplan nicht, auch bei dem »Ungläubigen und seinem Regime« kräftig abzukassieren. Es gebe zwar keine Einigung mit diesem »Ungläubigen« (gemeint war die deutsche Bundesregierung), sein Geld jedoch – die Sozialhilfe – dürfe man getrost einfordern.

Die Auslieferung an die Türkei brauchte der anerkannte Asylbewerber Metin Kaplan lange Zeit nicht fürchten, da ihm dort die Todesstrafe drohte. Der Grund dafür: Im Oktober 1998 planten etwa 30 Kaplan-Anhänger im Auftrag ihres Anführers einen Terroranschlag zum 75. Jahrestag der Gründung der türkischen Republik. Der Anstifter des Terrors will seiner Auslieferung dadurch entgehen, dass er schnell standesamtlich eine Deutsche heiratet. Vorgeschlagen hat man ihm für diesen Notfall schon mehrere Frauen. Über die Rechte und Möglichkeiten, die ihm ein demokratischer Staat bietet, scheint der Kalif gut unterrichtet zu sein, was ihn aber nicht daran hindert, diesen abschaffen zu wollen. Das Oberlandesgericht Düsseldorf hat jedenfalls im Januar 2003 endlich entschieden, dass die Auslieferungshaft verlängert wird, sobald Metin Kaplan seine Gefängnisstrafe verbüßt hat.

Im Leben und Umfeld des »Kalifen von Köln« gibt es mehrere unaufgeklärte Morde und terroristische Kontakte. Die erste Frau seines Mitstreiters Gökbulut drohte, Interna des Kaplan-Vereins an die Öffentlichkeit zu bringen. Sie starb in ihrer Düsseldorfer Wohnung durch einen Genickschuss. Manche Mitglieder des »Kalifenstaates« haben inzwischen eingestanden, dass sie sich 1997 im afghanischen Kabul mit Usama Bin Laden trafen. Der Besuch in den Ausbildungslagern der Terroristen diente angeblich »nur dem Frieden«. Danach allerdings kündigte Kaplan am 14. Mai 1998 die Mobilmachung zum Dschihad an. In einer Fatwa sagte er: »Jeder Muslim sollte in seinem Land die schlechten Regime stürzen und einen islamischen Staat aufbauen.« Hierfür einen Dschihad zu führen, sei ein Gebot des Islam. 1998 empfing Kaplan Vertreter der Taliban in Köln. In seinem Fernsehprogramm »Hakk TV« verherrlichte er deren Regime in Afghanistan. Nach den Anschlägen von New York und Washington hieß es in dem Sender sogar, bislang seien es immer die USA gewesen, die anderen Völkern Schmerzen zufügten. Jetzt aber hätten sie selbst »den Schmerz im Herzen gespürt«. Am 18. September 2001 wurde »Hakk TV« abgeschaltet. Die Internetseite des »Kalifenstaates« (*www.seriat.de*) ist inzwischen vom Server genommen, kann aber über *http://web.archive.org/web/20010922081032/http:// www. seriat.de* weiterhin eingesehen werden.

Bis zu seinem Verbot im Dezember 2001 war der Kölner »Kalifenstaat« die radikalste unter den verfassungsfeindlichen islamistischen Organisationen in Deutschland. Dabei war es nicht nur Metin Kaplan selbst, der mit dem Gesetz in Konflikt geriet. Hasan Pala zum Beispiel jobbte auf dem Münchner Flughafen in der Sicherheitszone als Gepäckarbeiter. In seiner Freizeit war er »Gebietsemir« des Kölner »Kalifenstaates« an der Augsburger Mevlana-Moschee, wo er 1996 vor dreißig Gläubigen eine Todes-Fatwa gegen den Kaplan-Gegner Halil Yusuf Sofu verlas. Im September 1997 wurde er in der Moschee verhaftet und später vom Augsburger Amtsgericht zu einer drei Jahre währenden Haftstrafe verurteilt. Pala legte Berufung ein, die Strafe wurde auf zwei Jahre reduziert. Im August 2000 verbot Augsburg Pala die politische Betätigung und beschränkte sein Aufenthaltsrecht auf das Stadtgebiet. Überwachen konnte die Maßnahmen allerdings niemand. So tritt Pala weiter für die Ideale des »Kalifenstaates« ein. Gegen alle Maßnahmen, vor allem gegen die Ausweisungsverfügung, legte der mit Ehefrau und acht Kindern in Augsburg lebende Mann immer wieder erfolgreich Widerspruch ein.

Und dann war es tatsächlich so weit: Metin Kaplan musste sich vor Gericht verantworten. Doch was als eindrucksvolle Demonstration des Rechtsstaates gedacht war, geriet im Verhandlungssaal durch das respektlose Auftreten der Kaplan-Getreuen über weite Strecken zur Farce. Im Vorwort zur mündlichen Urteilsbegründung forderte der Vorsitzende Richter Ottmar Breidling im September 2001 als logische Konsequenz ein härteres Vorgehen der deutschen Behörden gegen militante Geheimbünde wie den »Kalifenstaat«: »Nahezu mit Verblüffung musste der Senat zur Kenntnis nehmen, dass eine Vielzahl von Zeugen aus den Reihen des Kaplan-Verbandes, und davon nicht wenige mit inzwischen deutscher Staatsangehörigkeit, mit einer kaum zu glaubenden Unverblümtheit oder besser Unverfrorenheit erklärten, dass für sie auch hier in Deutschland nicht die deutschen Gesetze, ja nicht einmal die deutsche Verfassung, sondern das islamische Recht, die Scharia, maßgeblich sei. Und Ziel sei es außerdem nicht nur – was ja im Hinblick auf die durch das Grundgesetz gewährte Religionsfreiheit nicht zu beanstanden wäre – den Islam auch hier in Deutschland zu verbreiten, sondern die ganze Welt müsse der Herrschaft des Islam und damit insbesondere der Herrschaft des Kalifen ... unterworfen werden. Und was das heißt, ist in den Schriften und Verlautbarungen Metin Kaplans nachzulesen: nämlich unter anderem die Tötung aller Glaubensabtrünnigen. Die Mitglieder und Anhänger des Kaplan-Verbandes ließen erst gar keinen Zweifel aufkommen, dass ihnen unsere demokratische Gesellschaftsordnung, ja die Wertordnung des Grundgesetzes insgesamt völlig gleichgültig ist. Umso mehr muss diese Haltung verwundern oder gar Befremden hervorrufen, wenn viele der Zeugen auf Befragen ausdrücklich einräumen, dass sie gerade wegen der Möglichkeit, ihre Religion frei und ohne Behinderung ausüben zu können, also wegen der ihnen aufgrund unserer Verfassung gewährten Rechte und Freiheiten, nach Deutschland gekommen sind. Dass einige der Zeugen freimütig außerdem noch darauf hinwiesen, dass für sie auch die in Deutschland gewährte soziale Absicherung ein Motiv für ihre Einreise war, sei nur der Vollständigkeit halber erwähnt ... Ein nur lasches oder überängstliches Vorgehen gegen ausländische Gruppierungen oder Mitbürger, die sich bewusst außerhalb unserer Rechtsordnung stellen, schürt Unmut und ist außerdem geeignet, in geneigten Bevölkerungskreisen Vorbehalte gegen Ausländer zu stärken oder gar Fremdenfeindlichkeit zu befördern. Abgesehen davon ist es sicherlich auch den deutschen außenpolitischen Interessen nicht dienlich, extremistische Gruppierungen von Deutschland aus gegen ihre Heimatländer agitieren zu lassen, beziehungsweise hiergegen nicht entschlossen einzuschreiten. Durch derartiges ängstliches, ja wehrloses Wegschauen ... führt sich der Rechtsstaat geradezu ad adsurdum, und man darf sich nicht wundern, wenn Fragen hinsichtlich seiner Wehrhaftigkeit aufkommen.«

Die Ausführungen des Richters beruhen auf den unschönen Erfahrungen, die er während des vorangehenden Prozesses mit dem Angeklagten und dessen Unterstützern machen musste. Die Anhänger des »Kalifenstaates« zeigten gleich zu Prozessbeginn, dass sie ihren Führer keinesfalls für das Oberhaupt einer kriminellen Gruppe hielten. Als Metin Kaplan im Februar 2000 in den Hochsicherheitstrakt des Düsseldorfer Oberlandesgerichts geführt wurde, standen seine im Saal sitzenden 75 Getreuen auf und winkten ihrem Herrn kurz zu. Als danach die Richter erschienen, blieben sie demonstrativ sitzen. So ließen sie keinen Zweifel daran: Der Senatsvorsitzende Ottmar Breidling und seine vier Kollegen waren nicht die Richter ihrer Welt. Breidling verwarnte die unbotmäßigen Protestler. Wer sich nicht erhebe, riskiere ein Ordnungsgeld oder werde aus dem Gerichtssaal verwiesen. Erst nach heftiger Aufforderung durch die Polizei gaben die meisten Kaplan-Anhänger nach. Wenige Minuten später kam es zur zweiten Machtprobe: Bei der Vereidigung der Dolmetscher weigerten sich die Mitglieder des »Kalifenstaates« abermals aufzustehen. Wieder drohte Breidling mit einem Ordnungsgeld. Jetzt verließen die Islamisten den Saal.

Der Gerichtsalltag war an den folgenden Verhandlungstagen gleichfalls nicht frei von Absurditäten. Der Richter musste den inhaftierten Kaplan belehren, dass die Toiletten des Düsseldorfer Gerichtes für rituelle Waschungen nicht ausgelegt seien. Auch das »gezielte böswillige Verstopfen« ebenjener Anlagen müsse unterbleiben. Und wer noch einmal die Waschräume derart verunreinige, dass man sich – wie geschehen – gezwungen sehe, sie mittels Heißdampf in einen einigermaßen vernünftigen Zustand zurückzuversetzen, der dürfe mit Schadensersatzforderungen rechnen. Am 14. Verhandlungstag war das Gericht einer Peinlichkeit ausgesetzt, die der *Kölner Stadtanzeiger* aufzeichnete: »Während der Sitzung betritt ein muslimisches Ehepaar den Gerichtssaal. Breidling unterbricht die Zeugenvernehmung und bittet die bis auf einen Augenschlitz verhüllte Frau, zumindest die Gesichtspartie zu entblößen, um eine bessere Identifizierung zu ermöglichen. Die Frau nestelt irritiert an ihrem Schleier, lässt aber davon ab, als ihr Mann sie anherrscht. Breidling beharrt jedoch auf seiner Aufforderung. Daraufhin schiebt der Mann die Frau in Richtung Ausgang. An der Tür brüllt der Kaplan-Anhänger auf Deutsch das Wort ›Drecksau‹ in Richtung Senat.« Selbst der auf Verständigung bedachte Richter Breidling mochte sich dieses Verhalten nicht länger bieten lassen und ordnete Saalhaft für den Störer an. Bei der dadurch ausgelösten Rangelei mit den Kaplan-Anhängern waren die Polizisten in der Minderzahl, sodass sie den »Gefangenen« schließlich entnervt ziehen lassen mussten. Die Glaubensbrüder feierten ihren Sieg über die deutsche Justiz, grölten, priesen Allah und skandierten: »Tod den Amerikanern, Tod den Israelis und Tod dem Atatürk.« Am Tag der Urteilsverkündung, als Metin Kaplan zu vier Jahren Haft verurteilt wurde, setzten sich seine Anhänger erst gar nicht hin, um zur Urteilsverkündung nicht wieder aufstehen zu müssen.

Breidling kommentierte damals: Wer sich auf der einen Seite bewusst außerhalb der deutschen Rechtsordnung bewege und auf der anderen Seite offen zugebe, wegen der Freiheit und der sozialen Absicherung nach Deutschland gekommen zu sein, schüre die Fremdenfeindlichkeit und trage zu ihrer Verfestigung bei. Zugleich betonte der Richter: Er könne es kaum fassen, wie »lasch« die deutschen Behörden gegen derartige ausländische Gruppierungen vorgingen.

Wer gehofft hatte, die Verhaftung Kaplans würde das Ende des »Kalifenstaates« bedeuten, sah sich bislang getäuscht. Metin Kaplan wird von seinen Anhängern als Märtyrer verehrt, der »für die Sache Allahs in den Kerker geworfen« wurde. Vor der Urteilsverkündung mobilisierte er noch einmal 3500 Menschen für eine Demonstration, eine Zahl, von der der Kalif in den Jahren zuvor nur geträumt hatte. Manche Muslime glauben, das Verbot des »Kalifenstaates« ziele auf einen allgemeinen Kampf der Bundesrepublik gegen den Islam, und radikalisieren sich weiter. Die Tatsache, dass Kaplans extremistisch-militanter Verein erst Ende 2001, fast 20 Jahre nach seiner Gründung, verboten wurde, war ein Offenbarungseid der Republik und ein Zeichen von Hilflosigkeit im Umgang mit radikalen Islamisten.

Anlässe für ein Verbot gab es schon Jahre zuvor immer wieder. Der Erste, der das Verbot des »Kalifenstaates« forderte, war der bayerische Innenminister Günther Beckstein. Bereits im November 1995 empfahl er, das im Vereinsgesetz verankerte Religionsprivileg zu streichen. Der damalige Bundesinnenminister Manfred Kanther reagierte nicht. Im September 1997 unternahm Beckstein einen weiteren Versuch und teilte Kanther mit, er beobachte »mit großer Sorge« die »zunehmende Radikalisierung bestimmter islamisch-fundamentalistischer Gruppierungen«. Auch Kaplan gefährde die »öffentliche Ordnung der Bundesrepublik Deutschland«. Ein Jahr später wurden Anschlagspläne von Kaplan-Mitgliedern in der Türkei bekannt. Es geschah wieder nichts, obwohl Kaplan immer dreister agierte. Nach dem Tod von 101 Menschen beim Bahnunglück von Eschede behauptete er öffentlich, das sei »die von Allah gewollte Strafe für die Ungläubigen«. Zu diesem Zeitpunkt ermittelte endlich die Staatsanwaltschaft gegen Kaplan, weil er öffentlich zum Mord an seinem Widersacher aufgerufen hatte.

Die peinlichste Panne im Zusammenhang mit der Observierung des »Kalifenstaates« unterlief den deutschen Fahndern im Oktober 2001. Bei der Suche nach in Deutschland operierenden mutmaßlichen islamistischen Terroristen schien dem Bundesgrenzschutz auf dem Frankfurter Flughafen ein großer Fisch ins Netz gegangen zu sein. Durch die verschärften Ausreisekontrollen war den Beamten am 17. Oktober ein junger Türke aufgefallen, der beim Einchecken in eine Iran-Air-Maschine mit Zielort Teheran angeblich einen ABC-Schutzanzug, Tarnkleidung, eine Sturmmaske sowie ein Röhrchen mit einer gefährlichen Flüssigkeit dabei hatte. Ein ebenfalls gefundener »Abschiedsbrief« und eine CD-ROM mit militärischem Inhalt beseitigten letzte Zweifel: Der Mann, ein Verwandter von Metin Kaplan, war ein Selbstmordattentäter. Möglicherweise, so hieß es damals, habe er auch noch ein »Decodier-Gerät« in seinem Gepäck gehabt. Das BKA vermutete, der Deutsch-Türke sei ein »Schläfer« von Terrorchef Bin Laden, der irgendwo auf der Welt ein Attentat verüben sollte. Die *Bild*-Zeitung titelte dementsprechend »BKA fasst gefährlichen Terror-Schläfer« und zitierte einen anonymen Ermittler mit den Worten: »Das ist der dickste Fisch, den wir je gefangen haben.« Der »dicke Fisch« schrumpfte leider schnell zum Stichling. Der ABC-Schutzanzug entpuppte sich als Regenmantel, der »Abschiedsbrief als Liebesbrief« und der Sprengsatz als »Tropfen Quecksilber in einem Mini-Flakon«, wohl ein Talisman. Nach zwei Wochen setzte die Generalbundesanwaltschaft den Mann »mangels dringendem Tatverdacht« wieder auf freien Fuß. Die Kette von Indizien war den Ermittlern wie Sand in den Händen zerronnen.

Neben Köln gilt vor allem Baden-Württemberg (und insbesondere der Rems-Murr-Kreis) als fortwährendes Zentrum für die verdeckte Agitation des verbotenen »Kalifenstaates«. Von den vierzig Vereinen, die Metin Kaplan trotz des Verbots treu bleiben, haben zehn ihren Sitz in dem süddeutschen Bundesland. Im Dezember 2001 durchsuchte die Kriminalpolizei Waiblingen die Vereinsräume des »Islamischen Zentrums Winnenden e.V.«, des »Islamischen Vereins Schorndorf e.V.« sowie die Privatwohnungen von Vereinsmitgliedern in Stuttgart, Schwaikheim, Kirchberg an der Murr, Leutenbach, Winterbach und Urbach. Die Beamten stellten umfangreiches Propagandamaterial, Videokassetten, Bücher, Mitglieder- und Spendenlisten sicher. Das Stuttgarter Landes amt für Verfassungsschutz verbot das Zentrum in Winnenden als direkte Unterorganisation des »Kalifenstaates«. Den Schorndorfer Verein stufte man als dem »Kalifenstaat« nahe stehende Gruppe ein.

Der »Kalifenstaat« klagt unterdessen gegen sein Verbot und fordert die Wiedereröffnung seiner Moscheen. Zuvor hatte man rechtzeitig das Vermögen der Organisation nach Holland in Sicherheit gebracht. Im Untergrund existiert das Netzwerk des »Kalifenstaates« weiter. Zu Jahresbeginn 2002 ließ man in den Niederlanden zwei neue Bücher drucken, die auch in die Bundesrepublik verschickt werden. Die Zeitung *Asr-i Saadet* (»Zeitalter der Glückseligkeit«) wird nun wie andere radikale Schriften heimlich verteilt. Gleiches gilt für das im März 2002 in Umlauf gebrachte Werk mit dem Titel *Der Islam als Alternative*, in dem sich neben einigen Reden Kaplans Abhandlungen über CIA und Mossad als angebliche Drahtzieher der Anschläge des 11. September finden. Dort heißt es tatsächlich, die westlichen Geheimdienste hätten mit den Anschlägen den Weg »für ein jüdisches Großreich ebnen« wollen.

Eigentlich hatten die Behörden das Verbot des »Kalifenstaates« zum Anlass nehmen wollen, viele Islamisten aus Deutschland auszuweisen. Aber nicht nur der »Kalif« Metin Kaplan lebte noch Jahre nach seiner Verurteilung im Lande der »Ungläubigen« und machte nicht die geringsten Anstalten, es zu verlassen. Von den mehr als tausend Gefolgsleuten wurde bis zum Herbst 2002 nicht ein Einziger abgeschoben. Am guten Willen fehlte es nicht. Nur: Mit der Geschwindigkeit, in der man die Melderegister abfragte, schrumpfte jegliche Hoffnung. Allein in Hessen waren fünf von fünfzehn Abschiebekandidaten nicht mehr ausweisbar, da sie längst die deutsche Staatsbürgerschaft besitzen. Und in Hannover haben von zwanzig bekannten Kaplan-Anhängern acht die deutsche Staatsbürgerschaft, von den übrigen zwölf können zehn eine Aufenthaltserlaubnis vorweisen. Der Haken an der Sache ist: Die bloße Unterstützung eines »Kalifenstaats« ist auch nach dem 11. September in Deutschland kein Grund zur Ausweisung. Es müssen schon konkrete Anhaltspunkte für bevorstehende oder geplante Gewalttaten hinzukommen. Um diese zu sammeln, fehlt es dem Verfassungsschutz an Zeit und Personal. Klarheit über die Zukunft von Metin Kaplans Fußvolk gibt es demnach immer noch nicht. »Wir greifen in Watte«, so der resignierende Kommentar eines Verfassungsschützers. Und selbst wenn ein Richter eine Ausweisungsverfügung für rechtmäßig erklärt, ist deren Vollzug eher unwahrscheinlich, da die Fundamentalisten in ihrer Heimat mit Menschenrechtsverletzungen rechnen müssten. Was beim Kalifen Kaplan lange Zeit nicht gelang, wird bei seinen Anhängern demnach wohl auch nicht gelingen. Falls doch, würden diese frei nach den früheren Plänen ihres Vorbilds und Anführers vermutlich schnell eine Deutsche heiraten.

Vier Tage vor der Bundestagswahl 2002 unternahm Bundesinnenminister Schily einen erneuten Versuch, das Umfeld von Metin Kaplan endgültig zu zerschlagen. Am 19. September verbot er weitere 16 Teilorganisationen des illegalen islamistischen »Kalifenstaates« und veranlasste deren Auflösung. Man durchsuchte in fünf Bundesländern etwa hundert Vereinslokale und Wohnungen von Vorstandsmitgliedern und beschlagnahmte das jeweilige Vereinsvermögen. Gegen zwei weitere Organisationen wurden vereinsrechtliche Ermittlungsverfahren eingeleitet, da sie im Verdacht stehen, ebenfalls dem »Kalifenstaat« anzugehören. Unter das Verbot fielen die folgenden Vereine:

Baden-Württemberg:
- Islamischer Dienstverein e.V., Bruchsal
- Islamisches Zentrum Esslingen und Umgebung e.V., Esslingen
- Islamischer Verein Giengen und Umgebung e.V., Heidenheim a. d. Brenz
- Islamischer Verein Schorndorf und Umgebung e.V., Schorndorf
- Muslim Gemeinde Tübingen e.V., Tübingen

Bei diesen Vereinen wurden Unterlagen und insgesamt 8000 Euro beschlagnahmt.

Hessen:
- Gottesdienst- und Hilfsverein der in Dillenburg und Umgebung wohnenden türkischen Arbeitnehmer e.V., Dillenburg
- Islamischer Verein e.V. bzw. Türkisch-Islamische Gemeinschaft e.V. Hanau, Hanau
- Islamischer Verein Wiesbaden und Umgebung e.V., Wiesbaden

Sichergestellt wurden in Hessen Vereinsunterlagen, PC sowie bei zwei Vereinen Lebensmittellager, die über Havariekommissare abgewickelt werden.

Niedersachsen:
- HAKK-Moschee, Osnabrück

Die Osnabrücker Moschee wurde durchsucht und geschlossen. Bei den Vorstandsmitgliedern stellte man insgesamt mehr als 4000 Euro Bargeld sicher.

Nordrhein-Westfalen:
- Islamische Tevhidgemeinde e.V., Bochum-Wattenscheid
- Islamischer Kultur- und Gebetsverein (Ayasofya Moschee), Dortmund
- Anatolischer Kulturverein Duisburg e.V., Duisburg
- Islamische Gemeinde in Essen und Umgebung e.V., Essen
- Islamische Gemeinde e.V. Würselen, Würselen

Bei den insgesamt fünf durchsuchten Vereinen fand man Schriftgut, Propagandamaterial, CD-ROM und PC-Daten sowie kleinere Bargeldbeträge.

Rheinland-Pfalz:
- Wissenschafts-und Gebetsverein der türkischen Arbeitnehmer in Mainz und Umgebung e.V. (Yesil Moschee), Mainz
- Islamische Union Ludwigshafen e.V. (Merkez Moschee), Ludwigshafen

In der Ludwigshafener Wohnung des so genannten »Gebietsemirs« wurde Bargeld in Höhe von 5300 Euro sowie ein Aktienpaket sichergestellt.

Metin Kaplans außerordentlicher und lang anhaltender Erfolg, gegen den die bundesdeutsche Staatsgewalt bisher trotz vieler Verbote offensichtlich machtlos ist, hat einen gewichtigen Grund. Kaplans Lehre trifft den Nerv der Menschen, die er erreichen möchte. Er packt vor allem die Jugendlichen bei den Problemen ihrer Generation, ihrer Familien und ihrer besonderen Situation als in Deutschland lebende Ausländer und Andersgläubige. Dieses »Verständnis« nutzen der Kalif und seine Anhänger, um viele identitätssuchende Muslime schon in jungen Jahren zu radikalisieren, indem sie ihnen eine ideologisch-religiöse »Heimat« geben. Wie das funktioniert, beschreibt der Kultur- und Sozialanthropologe Prof. Dr. Werner Schiffauer im Rahmen seiner Feldforschung in der Augsburger Gemeinde des »Kalifenstaates«. 1993 führte Schiffauer zahlreiche Gespräche sowie zwei längere Interviews mit Seyfullah, einem Gymnasiasten und begeisterten Gemeindemitglied. Dieser war 1992 zur Kaplan-Gemeinde gestoßen und gehörte zu den jungen Intellektuellen, die sich von dem Kalifen faszinieren ließen. Seyfullah lebte mit seiner Familie und seinen Geschwistern in der Arbeitersiedlung einer Kleinstadt südlich von Augsburg. Der Vater hatte nach Möglichkeiten gesucht, seine Kinder im islamischen Geist zu erziehen, und war auf diesem Wege Prediger bei der »nationalen Weltsicht« geworden, der Gemeinde, von der sich Kaplan abspaltete und aus der die Milli Görüs hervorging.

Zum Zeitpunkt der Interviews war Seyfullah 17 Jahre alt und besuchte das Gymnasium in Augsburg. Die Gespräche zeigten sehr deutlich: Gerade die Radikalisierung faszinierte die Gymnasiasten an Kaplan. Die Mitglieder der Gemeinde erklärten sich zur Vorhut der islamischen Revolution. Sie organisierten Wehrsportübungen, legten traditionelle islamische Kleidung wie Robe und Turban an. Seyfullah war überzeugt davon, dass die Führungsschicht eines künftigen islamischen Staats von den Mitgliedern der Kaplan-Gemeinde gestellt werden würde. Er glaubte, die islamische Revolution stehe bevor. Sein Idol betrachtete er als mutigen Vorkämpfer, der sich durch nichts von seinen Zielen abbringen ließ: »Kaplan hat gesagt, die Sache des Islam sei in der Türkei weit vorangeschritten. Sie wollen ihn zum Schweigen bringen, das klappt aber nicht.«

Seyfullah begann fortan, Arabisch zu lernen und regelmäßig an den

Jugendtreffen in der Gemeinde teilzunehmen. Bald gehörte er zum inneren Kreis, der sich in das islamische Wissen einarbeitete. Schiffauer schreibt dazu acht Jahre später in der *Zeit*: »Die jungen Islamisten eigneten sich das islamische Erbe mit den intellektuellen Werkzeugen an, die sie an den deutschen Schulen und Universitäten erworben hatten.« So lernte der junge Muslim, seine Situation durch die Brille Kaplans zu reflektieren. Den Reiz, den dieser auf ihn ausübte, erkannte er wohl: »Vollkommen logisch, da ist nichts, was sich widerspricht, es ist wie in der Mathematik.« Kaplan habe Seyfullah »Halt« gegeben und Hilfe während eines Pubertätskonflikts, in dem dreierlei Einflüsse auf ihn niedergingen: die »erste Generation«, die »Türkei« und »Deutschland«.

Gerade an dieser Stelle setzte Kaplans leise Indoktrination ein. Hier machte er sich und seine Lehre für die jungen Menschen unentbehrlich. Die ersten türkischen Einwanderer waren nach Deutschland gekommen, um schnell ein Vermögen zu machen und ihre Zukunft zu sichern. Später wollten sie in die Türkei zurückkehren. Doch weil die wirtschaftlichen Aussichten in der Heimat nicht rosig waren, blieben die meisten Türken in Deutschland. Den daraus entstehenden Konflikt schildert wiederum Schiffauer: »In ihren Gedanken orientierten sie sich an der Türkei – faktisch waren sie in Deutschland. Jetzt und hier arbeitete und sparte man, um in Zukunft und dort leben zu können. Für viele Türken der zweiten Generation jedoch wurden dieser Rückkehrtraum und die Orientierung an der Türkei problematisch. Sie wollten nicht wegen einer fragwürdigen Zukunft auf Lebensqualität und auf eine geachtete Existenz ›hier und jetzt‹ in Deutschland verzichten.« Die Begegnung mit Kaplan gab Seyfullah die Möglichkeit, sich in diesem Umfeld der »ersten Generation« zu behaupten, und das war für ihn wie für alle Gleichaltrigen dringend notwendig. Denn immer wieder musste die zweite Generation Seyfullahs erleben, dass ihre Meinungen von den Älteren mit einem Verweis auf den Islam vom Tisch gewischt wurden. Mit dem »Wissen«, das Seyfullah in der Umgebung Kaplans sammelte, konnte er in solchen Gesprächen mithalten. Darüber hinaus begann er, alle Hoffnungen und Lebensträume auf die ersehnte ferne Heimat seiner Väter zu projizieren. Für alle negativen Dinge und Enttäuschungen machte er das Gastland Deutschland verantwortlich.

Die Abgrenzung gegenüber der Bundesrepublik und die gleichzeitige

Schaffung einer gemeinsamen inneren Identität für alle in Deutschland lebenden Muslime: das bekannte Rezept, mit dem auch Milli Görüs erfolgreich die Jagd nach radikalisierbaren Mitgliedern betreibt. Dazu noch einmal Werner Schiffauer: »So kommt Seyfullah dank der Hinwendung zu Kaplan zu der Einschätzung, dass es sich bei den türkischen Muslimen um eine doppelt diskriminierte Gruppe handelt: Sie werden als Türken und Muslime ausgegrenzt. Mit andern Mitgliedern der Gemeinde teilt Seyfullah das Gefühl, dass die Deutschen – wenn überhaupt – ›integrierte Türken wollen, Türken, die so sind wie sie selbst‹. Wenn er nun in der Öffentlichkeit islamische Kleidung trägt, dann um seine islamische Identität und damit das am stärksten diskriminierte Attribut zu betonen... Dabei werden auch Institutionen provoziert, um sie zu Reaktionen zu veranlassen. So sollen sie vorgeführt und als islamfeindlich entlarvt werden. Dieser Kampf um Anerkennung ist kein Rückzug aus der deutschen Öffentlichkeit. Im Gegenteil, es ist der Versuch, in dieser Öffentlichkeit eine Stimme zu erhalten. Als radikaler politischer Muslim sieht sich Seyfullah als Teil einer unbequemen Opposition in Deutschland. Bevor er sich der Kaplan-Gemeinde zuwandte, hatte sich Seyfullah fast völlig an seine Umwelt im Gymnasium angepasst. Er hatte nur deutsche Freunde. Durch Skateboard-Fahren und Graffiti-Sprayen schockierte er seine Eltern, beide konservative Muslime, und stellte sie vor der türkischen Gemeinde der Kleinstadt bloß. Die Hinwendung zur Kaplan-Gemeinde ist interpretierbar als eine intellektuell überzeugendere Lösung des Problems, besonders und anders zu sein. Die Kaplan-Bewegung scheint vor allem für junge Intellektuelle interessant, die aus bewusst islamischen Elternhäusern kamen: Vor allem sie konnten durch die Hinwendung zu Kaplan Opposition und Identifikation signalisieren.«

Mit der offiziellen Auflösung des »Kalifenstaates« allein werden die Ideale solcher Gruppen nicht zerstört. In einem am 1. März 2001 veröffentlichten Gespräch mit der *taz* meinte Schiffauer auf die Frage, was nach dem Verbot geschehen werde: Die Anhänger werden es »in ihr Weltbild einbauen, in dem das Gute gegen das Böse, der Islam gegen den Westen kämpft. Sie werden also in den Untergrund gehen – oder sagen wir: sich nicht öffentlich treffen.«

Hizb ut-Tahrir – Eine radikale Stimme

Schlimmer noch als Kaplan und die Mitglieder seines nach deutschem Recht mittlerweile illegalen »Kalifenstaates« äußert sich die antisemitisch und extremistisch auftretende »Befreiungspartei« Hizb ut-Tahrir. Die mit Koranzitaten untermauerte Hetze gegen den Westen und Israel schürt, ähnlich wie Kaplan in seinen Reden, den Hass auf alle Andersgläubigen, die den Islam als einzig wahre Religion fortwährend daran hindern, sich nach Allahs Auftrag über die Welt zu verbreiten und das Kalifat zu errichten. Die Argumentation zielt wie bei Milli Görüs und dem »Kalifenstaat« auf Abgrenzung, Abschottung nach außen, Solidarisierung nach innen und den teils verdeckten, teils offenen Kampf gegen den vermeintlichen Feind, den Hizb ut-Tahrir unter anderem im Nahen Osten ausmacht.

Seit mehreren Jahren verbreiten Hizb-ut-Tahrir-Anhänger in Hamburger Moscheen wie auch in Baden-Württemberg Flugblätter mit Stellungnahmen zu Geschehnissen in der islamischen Welt. Im Sommer 2002 fand sich auf einer Internetseite unter der Adresse *http://www.hizb-ut-tahrir.org/deutsch/schriftstucke.html* eines dieser Flugblätter, das ein bezeichnendes Licht auf diese Vereinigung wirft. Dort heißt es:

> »Im Namen Allahs des Erbarmungsvollen des Barmherzigen: Und tötet sie, wo immer ihr auf sie stoßt, und vertreibt sie, von wo sie euch vertrieben haben. Die Juden sind ein Volk der Lügen, ein Volk des Verrats, das Abkommen und Verträge bricht. Sie ersinnen Unwahrheiten und verdrehen den Wortsinn. Sie verletzen ungerechterweise die Rechte anderer, töten Propheten und Unschuldige und sind die größten Feinde der Gläubigen. Allah (t.) untersagte uns, sie zu Freunden zu nehmen:
> ›Doch Allah verbietet euch, diejenigen, die euch des Glaubens wegen bekämpfen und euch aus euren Häusern vertrieben und geholfen haben, euch zu vertreiben, zu Verbündeten zu nehmen. Und wer sie zu Verbündeten nimmt – das sind wahrlich die Ungerechten.‹ (Sura Al-Mumtahana 60; Aya 9)
> So waren sie, so sind sie, und so werden sie immer bleiben. Diese Region und insbesondere die Bewohner Palästinas haben seit mehr als fünfzig Jahren unter ihrer Pein zu leiden. Die Märtyreraktionen, die gegenwärtig in Palästina gegen die Juden verübt werden, sind islamisch legitim. Ganz Palästina ist ein Kampf- und Schlachtfeld, gleichgültig, ob es sich um das Gebiet handelt, das die Juden seit 1948 oder später gewaltsam vereinnahmt haben.

Die Gipfelkonferenz der arabischen Regenten hat jenen gewalttätigen, feindselig vorgehenden Juden einmütig eine ›Friedensinitiative‹ angeboten, was die Juden jedoch schon vor Einberufung der Konferenz ablehnten. Und noch vor Ende der Konferenz und noch bevor die für dieses Unternehmen verwendete Tinte trocken war, führte der Judenstaat neue Feindseligkeiten gegen die Bewohner Palästinas durch und vertiefte sich darin, zu morden, zu zerstören und zu vertreiben. Er versetzt damit all diesen Regenten voller Herausforderung, Verachtung und Geringschätzung eine Ohrfeige, als wenn sie Ungeziefer wären! Fühlen sich diese Regenten etwa in Bedrängnis oder Verlegenheit, oder haben sie vielmehr jedes Gefühl und jede Ehre verloren und befinden sich wie Tote in der Bedeutungslosigkeit:
›Wer sich einmal erniedrigt, dem fällt die Erniedrigung leicht und die Wunde schmerzt wahrlich den Toten nicht.‹

Diese Regenten gehören nicht zur Art der islamischen Umma. Selbst die Araber in ihrer Unwissenheit vor dem Islam haben das Unrecht abgelehnt und waren ein Volk der Mannhaftigkeit und Hilfsbereitschaft. Was aber diese Herrscher betrifft, so hören sie zwar die Hilferufe der Kinder, Frauen und Greise und sehen mit eigenen Augen die Leichen in Sabra und Shatila, in Kanaa, Gaza und der Westbank, und doch tun sie, als sei nichts gewesen. Welch üble Regenten, die die beste Umma demütigen, die den Menschen hervorgebracht wurde.

Und wenn sie gefragt werden: Worauf wartet ihr, warum kämpft ihr nicht, wo doch euer Feind euren Boden raubt, eure Geschwister niedermetzelt und euch mit Ohrfeigen traktiert ..., antworten sie: ›Wir sind dazu nicht in der Lage, da unser Feind stärker ist als wir!‹ Doch warum bereitet ihr euch nicht darauf vor, wo ihr über die notwendige Menschenmasse, den materiellen Reichtum, ein ausgedehntes Territorium, eine glorreiche Geschichte, eine göttliche Botschaft und eine 'Aqida des Märtyrertums verfügt? Warum sollen die feigen Juden, die so begierig auf das Leben sind, deren Staat gestern noch aus einer kleinen Anzahl von Leuten mit abstrusen Vorstellungen auf einem kleinen Fleckchen Erde wuchs, stärker sein als alle Araber zusammen? Ja sie fordern sogar die gesamte islamische Umma heraus?!

Die Wahrheit ist, dass diese Regenten überhaupt nicht gewillt sind, Vorbereitungen zu diesem Zweck zu treffen, da sie Agenten der westlichen, ungläubigen Staaten sind. Diese Staaten befehlen ihnen, keinen Krieg gegen den Judenstaat zu führen, und deswegen denken sie auch nicht an einen Krieg gegen Israel und sind nicht bereit, Widerstand zu leisten, auch wenn sie selbst angegriffen werden und ihr Land von den Juden besetzt wird. Es geht hier nicht allein um die Kampfunfähigkeit und das Unvermögen, diesen Staat mit den Wurzeln herauszureißen, sondern darum, dass die Politik der Herrscher so ausgerichtet ist und ihnen dies von den westlichen Staaten, deren Agenten sie sind, so angeordnet wird. Die Initiative des saudischen Abdullah, die von der Gipfelkonferenz in Beirut einstimmig adaptiert wurde, stellt eine amerikanische Weisung dar, der sich alle arabischen Regenten gefügt haben.

Nein, diese Regenten gehören nicht zur Gemeinschaft der Umma. Die Völker der islamischen Umma geben heute Beispiele, die ihresgleichen in der Geschichte der Menschheit suchen. Sie stellen den Gegenbeweis gegen die zaudernden, feigen herrschenden Agenten dar, die sagen: ›Wir sind nicht fähig dazu, die Juden zu bekämpfen.‹ Unlängst haben die Muslime bei ihrem Widerstand im Südlibanon eines der höchsten Beispiele an Opferbereitschaft, Jihad und Märtyrertum gezeigt, womit sie den Judenstaat – gedemütigt und erniedrigt – verjagen konnten. Heute stellen die Mujahidun in Palästina das höchste Maß an Vorbildlichkeit dar: Die jungen Männer wetteifern miteinander um den Märtyrertod, und auch die jungen Mädchen konkurrieren nun mit den Männern um den Tod als Märtyrerinnen. Die Mütter treiben ihre Kinder zum Märtyrertum an und fallen aus Dankbarkeit vor Allah nieder, wenn sie die Nachricht von ihrem Märtyrertod erhalten. Wo stehen nun diese Regenten angesichts dieser Völker? In einem überlieferten Ausspruch heißt es: ›So wie ihr seid, so wird über euch regiert.‹ Dies würde bedeuten, dass die Ära dieser Regenten sich dem Untergang neigt und ein Neubeginn über diese Umma angebrochen ist, mit dem der Iman, der Jihad, das Märtyrertum und der Sieg über die Kuffar, ihre Vasallen und ihre Apparate triumphieren werden.

Wir möchten die arabischen Regenten fragen: ›Mit welcher Rechtfertigung habt ihr auf den Boden Palästinas, den die Juden vor 1967 besetzten, verzichtet?!‹ Ihr habt die so genannte ›Befreiungsorganisation‹ (PLO) 1964 ins Leben gerufen, um zu befreien, was die Juden zuvor okkupiert hatten. Und nun sagt ihr: ›Der komplette Rückzug gegen den kompletten Frieden.‹ Ist der Rückzug bis zu den Grenzen von 1967 ein ›kompletter Rückzug‹? Die Führung der ›Befreiungsorganisation‹, die nun als ›palästinensische Autonomiebehörde‹ bezeichnet wird, verzichtet sogar noch auf die Grenzen von 1967 und auf alles, was die Kufr-Staaten von ihr an Preisgabe fordern.

Der gesamte Boden Palästinas ist islamischer Boden. Es ist ein Kharaj-Boden, der zum Eigentum des Staatsschatzes der Muslime (Baitu Mal al-Muslimin) gehört. Weder die arabischen Herrscher noch die Führung der PLO bzw. die der ›palästinensischen Autonomiebehörde‹ noch die Regenten der Muslime oder die Bewohner Palästinas haben das Recht, auch nur eine Handbreit dieses Bodens zugunsten irgendeines fremden Kufr-Staates preiszugeben. Die Preisgabe, die diese skrupellosen Agenten vorgenommen haben, ist ungültig! Die Mujahidun werden sie aufheben und die Verräter dafür hart ins Gericht nehmen.

Ihr Muslime:
Diese Regenten samt der Führung der palästinensischen Behörde sind billige Agenten, ja Verräter im wahrsten Sinne des Wortes. Sie verzichten auf den Boden Palästinas und seine Heiligtümer zugunsten der Juden auf Befehl der westlichen Kufr-Staaten, insbesondere der USA. Sie inszenieren Theaterstücke, um die arabischen und islamischen Völker in die Irre zu führen und diese Initiativen, die nichts anderes als Verschwörungen sind, durchzubringen. Sie nennen es ›den Frieden der Mutigen‹, eigentlich ist es nur ›die Kapitulation der feigen Verräter‹. Dies ist keine Beschimpfung, sondern eine Beschreibung der Realität. Es wird die Zeit kommen, wo derjenige die Wahrheit verstehen wird, der sie bislang noch nicht verstanden hat. Doch dies wird nichts nützen, wenn es zu spät ist.

Ihr Armeen in den islamischen Ländern:
Ist es nicht an der Zeit, euch nach dem Paradies zu sehnen? Ist es nicht Zeit für euch, nach der Ehre im Diesseits und im Jenseits zu streben? Erschüttert es euch nicht, wenn unweit eures Zuhauses Massaker an euren Geschwistern in Palästina durch die Hand der Juden, den größten Feinden der Gläubigen, verübt werden? Besteht eure eigentliche Aufgabe nicht darin, den Islam zu schützen und die Feinde Allahs zu bekämpfen, nämlich die Juden, die den Boden des Isra' und Mi'raj (Nacht und Himmelfahrt des Gesandten) gewaltsam geraubt haben? Besteht etwa eure Aufgabe darin, die Throne, Protokolle und Festlichkeiten zu schützen?

Wahrlich, Allah hat euch aufgetragen, diese Throne zu beseitigen, mittels derer man sich mit den Feinden Allahs gegen das Blut der Muslime verschworen hat.

Und Er hat euch dazu verpflichtet, euren Geschwistern beizustehen, die euch in Palästina um Hilfe bitten:
›Und suchen sie eure Hilfe im Glauben, dann ist das Helfen eure Pflicht.‹ (Sura Al-Anfal 8; Aya 72)
Ihr sollt das hässliche Judengebilde vernichten und den Ruhm des Islam und die Geschichte der großen Führer wiederaufleben lassen. Tut ihr dies, werden eure Taten sowohl im Diesseits als auch im Jenseits in leuchtenden Buchstaben verzeichnet werden. Zögert ihr, müsst ihr die Bürde für das Schweigen tragen und wird euch die Erniedrigung und Schande im Diesseits und Jenseits treffen, und dies ist der wahre Verlust.

Ihr Muslime:
Seid ihr nicht die beste Umma, die den Menschen hervorgebracht wurde? Seid ihr nicht diejenigen, die die Rechtleitung und das Licht in der Welt verbreitet und die Unwissenheit und Finsternis beseitigt haben? Seid ihr nicht die Umma, die Perser und Römer bezwungen, die Eröffnungen vollzogen und den Banner des Islam in der Welt hochgehalten hat? Wie können euch dann Juden lähmen, denen für ewige Zeiten Erniedrigung und Unterwürfigkeit auferlegt ist? Eure Herrscher verbieten euch den Kampf, und ihr lehnt euch nicht dagegen auf, führt nicht ihre Veränderung herbei oder prangert sie an. Wahrlich, Allah wird euch für dieses Schweigen und für die Billigung der Ungerechtigkeit und der Tyrannen zur Rechenschaft ziehen:
›Und hütet euch vor einer Drangsal, die gewiss nicht bloß die unter euch treffen wird, die Unrecht getan haben.‹
(Sura Al-Anfal 8; Aya 25)
Sowohl den Tyrannen, der ungerecht ist, als auch den zu dieser Ungerechtigkeit schweigenden Unterdrückten wird es treffen. ›Bei Dem, in dessen Hand meine Seele liegt, ihr sollt das Rechte gebieten und das Unrecht anprangern, oder Allah wird euch eine Strafe herabsenden. Danach werdet ihr Ihn bitten, doch Er wird euch nicht erhören.‹

Ihr Muslime:
Es ist eure Pflicht, euch wie Lebende in Bewegung zu setzen und nicht im Todesschlaf zu verharren, so dass ihr diese Tyrannen beseitigt, die die Gesetzgebung Allahs und den Jihad auf dem Wege Allahs verhindern. Ihr müsst diese Heere dazu antreiben, auf das Schlachtfeld zu ziehen, um den Juden ihre wahre Schlagkraft zu zeigen, die sogar jene vertreibt, die hinter ihnen stehen und die ihren Schmutz vom Boden des Isra' und Mi'raj beseitigt. Und solange die islamische Umma von neuem von der Opferbereitschaft, vom Jihad und vom Märtyrertum beseelt wird, kann sie die Last der an der Macht befindlichen Agenten, die nicht zu ihrer Gemeinschaft gehören, abschütteln, um an ihrer Stelle einen einzigen Kalifen einzusetzen, dem sie die Bai´a (Eid) auf das Buch Allahs und die Sunna Seines Gesandten leistet, damit er die Gesetze Allahs umsetzt, die islamische Lebensordnung einführt, die islamische Botschaft in die Welt trägt und den Jihad gegen die gewalttätigen Juden verkündet, ebenso wie gegen jeden, der sie in ihrer Feindseligkeit unterstützt.
›Wenn ihr Allahs (Sache) unterstützt, so wird er euch unterstützen und euren Füßen festen Halt geben.‹ (Sura Muhammad 47; Aya 7)17. Muharram 1423 n.H. 31.3.2002 n.C.«

Solche Parolen sprechen für sich und bedürfen im Grunde keines weiteren Kommentars. Bedenklich ist: Hizb ut-Tahrir besteht schon sehr lange, verfügt über beste internationale Beziehungen.

Die zum islamistischen Spektrum zählende »Befreiungspartei«, die sich gelegentlich als »Hizb Al-Tahrir al Islami« oder »Hizb at-Tahrir« bezeichnet, wurde 1953 in Jerusalem von dem bekannten Richter des Jerusalemer Scharia-Gerichts Taqiuddin an-Nabahani gegründet und wird heute von dem in Jordanien lebenden Abdul Qadim Zallum geführt. Sie versteht sich wie die anderen Organisationen am extremistischen Rand als eine »politische Partei, deren Ideologie der Islam und deren Ziel die Wiederaufnahme der islamischen Lebensweise ist«.

Die Struktur von Hizb ut-Tahrir erinnert an konspirative Zellen und scheint, so die Selbstdarstellung im Internet, ganz auf den Kampf im Untergrund ausgerichtet zu sein: »In den langen Jahren der geheimen Arbeit sind seine Anhänger an eine strenge Ordnung gewöhnt. So sind die Parteimitglieder in Gruppen aufgeteilt, von denen jede aus fünf Personen besteht, die die Mitglieder anderer Gruppen meist nicht kennen. Der Mushrif (Anführer) erteilt jedem der fünf eine Aufgabe, die auf eine Woche begrenzt ist, für welche die Person zur Rechenschaft gezogen werden kann. Die Mitglieder einer neuen Halqa kennen nichts über die gegenseitigen Aufträge. Die Struktur der regional arbeitenden Partei steht im Einklang mit dem Prinzip der Einteilung der Welt in Wilayat, die zuweilen mehrere Regionen umfassen können.«

In Deutschland gibt Hizb ut-Tahrir das Magazin *Explizit* heraus, das den »Islam als den einzig gangbaren Weg im Gegensatz zu den bestehenden Gesellschaftssystemen« propagiert. Neben Hamburg, Bayern und Baden-Württemberg ist vor allem Berlin ein wichtiges Zentrum dieser international arbeitenden Gruppierung, die das typische Janusgesicht aufweist: Offiziell lehnen die Mitglieder Gewalt als Methode der Auseinandersetzung ab, in den vereinsinternen Veröffentlichungen sprechen sie jedoch eine aggressive Sprache. So heißt es in der Mai-Ausgabe von *Explizit*: »Ganz Palästina ist muslimisches Territorium. Die Muslime sind dazu verpflichtet, es aus der Herrschaft der Israelis zu befreien, selbst wenn es Millionen von Märtyrern kosten sollte.«

Den Haupttreffpunkt bildet in Berlin das Freitagsgebet an der Technischen Universität (TU). Eine organisatorische Verbindung zur »Islamischen Studentenvereinigung Berlin« (ISV), die für das Gebet zuständig ist, lässt sich nach Angaben der Berliner Verfassungsschützer nicht feststellen. Die typischen Kontakte zwischen in Deutschland lebenden Hizb-ut-Tahrir-Mitgliedern, in Deutschland lebenden Sympathisanten von Hamas und Hisbollah sowie zu Milli Görüs sind aber durchaus vorhanden. Den Hintergrund dafür bildet wieder einmal das Gedankengut der Muslimbruderschaft.

Im Frühsommer 2002 nahm die ägyptische Regierung mehrere Hundert Mitglieder von Hizb ut-Tahrir fest, die Kontakte zu den Muslimbrüdern gehalten und zu Anschlägen in aller Welt gegen amerikanische und israelische Einrichtungen aufgerufen hatten. Darüber hinaus lud die von dem Muslimbruder und Terrorpiloten Mohammed Atta in Hamburg gegründete »Islam AG« mehrfach Mitglieder von Hizb ut-Tahrir zu Vorträgen ein. Bei einem dieser Anlässe äußerte sich ein Mitglied der »Befreiungspartei« ganz im revolutionären Sinne der Gastgeber: »Jeder muss bereit sein, sein Leben für den Islam zu opfern, wenn er inhaftiert oder gefoltert wird. Und zu unserem Kampf gehört es auch, Märtyrer zu stellen.« Mit »Märtyrern« waren wie meist in jenen Kreisen die Selbstmordattentäter gemeint.

Die Gewaltfreiheit ist somit auch bei Hizb ut-Tahrir nicht mehr als eine Schutzbehauptung des gängigen Tarnungskonzepts. Ein »Befreiungskämpfer«, der sich Shaker nannte, in der Hamburger »Islam AG« einen Vortrag über seine Organisation hielt und in Wien als Lehrer für Maschinenbau an einer Berufsschule arbeitet, sagte freimütig der *Süddeutschen Zeitung*: »Für das Kalifat bin ich bereit, mein Leben zu lassen.« Solche Bekenntnisse sind ernst gemeint und wirken verbindend im Kreis der gewaltbereiten Islamisten. Am 11. September 2002 feierten Anhänger von Hizb ut-Tahrir in London den ersten Jahrestag der grauenvollen Terroranschläge von Washington und New York. Mitgefeiert haben nach Angaben des Bundeskriminalamtes: Mitglieder von Milli Görüs aus den Niederlanden und Deutschland.

Die Arabistin Claudia Dantschke hatte am 31. Mai 2002 die Gelegenheit, den Sprecher der Gruppe Shaker Assem zu befragen. Die an der TU Berlin eingetragene Hochschulgruppe Aqida (»Glaubenslehre«), eine Zelle der Hizb ut-Tahrir an der Universität, hatte das Gespräch arrangiert, das Dantschke mit Assem nach einer Veranstaltung unter dem

Titel »Blutiges Palästina, das heilige Land unserer Aggression« führte. Shaker Assem ließ dabei keinen Zweifel daran, dass Hizb ut-Tahrir militant ist und das Kalifat mit Gewalt errichten will. Als weiteres wichtiges Ziel seiner Gruppe hob er die Vernichtung der Juden hervor. Die Legitimation zum Völkermord liefere ihm Sure 2, Vers 191 des Korans: »Und tötet sie, wo immer ihr auf sie stoßt, und vertreibt sie, von wo sie euch vertrieben haben.«

Eine religiös motivierte, plakative Programmatik, die, wie das eingangs zitierte Flugblatt zeigt, fatale Auswüchse annehmen kann. Im Januar 2003 hielt Shaker Assem einen weiteren Vortrag über die Ziele seiner Gruppe – dieses Mal in Castrop-Rauxel. Niemand hinderten den Extremisten an seinen Ausführungen. Aber endlich handelte die Bundesregierung: Am 15. Januar 2003 wurde die Gewalt verherrlichende Hizb ut-Tahrir von Innenminister Schily ebenso wie ihr Magazin *Explizit* verboten.

Al Aqsa e.V. – Spenden sammeln für die Hamas

Wer die Kapellenstraße in Aachen-Burtscheid besucht, trifft dort auf ein beschauliches Wohnviertel, in dem Studenten und Rentner ein ruhiges Leben führen. Anders als im Osten und Westen der Stadt leben hier im Süden kaum ausländische Mitbürger. Einsätze der Polizei sind selten. Die Anwohner in der Kapellenstraße trauten deshalb ihren Augen nicht, als sie im August 2002 die Polizeifahrzeuge bemerkten, die aus unerfindlichen Gründen noch spätabends in der Nähe eines Lebensmittelmarktes parkten. Dass in weiteren Fahrzeugen Beamte in Zivil saßen, wusste zu diesem Zeitpunkt niemand.

Mit der idyllischen Ruhe war es am Montag, den 5. August 2002, endgültig vorbei. Um neun Uhr morgens fuhr vor dem vierstöckigen Gebäude, in dem sich der Lebensmittelmarkt befand, ein erster Polizeiwagen vor, dem wenig später ein Mannschaftsbus des Bundesgrenzschutzes mit fünfzehn Beamten folgte. Ziel der Aktion war eine Mietwohnung, in der eine palästinensische »Wohlfahrtsorganisation« mit dem harmlos klingenden Namen Al Aqsa e.V. residierte. Am Nachmittag untersuchten weitere Fahnder eine Wohnung in der Eupener Straße. Insgesamt wurden Dutzende von Kisten mit Akten und Computer beschlagnahmt.

Die Aufregung im Aachener Süden war von Berlin aus angeordnet worden: Bundesinnenminister Otto Schily hatte den Verein Al Aqsa e.V. mit der Begründung verboten, dass dieser die palästinensische Terrororganisation Hamas finanziell unterstütze. Unmittelbar nach dem Verbot durchsuchten die Ermittler das Vereinslokal sowie die Privatwohnungen einzelner Mitglieder. Auf Konten in Aachen und Köln stellte man rund 300 000 Euro Vereinsvermögen sicher.

Auf diesen finalen Schritt hatten deutsche Sicherheitskreise ähnlich wie im Fall Cemaleddin und Metin Kaplan viele Jahre zunächst vergeblich hingearbeitet. Im Laufe ihrer Ermittlungen waren sie immer wieder über die eigene Gesetzgebung gestolpert, die ihnen keine Handhabe gegen den Spendensammelverein lieferte. Wer die Gesetze der Bundesrepublik kannte und sie geschickt zu umgehen wusste, besaß offensichtlich viele Möglichkeiten, halbwegs auf dem Boden der Rechtsstaatlichkeit zu bleiben und trotzdem die subversiven Ziele extremistischer Terrororganisationen zu verfolgen. Bis zu ihrem Verbot war Al Aqsa ein klassisches Beispiel für dieses offenkundige Problem der deutschen Behörden im Umgang mit islamistischen Gruppen, vor allem nach dem 11. September 2001.

Das Bundesamt und das nordrhein-westfälische Landesamt für Verfassungsschutz gingen seit längerer Zeit davon aus, dass die Organisation indirekt der terroristischen Hamas im Nahen Osten zuarbeitete. Gleichwohl erkannte das Aachener Finanzamt Al Aqsa auch nach den Terroranschlägen auf das World Trade Center als gemeinnützig an – und erlaubte dadurch einem Verein, der mit großer Wahrscheinlichkeit Terroristen unterstützte, steuerbegünstigte Spendenquittungen auszustellen und öffentliche Fördermittel entgegenzunehmen. Eine Sprecherin des Kölner Bundesamtes bestätigte am 2. Oktober 2001 der *Frankfurter Allgemeinen Zeitung*, dass »der in Aachen ansässige Hamas-Spendenverein Al Aqsa e.V.« vom Verfassungsschutz beobachtet werde, da man »intern schon lange« mutmaße, dass die Organisation »von den Spenden auch Geld für den militärischen Kampf der Hamas« abzweige. Die palästinensische Terrorgruppe rühmte sich in jenen Tagen zahlreicher Selbstmordattentate und unterhielt Kontakte zu der von Usama Bin Laden geführten Al Qaida. Das Finanzamt Aachen wollte seine Entscheidung für die Steuerbegünstigung von Al Aqsa unter dem Hinweis auf das »Steuergeheimnis« dennoch nicht kommentieren.

Die Verdachtsmomente gegen die 1991 gegründete Al Aqsa e.V. waren nicht einmal neu. Schon im Jahresbericht 1998 des nordrhein-westfälischen Verfassungsschutzes hieß es im Zusammenhang mit dem »Islamischen Bund Palästina« (IBP), einer Stellvertreterorganisation der Hamas: »Neben den Aktivitäten des IBP gibt es Hinweise, dass der in Aachen ansässige Al Aqsa e.V. mittels Spendensammlung für humanitäre Hilfe in Palästina die Ziele der Hamas indirekt aber wirkungsvoll unterstützt.« Ein ranghoher israelischer Armeevertreter habe den Verein 1997 als eine der internationalen Vereinigungen genannt, »die der Hamas angeblich Millionenbeträge verschafften«. Der Al-Aqsa-Vorsitzende bestreite hingegen jegliche Beziehungen zur islamischen »Widerstandsbewegung«. Eine Kooperation zwischen Al Aqsa und IHB sei allerdings nachweisbar, denn es konnten, so der Verfassungsschutz, »wiederholt Informationsstände des Vereins bei IBP-Veranstaltungen festgestellt werden«. Für eine Stellungnahme zu einem entsprechenden Bericht des Autors in der *FAZ* war Al Aqsa in jenen Tagen nicht erreichbar.

»Das Problem Al Aqsa ist uns seit Jahren schon bekannt«, gab auch das Kölner Bundesamt für Verfassungsschutz gegenüber der Zeitung zu. Aber der Aachener Spendensammelverein wusste offenbar die Grauzonen der Gesetzgebung auszunutzen. Konkrete Schritte, die auf ein Verbot oder wenigstens auf ein Ermittlungsverfahren hinausliefen, hielten die Behörden damals für so gut wie aussichtslos, »weil der Verein belegen kann, dass Gelder auch zu humanitären Zwecken eingesetzt werden«. Allein deshalb habe man »bislang nie Exekutivmaßnahmen gegen den Al-Aqsa-Verein« ergriffen. Eine Kontrolle darüber, wohin die Spenden gingen, besitze man ebenso wenig. Es war den Wohltätern von Al Aqsa augenscheinlich möglich, die Bestimmung der Gelder falsch zu deklarieren und auf diese Weise Terrorgruppen verdeckt zu finanzieren.

Das Problem, konkrete Beweise für Verbindungen zwischen »Wohltätigkeitsvereinen« wie Al Aqsa und Terrorgruppen wie der Hamas zu finden, erläutert das in Israel ansässige »International Policy Institute for Counter-Terrorism«. Über die Finanzstruktur der Hamas meint man dort: »Ein wichtiger Bereich in der Arbeit von Wohltätigkeitsvereinen ist ihre Rolle als Geldverteiler in der jeweiligen Region. Während ein Teil der Gelder in der Tat für wohltätige Zwecke genutzt wird, ist es nicht immer einfach, zwischen der ›unschuldigen‹ Aktivität der Vereine und der Finanzierung von geheimen, subversiven und terroristischen Tätigkeiten zu differenzieren. Zum Beispiel zahlen die Wohltätigkeitsvereine Bußgelder und helfen Familien von Mitarbeitern, die verhaftet worden sind, oder unterstützen finanziell die Mitarbeiter selbst. Diese Spenden sind zwar als Wohltätigkeitsaufkommen definiert, werden aber in Wirklichkeit dem aktiven und harten Kern der Hamas zugeschrieben.«

Offiziell sammelte der Aachener Verein Spenden für die Opfer des israelisch-palästinensischen Konfliktes: »Wir haben es uns zur Aufgabe gesetzt, den Bedürftigen in Palästina zu helfen ... Durch Spenden, die in Deutschland gesammelt werden, finanzieren wir unsere Projekte. Wir arbeiten mit Vereinen vor Ort zusammen, die die Lage dort genau kennen.« So stand es auf der Homepage von Al Aqsa. Im Verfassungsschutzbericht aus dem Jahr 2000, der den Verein unter der Überschrift »Sonstige extremistische und terroristische Gruppen aus dem Nahen Osten« aufführte, klang das ganz anders: »Der in Aachen ansässige Spendenverein der Hamas, ›Al Aqsa e.V.‹, rief wiederholt zu Spenden für die Opfer der, wieder in allen palästinensischen Gebieten ausgebrochenen, ›Intifada‹ auf.«

Al Aqsa war Teil des Spendennetzes. Zu den Institutionen, mit denen man kooperierte und die in Palästina angeblich garantierten, »dass Spendengeld nicht missbraucht wird«, nannte der Verein im Internet an vorderster Stelle die Gruppe »Al Mujama Al Islami« in Gaza. Über diese »Wohlfahrtsorganisation« berichtet das Washingtoner »Middle East Policy Council«, sie sei »unter der Obhut von Scheich Jassin« gegründet worden. Der Scheich ist Begründer der Hamas und Drahtzieher mehrerer Selbstmordanschläge. Deren Anschläge lobte er mehrere Male. In Israel war Scheich Jassin inhaftiert, weil er den Befehl zur Tötung von israelischen Soldaten gab.

Weitere Verbindungen unterhielt Al Aqsa zu der islamischen »Union für Gott« (»I'tilafu al-Khayr«), auf deren Internetseite neben dem Aachener Verein die Kontonummern ähnlicher Wohlfahrtsorganisationen in Frankreich, Großbritannien, Belgien, Dänemark, der Schweiz, Italien und in Südafrika genannt werden. Vor diesem Hintergrund gewinnt ein Bericht des südafrikanischen Geheimdienstes NIA von 1998 über Aufbau und Finanzierung der auch in Südafrika tätigen Hamas an Bedeutung. Demnach schickte die Al-Aqsa-Stiftung in Islamabad ein Schriftstück an die südafrikanische Al Aqsa, das unter Berufung auf den Koran die Selbstmordattentate rechtfertigte.

Der südafrikanische Geheimdienst verfolgte das Ziel, die Urheberschaft zahlreicher islamistischer Attentate seit Mitte der neunziger Jahre in der Kap-Region aufzudecken. Der Aachener Spendenverein hatte vielleicht mit diesen Anschlägen nichts zu tun, erwähnt wurde er in dem Bericht aber trotzdem, zum Beispiel auf Seite 13 im Zusammenhang mit den Geldquellen der Hamas: »Aus Europa – die Fonds werden über Europa durch zwei für Sammlungen zuständige Stiftungen transferiert: Al Aqsa Stiftung in Deutschland, die auch in den Niederlanden und in

Belgien sammeln; CBSP Stiftung in Frankreich, die auch in Österreich und in der Schweiz sammelt.« Auf Seite 21 heißt es dann nochmals unter dem Thema »Hamas World-Wide Infrastructure«: »Deutschland – Hamas-Aktivitäten beinhalten Spendensammlungen, Propaganda und Untergrundaktivitäten [weiterer Text fehlt] ... Aufrufe zur Ausbildung, die terroristischen Aktivitäten dienen sollten, wurden entdeckt. Die Al Aqsa Stiftung ist verantwortlich für Westeuropa.«

Die Behauptung von Al Aqsa in Aachen, man sei »eine unpolitische, unabhängige karitative Organisation, die nicht gewinnorientiert arbeitet und speziell zur Unterstützung der armen und bedürftigen Menschen Palästinas gegründet« wurde, zogen nicht nur die südafrikanischen Sicherheitskreise, sondern auch europäische Nachrichtendienste in Zweifel. Einen konkreten Beweis dafür gab es jedoch nicht. Beim Sammeln von Spenden für den bewaffneten Kampf der Hamas war den Al-Aqsa-Wohltätern einfach nicht auf die Schliche zu kommen.

Ein schöner Schein mit unschönen, undurchsichtigen und terroristischen Verbindungen im Inneren. Wie schwierig es war, durch alle Schutzbehauptungen, Ablenkungsmanöver und für die Öffentlichkeit geschickt konzipierten Selbstdarstellungen hindurch zum wahren extremistischen Kern von Al Aqsa vorzudringen, musste im Oktober 2001 die *Aachener Zeitung* (AZ) erfahren. Nachdem in Hamburg, Bochum und anderen deutschen Städten Spuren gefunden wurden, die im Zusammenhang mit den Terroranschlägen vom 11. September standen, ging man auch in Aachen der Frage nach, ob in der Stadt eine Drehscheibe für den internationalen Terrorismus zu finden sei. Al Aqsa distanzierte sich mit Nachdruck von der Anschuldigung, an der Finanzierung von Hamas in irgendeiner Form beteiligt zu sein. »Wir sind eine unpolitische und humanitäre Organisation, die helfen will, die Situation in Palästina zu lösen. Wir wollen keine Eskalation.« So formulierte es der Vorsitzende Mahmoud Amr gegenüber der *Aachener Zeitung*. Weiter behauptete er, sein Verein diene ausschließlich der »Not der bedürftigen Menschen«, unabhängig von Politik und Weltanschauung. Al Aqsa finanziere die terroristischen Gruppen im Nahen Osten nicht einmal indirekt, man sei kein Verbündeter der Hamas, unterstütze mittels Spendensammlungen nicht deren Ziele, verschaffe der Hamas keine Millionenbeträge und zähle daher auch nicht zu deren finanziellem Netzwerk. Mahmoud Amr verschwieg indes, dass zur selben Zeit auf der Homepage des »Registers Deutscher Spendenorganisationen« bei der Projektauswahl von Al Aqsa Gefangenenpatenschaften in Palästina genannt wurden. Er erwähnte ebenfalls nicht, dass das Bundesamt für Verfassungsschutz Al Aqsa im Internet als »Spendenverein der Hamas« bezeichnete. (Eine Gegendarstellung dieses Sachverhalts musste das Bundesamt bisher nicht veröffentlichen.)

Über die öffentlichen Zuschüsse äußerte sich Al Aqsa in der *Aachener Zeitung* wesentlich freimütiger, waren sie doch ein von Staats wegen gelieferter Beweis für die vermeintliche Gesetzeskonformität des Vereins. Zuschüsse habe man zumindest in der Vergangenheit erhalten. Darauf wies man auch auf der Homepage hin, jedoch nur bis zum Jahr 1996. Die Bilanzen der Folgejahre hielt man offenbar nicht mehr für publikationswürdig. 1996 erzielte Al Aqsa nach eigenen Angaben einen Spendenertrag von 806 150 DM einschließlich öffentlicher Zuschüsse im Wert von 20 142 DM. Ein Jahr zuvor konnte man einen Ertrag von 1 590 659 DM mit 21 863 DM Zuschüssen ausweisen. Die genaue Herkunft der Gelder war nicht zu rekonstruieren. Welche öffentliche Hand dem Verein immer wieder hilfreich unter die Arme griff, wollte dieser auf Anfrage der *Aachener Zeitung* nicht verraten. Die Stadt Aachen behauptete jedenfalls gegenüber der Zeitung, nicht zu den finanziellen Unterstützern von Al Aqsa zu gehören. Im Verein selbst hieß es nur verschwommen, man erhalte die Beihilfen »durch Kooperationen mit verschiedenen Nicht-Regierungsorganisationen«.

Am gleichen Tag fragte der AZ-Redakteur Robert Esser das Vorstandsmitglied des »Islamischen Zentrums« in Aachen Aiman El-Attar, der durch seinen Schwiegervater Dr. Ghaleb Himmat bestens mit den Finanzpraktiken des internationalen Terrorismus vertraut war: »Wie grenzen Sie das Islamische Zentrum von Vereinen wie Al Aqsa ab?« El-Attar antwortete sehr anschaulich und ausführlich: »Die Unterschiede zwischen muslimischen Strömungen können immens sein. Ein Beispiel: Meine Kinder, die hier mit Playstation und Co. aufwachsen, entwickeln natürlich ein anderes Weltbild als ein Palästinenserjunge, der seine ersten Lebensjahre in einem Flüchtlingslager ohne Kanalisation mit täglichen Kriegshandlungen erlebt. Anders formuliert: Anfangs kam der Islam nach Deutschland in Form einer Gastreligion auf Durchreise. Das hat sich geändert. Schon 1964 wurde der Grundstein der Bilal-Moschee in Aachen gelegt. Seitdem findet ein ständiger Wandlungsprozess unserer Gemeindemitglieder statt. Viele leben hier in der vierten Generation. Und natürlich werden wir durch die kulturelle Interaktion von unserem Umfeld in Deutschland geprägt. Wir betrachten uns, auch wenn wir ausländisch aussehen, als integraler Bestandteil dieses Landes.«

Auf Al Aqsa angesprochen meinte El-Attar dagegen nur kurz: »Ich kann und möchte das Selbstverständnis anderer nicht kritisieren. Aber es gibt natürlich Gruppierungen, die sich erheblich anders verhalten. Diese Gruppen sind Gäste in Deutschland. Sie sind zwar physisch hier, aber deren Herz pocht woanders. Der Islam hat weltweit viele Gesichter, aber auch in Deutschland mehrere. Wir fühlen uns im Islamischen Zentrum als deutsche Muslime, andere Vereine verkörpern dagegen auch hierzulande einen fremden Islam.«

Kann man »durch die Blume« von muslimischer Seite aus noch deutlicher werden? Die Fakten lagen trotz vieler gegenteiliger Behauptung aus den Reihen von Al Aqsa auf der Hand. Der Verein sammelte Spenden für den Nahen Osten, die Hamas, möglicherweise auch für weitere terroristische Gruppierungen und stellte sich damit in die Reihe der Organisationen, die die weltweite Verbreitung des Islam mit Gewalt erreichen wollten. Warum war es dann über lange Jahre hinweg so überaus schwierig, rechtliche Schritte gegen Al Aqsa einzuleiten?

Auf der Pressekonferenz am 5. August 2002 begründete Otto Schily das Verbot von Al Aqsa damit, dass der Verein zum Netzwerk der Selbstmordattentate in Israel und der palästinensischen Terrorgruppe Hamas zähle: »Unter dem Deckmantel angeblicher humanitärer Vereinsziele unterstützt der Al Aqsa e.V. mit den von ihm gesammelten Spenden Gewalt und Terror im Nahen Osten.« Das waren Fakten, die im Grunde jedem beteiligten Ermittler längst bekannt waren.

Ergänzt wurde dieser Schritt durch das Verbot, Ersatzorganisationen zu bilden. Damit wandte die Bundesregierung erstmals die neuen Anti-Terror-Bestimmungen an, die das Vorgehen gegen Vereine erleichtern, die direkt oder indirekt mit ausländischen gewalttätigen oder terroristischen Organisationen zusammenarbeiten. »Wir dulden weder terroristische Aktivitäten in Deutschland noch Vereinigungen, die solche Aktivitäten im Ausland unterstützen«, sagte der Innenminister. Al Aqsa habe, so Schily weiter, besonders den Familien von Selbstmordattentätern finanzielle Unterstützung zugesagt. »Dies ist geeignet, potenziellen Attentätern die Sorge um die materielle Zukunft ihrer Angehörigen zu nehmen.« Auf diese Weise fördere der Aachener Spendenverein die Bereitschaft zu solchen Attentaten. Er richte sich gegen den Gedanken der Völkerverständigung und propagiere wie die Hamas den »Heiligen Krieg« zur Zerstörung Israels. Anzeichen für eine normale Vereinsaktivität von Al Aqsa sahen Schilys Behörden abgesehen von den Spendensammlungen nicht. Im Gegenteil: In Zusammenhang mit dem Vollzug des Verbots habe sich sogar herausgestellt, dass der Verein über einen im Ausland ansässigen Geschäftsführer verfüge. Der Vorsitzende sei jordanischer Staatsangehöriger. Strafrechtlich relevante Vorwürfe gab es gegen ihn offensichtlich nicht. Dennoch schloss Schily »Maßnahmen im ausländerrechtlichen Bereich« nicht aus.

Der Rechtsstaat war aktiv geworden. Die Grundlage seines Handelns boten die Veränderungen im Vereinsgesetz nach dem 11. September 2001. Damals wurden die Verbotsgründe für die Ausländervereine erweitert. Diese können jetzt bereits verboten werden, wenn »ihr Zweck oder ihre Tätigkeit die politische Willensbildung oder das friedliche Zusammenleben von Deutschen und Ausländern oder von verschiedenen Ausländergruppen im Bundesgebiet, die öffentliche Sicherheit oder sonstige erhebliche Interessen der Bundesrepublik Deutschland beeinträchtigt oder gefährdet«.

Die Gesetzesrevision war – so zeigt die Geschichte von Al Aqsa – längst überfällig geworden. Endlich hatten die Fahnder ihren Druck auf die Sympathisanten des Terrors erhöht.

Von Eroberern und Moscheen

Unabhängig von den verschiedenen Ausprägungen des Islam in Deutschland scheinen die Islamisten einer gemeinsamen Grundidee zu folgen: Geht es nach ihnen, muss auch die Bundesrepublik muslimisch werden. Viele der hier friedlich lebenden Muslime mögen dieses langfristige Ziel im eigenen Interesse gar nicht mal unbedingt ablehnen, obwohl sie von Gewalt sicherlich nichts wissen wollen. Für Menschen wie den oben beschriebenen jungen Gymnasiasten Seyfullah aus einer Stadt bei Augsburg, der sich durch die Reden des Kalifen von Köln radikalisieren ließ, ist die Besinnung auf den Islam und dessen religiöse Riten der Einstieg in die Welt der Islamisten.

Gewaltfreie Muslime und gewaltbereite Islamisten teilen einen zentralen Ort miteinander: die Moschee. Während das tägliche Gebet für Männer und Frauen obligatorisch ist, gehört das Freitagsgebet nur zu den Pflichten der männlichen Muslime. Da es anstelle des rituellen Mittagsgebets verrichtet wird und als besonders heilig gilt, sind so genannte Freitagsmoscheen, die man im Arabischen »Dschami« und im Türkischen »Camii« nennt, für die Männer von besonderer Bedeutung. Die Moschee ist das einigende Band für alle Muslime und repräsentiert nach außen Macht, Stärke und Selbstbewusstsein des Islam. Das gilt auch – und gerade – für die Gebetshäuser in den nicht-arabischen Ländern, weshalb für deren Bau und Einrichtung viel Zeit, Mühe und Unterstützung aus den arabischen Staaten aufgewandt wird.

Die wohl größte europäische Moschee steht derzeit in Madrid. Ihr Minarett ist 36 Meter hoch, das Grundstück umfasst 8000 Quadratmeter. In Frankreich, dem europäischen Land mit den meisten Muslimen, steht die größte Moschee in Lyon. Sie wurde 1994 erbaut. Ihr Minarett misst 25 Meter, und im 1200 Quadratmeter großen Gebetsraum finden mehr als tausend Gläubige Platz. Während der saudische König Fahd für den Bau der Madrider Moschee 17 Millionen Dollar gab, half Saudi-Arabien beim Bau der Lyoner Moschee mit immerhin drei Millionen Dollar. Unter Polizeischutz versammeln sich in der größten italienischen

Moschee in Rom jeden Freitag mehr als zweitausend Muslime zum Gebet. Am Sitz des Papstes half ebenfalls saudisches Geld, das imposante islamische Bauwerk zu errichten. In London, Moskau, Brüssel, Rotterdam und an vielen anderen Orten wachsen neue Moscheen schneller aus dem Boden, als Statistiker ihre Zahl festhalten können.

Schon 1995 zählte man in Deutschland 2180 islamische Moscheen oder Gebetsräume, inzwischen ist ihre Zahl auf mehr als 2300 gestiegen. Neue Moscheen entstanden in jüngster Zeit in Hilden, Marl, Hamm, Werl und Iserlohn, Pforzheim, Bobingen, Dillenburg, Dortmund und Duisburg, Lauingen, Karlsberg, Mannheim, Berlin, Köln, Hamburg, Siegen und Darmstadt. Erstaunlicherweise erhalten viele der Moscheen in Deutschland – wie die oben erwähnte Bremer Moschee – den Beinamen »Fatih« (»der Eroberer«) in Anlehnung an Fatih Sultan Mehmet, den »Eroberer«, der 1453 Istanbul und damit das frühere christliche Konstantinopel (Byzanz) in seine Gewalt brachte. Oder aber sie tragen den Namen »Ayasofya«, um an die Umwidmung der vom christlichen Kaiser Konstantin erbauten Kirche in Istanbul zu einer großen Moschee zu erinnern, die heute unter dem Namen Hagia Sophia bekannt ist. Natürlich ist es nicht strafbar, Moscheen nach Eroberern zu benennen. Doch man stelle sich einmal vor, in der laizistischen Türkei würde eine christliche Gruppe eine Kirche bauen und diese nach Gottfried von Bouillon benennen, der Jerusalem im Ersten Kreuzzug 1099 von den Muslimen eroberte. Allein das Ansinnen wäre eine Provokation, die in der Türkei zum Aufschrei führen würde.

Man darf also getrost Absichten hinter den Namensgebungen vermuten. Ursula Spuler-Stegemann schreibt über die Fatih-Moscheen in Deutschland: »Moscheen im christlichen Umfeld so zu benennen und dies auch – trotz lauter Proteste aus der deutsch-christlichen Bevölkerung – weiterhin zu tun, kann man im besten Falle als religionspolitische Instinktlosigkeit kennzeichnen, (man) muss aber Absicht hinter dieser tendenziösen bzw. provokativen Namengebung vermuten. Vergleichbares würde in den islamischen Ländern jedenfalls niemals toleriert ... Kirchenbau, das Tragen eines Kreuzes, selbst das Abhalten von Andachten in Privaträumen ist in Saudi-Arabien nach wie vor strengstens verboten, obgleich dort viele tausend Katholiken – vor allem von den Philippinen – leben.« Den Hintergrund der Namensgebung »Ayasofya« erläutert die

Islamwissenschaftlerin wie folgt: »Nach der einst byzantinisch-christlichen Hagia-Sophia-Kirche in Istanbul sind Ayasofya-Moscheen benannt wie die im Juli 1996 in Nürnberg eröffnete Moschee oder die in Oberhausen und Karlsruhe; der Grundstein für die Ayasofya-Moschee in Neuss wurde Anfang April 1997 gelegt. Dieser Name mag manchen Christen als positives Zeichen eines sich als Bruderreligion darstellenden Islam beeindrucken. Tatsächlich gilt die Hagia-Sophia, die zwar seit der Eroberung von Byzanz im Jahre 1453 als Moschee ihren Namen beibehalten hat, den Muslimen bis zum heutigen Tag aber als ein Symbol für den Sieg des Islam über das Christentum.«

Viele Fatih- (»Eroberer«) und Ayasofya-Moscheen stehen routinemäßig unter der Beobachtung von deutschen Sicherheitsbehörden. Ihre große Zahl lässt es ebenso wie im Fall der unendlich langen Liste der Vereine und Moscheen, die Milli Görüs nahe stehen, aussichtslos erscheinen, jegliche Verbindungen von einzelnen Mitgliedern zu radikalen Gruppierungen aufzudecken. Gleichwohl vermuten die deutschen Behörden im Umfeld vieler Moscheen Personen, die in Deutschland den radikalen Umbau der freiheitlich-demokratischen Grundordnung anstreben. Hinweise darauf gibt es genug.

Die Öffentlichkeit erfährt nur selten von diesen Zusammenhängen, denn Schlagzeilen wie im Fall der Esslinger »Fatih Camii« machen die Extremisten nur ungern. Während der »Interkulturellen Wochen 2000« waren dort zwei Referenten der »Wissenschaftlichen Forschungsstiftung« aufgetreten. Ehrenpräsident dieser Stiftung ist Harun Yahya, der Verfasser des Buches *Holocaust Detection – Holocaust-Lüge*, der aber in Wirklichkeit Adnan Oktar heißt und sich seit langem wegen verfassungsfeindlicher Zielsetzungen nicht nur im Visier des baden-württembergischen Landesamtes für Verfassungsschutz befindet. Seine antisemitischen Parolen vertreibt der Referent der Esslinger Moschee unter anderem auf der Internetseite *www.harunyahya.com*. Aber solche Verbindungen entdeckt man meistens nur, wenn man sich auf die Suche danach begibt.

In der »Ayasofya Cami« zum Beispiel, der 1972 gegründeten ersten Moschee in Aschaffenburg, spielt sich das Leben der derzeit 270 Gläubigen offiziell auf zwei Stockwerken und einer Fläche von 950 Quadratmetern ab. Im Internet wirbt die Moschee darüber hinaus allerdings mit

Link-Angeboten für die türkische Zeitung *Milli Gazete* und die Islamisten-Seite *www.quoqaz.de*, die inzwischen vom Server genommen wurde. (Was auf dieser Seite zu lesen war, kann man weiterhin unter *http://web.archive.org/web/20010402000907/www.qoqaz.de* nachlesen.) Dort gab es unter anderem eine Antwort auf die Frage, wo und wie man sich zur militärischen Ausbildung für den Dschihad einfinden könne. Eine Begründung wurde gleich mitgeliefert:

»Entsprechend dem oben genannten Vers (›Und rüstet gegen sie auf, soviel ihr an Streitmacht und Schlachtrossen aufbieten könnt ...‹), ist die militärische Ausbildung im Islam eine Verpflichtung eines jeden zurechnungsfähigen, männlichen und gereiften Muslims, ob reich oder arm, ob Studierender oder Arbeiter, ob in einem moslemischen Land oder in einem nicht moslemischen Land lebend. Der Prophet (Friede sei mit ihm) erklärte die Bedeutung des Begriffes ›Kraft‹ aus dem o.g. Vers während einer Freitagsrede, indem er erwähnte, dass »Kraft« speziell das Schiessen meint.

Der Vers meint mit ›soviel ihr an Streitmacht und Schlachtrossen aufbieten könnt ...‹, dass die Muslime sich bis zum Äußersten ihrer Fähigkeiten und Umstände vorbereiten sollen.

›Schlachtrossen‹ bezieht sich auf die Pferde, die für die Schlachten vorbereitet wurden.

In unserem Zeitalter erklärten die islamischen Gelehrten, dass dieser Ausdruck jegliche Formen moderner Waffentechniken meint, wie z.B. Infanterie-Waffen, Tanks, Artillerie, Flugzeuge, usw. Der o.g. Vers ist ein klares Beweismaterial dafür, dass militärische Ausbildungen jeglicher Art eine islamische Verpflichtung sind, und nicht etwas, was einem freigestellt wird.«

An Deutlichkeit nichts zu wünschen übrig ließen auf der Quoqaz-Seite ebenso die Ausführungen zur Ausbildung von Glaubenskriegern an Handfeuerwaffen:

»Das Training mit Handfeuerwaffen ist von Land zu Land unterschiedlich. In manchen Ländern ist der Besitz von Feuerwaffen illegal, in anderen legal. In manchen Ländern der Welt, besonders in den USA, ist es jedem möglich, sich an Handfeuerwaffen ausbilden zu lassen. Man sollte versuchen, wenn möglich, einem Schützenverein beizutreten und den Schützenstand regelmäßig zu besuchen, um an den Schießübungen teilzunehmen. Es gibt viele Handfeuerwaffen-Kurse in den USA, die der breiten Öffentlichkeit zugänglich sind, deren Dauer von einem Tag bis hin zu zwei Wochen oder mehr variiert. Diese Kurse sind gut, aber teuer. Manche von diesen Kursen sind für Sicherheitspersonal gedacht, aber im Allgemeinen wird jeder unterrichtet. Es ist auch besser, diese Kurse entweder allein oder höchstens zu zweit zu besuchen. Nicht mehr! Erzählt es niemandem, wenn ihr so einen Kurs besucht. Findet solch einen Kurs, meldet euch dort an, geht hin, lernt, kommt zurück nach Hause und behaltet es für euch! Während ihr im Kurs seid, behaltet eure Meinung für euch, diskutiert mit niemandem, predigt nicht den Islam und betet (macht Salah) heimlich. Ihr geht dorthin um euch für den Jihad vorzubereiten und nicht um die Leute zum Islam aufzurufen.

Nützliche Kurse sind Scharfschützenlehrgänge, Allgemeines Schießen und andere Kurse am Gewehr. Die Ausbildung mit Pistolen ist auch nützlich, aber erst nachdem man das Gewehr gemeistert hat. In manchen Ländern, z. B. Staaten der USA, Südafrika, ist es jedem absolut gestattet, gewisse Handfeuerwaffen zu besitzen. Wenn ihr in so einem Land lebt, erwerbt ganz legal ein Sturmgewehr, vorzugsweise das AK-47 oder auch andere, lernt, es anständig zu benutzen, geht und übt damit dort, wo es erlaubt ist. Wenn ihr niemanden habt, der es euch beibringt, kauft euch Bücher über Schusstechniken und übt zusammen mit einem Partner auf feste Ziele aus verschiedenen Entfernungen zu schießen. Ihr könnt auch eine gewisse Strecke laufen, z. B. einen km, und dann auf ein entferntes Ziel schießen. Noch einmal, es gibt die verschiedensten Möglichkeiten und solange ihr eine erfahrene, ausgebildete Person habt, von der ihr lernen könnt, werdet ihr in der Lage sein, eure Schusstechnik aus verschiedenen Entfernungen zu verbessern ...

Respektiert die Gesetze des Landes, in dem ihr lebt und vermeidet es, illegal mit Waffen zu handeln. Man kann ganz legal lernen, mit vielen Waffen umzugehen, sodass es völlig unnötig ist, viele Jahre im Gefängnis zu verbringen, nur weil man mit kleinen, illegalen Waffen gehandelt hat. Lernt so viel wie möglich, abhängig von euren persönlichen Verhältnissen und belasst den Rest auf dann, wenn ihr tatsächlich zum Jihad aufbrecht.«

Solche und ähnliche Parolen verbreiten also gewaltbereite Islamisten hinter den verschlossenen Türen einiger Moscheen, die sich nach außen hin ganz offen und programmatisch als Stätten der »Eroberer« bezeichnen. Auch die Mannheimer Fatih-Moschee führte auf ihrer Homepage in der Vergangenheit einen Link zu den extremistischen Seiten von *www.quoqaz.de*. Der Link wurde erst entfernt, nachdem das badenwürttembergische Landesamt für Verfassungsschutz die Betreiber der Website auf den verfassungsfeindlichen Inhalt aufmerksam machte.

Wir sehen: Von den Gebrüdern G., der vielseitig im Dienst der Islamisten tätigen El-Zayat-Familie, Vater und Sohn Kaplan, Milli Görüs, Hizb ut-Tahrir und Al Aqsa ist es weder sonderlich weit zu den Drahtziehern der Muslimbruderschaft, Hamas, Hisbollah und Al Qaida, noch zu der breiten Masse der in Deutschland bisher friedlich lebenden Muslime. Muslime und Islamisten nutzen in der Bundesrepublik dieselbe Infrastruktur von Vereinen, Moscheen, Zeitschriften und Fernsehsendern: die einen, um ihren Glauben zu praktizieren, die anderen, um ihre wahren Absichten vor der Öffentlichkeit zu verbergen. Im Tarnanzug des religiösen Vereins, des engagierten Muslims oder der lebhaft frequentierten Moschee bereiten sich die Islamisten auf die Abschaffung der westlichen Demokratie und die Errichtung des Kalifats vor. Sie rekrutieren Glaubenskämpfer, sorgen durch Spendenaktionen, Geldwäsche und weitere illegale Geschäfte für die notwendigen finanziellen Ressourcen und beginnen Schritt für Schritt, den Rechtsstaat zu unterwandern.

Vor diesem Hintergrund darf sich niemand mehr in Sicherheit wiegen und behaupten, der Terror werde auf Afghanistan und die USA beschränkt bleiben. Auch wir sind potenziell betroffen, denn das Netzwerk des Terrors ist in unseren Reihen längst vorhanden. Auf den ersten Blick mag es überraschend klingen, dass die islamistischen Terroristen viele Monate nach den Anschlägen des 11. September 2001 zunehmend hoffnungsfroh in die Zukunft blicken. Berichte über zahlreiche Festnahmen in muslimischen wie auch westlichen Staaten scheinen dem zu widersprechen. Bei näherer Betrachtung kann man aber nicht umhin, im Vorgehen des Terrornetzes eine Strategie zu erblicken, die mehr und mehr Früchte trägt. Die Hoffnung der Gesinnungsgenossen von Usama Bin Laden auf den baldigen Sturz der ihnen verhassten Regierungen wurden zwar – noch – nicht erfüllt. Doch die islamische Welt hat eine Botschaft erreicht, bei deren Verbreitung die Anti-Terror-Koalition ungewollt Hilfestellung leistet: Al Qaida will von den Philippinen bis nach Marokko eine islamische Supermacht gründen, die für die derzeitige alleinige Weltmacht USA einen ernst zu nehmenden Gegner darstellt. In Europa wie in der gesamten westlichen Welt sei die Zeit reif für »islamische Werte«, denen in der Weltpolitik endlich zu neuer Blüte verholfen werden soll. Auf eine solche Botschaft hat – das dürfte nach der Lektüre der letzten Seiten klar geworden sein – auch die extremistische Untergrundarmee in Deutschland bisher nur gewartet.

Größere Terroranschläge sind demnach nicht nur in den USA oder in amerikanischen Einrichtungen auf der ganzen Welt wahrscheinlich, sie können im selben Maße die Menschen in Europa oder in Deutschland treffen. Über diese Gefahr dürfen die vom Westen als grandiose Erfolge gefeierten Festnahmen nach dem 11. September ebenso wenig hinwegtäuschen wie die Vereitelung mancher mutmaßlicher Attentatsversuche. Denn dahinter steckt wie so oft eine Taktik des Terrorismus. Da die ranghöchsten Führer der Al Qaida mit dem Beginn der Anti-Terror-Offensive in Afghanistan nicht wussten, welche Terrorzellen im Ausland zum Feind übergelaufen waren, streuten sie bewusst unwahre Informationen über angeblich bevorstehende Anschläge an die weltweit operierenden Zellen und warteten einfach ab, welche Schritte der Westen ergreifen würde. Wenn dann in der westlichen Presse über »durchgesickerte« Informationen angeblich bevorstehender Attentate etwa auf die Golden Gate Bridge berichtet wurde, waren die Informanten – und damit die Überläufer – schnell enttarnt. So durchsiebte Al Qaida Zelle für Zelle das eigene Netzwerk und ließ jene fallen, die mit dem »Feind« kooperierten.

Übrig bleibt ein Netz, das gefährlicher nicht sein kann. Der Jubel über die vermeintlich großen Erfolge in der Terrorbekämpfung lässt die westlichen Politiker vergessen, dass der eigentliche Kampf gegen den islamistischen Terror erst noch beginnen wird, und zwar nicht allein auf den »Schlachtfeldern« im Nahen Osten und in den arabischen Ländern. Was nunmehr droht, ist ein Krieg, der in den europäischen Städten geführt werden wird. Dabei heißt der Gegner nicht mehr »nur« Al Qaida. Die Sympathisanten des Terrors sind heute bis in die Reihen von Milli Görüs und vieler anderer bislang in Deutschland hofierter muslimischer Gruppen und Vereine zu finden.

Teil II

Das Netzwerk der Islamisten
und die Organisierte Kriminalität

Juristische Versteckspiele

Wer sich mit den Hintermännern des weltweiten islamistischen Terrors anlegt, Namen nennt und ihre Treffpunkte an die Öffentlichkeit bringt, braucht neben Recherchen, einem ambitionierten Verlag und einem dicken Fell gegenüber vielfältigen Drohungen vor allem gute Anwälte. Denn es ist nicht nur schwierig, diese Hintermänner und ihre Organisationen ausfindig zu machen, sondern in vielen Fällen sogar fast unmöglich, ihnen gesetzwidriges Verhalten nachzuweisen, sie tatsächlich vor Gericht und dann auch hinter Gitter zu bringen. Beispiele dafür gibt es, wie wir inzwischen gesehen haben, vor allem in Deutschland genug.

Islamistische Gruppen versuchen in allen westlichen Demokratien, die Berichterstattung zu verhindern. Jeder, der zum Beispiel im Sommer 2002 über die offenkundigen Verbindungen der »Islamischen Föderation Berlin e.V.« (IF) oder mancher ihrer Nebenorganisationen zur »Islamischen Gemeinschaft Milli Görüs – Landesverband Berlin« berichtete, musste mit einstweiligen Unterlassungsverfügungen und Widerrufsbegehren rechnen, obwohl die Beziehungen im Grunde nicht zu bestreiten waren. Erfahrungen mit solchen Klagen machten die Berliner *taz*, der *Tagesspiegel*, die *Berliner Morgenpost*, das ZDF, der Bayerische Rundfunk, Aypa-TV Berlin, die *Berliner Zeitung* und die *Welt*. Wenn mehr als ein Dutzend Anwälte aus der Umgebung der »Islamischen Föderation Berlin« gegen unliebsame Berichterstattung im Einsatz sind, dann wagen es immer weniger Journalisten, über die wahren Hintergründe ihrer Aktivitäten zu berichten.

Immerhin geht es um Macht, Geld und Einfluss. Denn die IF darf in Berlin an zwanzig Schulen 3500 Kindern islamischen Religionsunterricht erteilen, und die Kosten dafür trägt der Steuerzahler. Da passen Berichte über Verbindungen zu zweifelhaften Organisationen natürlich nicht ins Bild. Die *taz* schrieb schon im Februar 2000 in einem Artikel »Lügen im Namen Gottes«: »Ihre Anerkennung als Religionsgemeinschaft erreichte die Islamische Föderation vor dem Oberverwaltungsgericht 1998 auch deshalb, weil sie die Öffentlichkeit über ihre personelle und institutionelle Verflechtung mit Milli Görüs täuschen konnte. Tatsächlich ist sie seit ihrer Gründung im Januar 1980 aufs Engste mit Milli Görüs verbandelt.« Später widmeten sich die *taz*-Redakteure dem Islam-Kolleg, dem Trägerverein der islamischen Grundschule Berlin: »Islam Kolleg, die islamische Föderation und Milli Görüs sind voneinander unabhängige Organisationen, behaupten die Funktionäre seit mehr als zehn Jahren – und sie lügen. Erfolgreich. Denn wäre der Nachweis gelungen, dass das Islam Kolleg e.V. eine Tarnorganisation von Milli Görüs ist, hätte der Senat 1995 die islamische Grundschule nicht anerkannt.« Der Justitiar der »Islamischen Föderation« namens Abdurrahim Vural, der auch das Kolleg vertritt, erwirkte am 21. März 2001 beim Berliner Landgericht eine einstweilige Verfügung gegen die Zeitung, die bei Androhung eines Ordnungsgeldes in Höhe von 250 000 DM die kritisierten Sätze nicht weiterverbreiten durfte. Am 25. April hob das Landgericht die Verfügung wieder auf. In der Entscheidung heißt es: »Charakteristisch für eine Tarnorganisation ist, dass sie dem bestimmenden Einfluss eines Dritten unterliegt, der seine beherrschende Stellung zu verheimlichen trachtet. Dieser Einfluss muss nicht notwendig rechtlich abgesichert sein. Die rechtliche Selbstständigkeit, die der Antragsteller als eingetragener Verein genießt, verbietet deshalb nicht von vornherein die Vorstellung, er könne eine Organisation der IGMG darstellen. Eine ideologische Einflussnahme lässt sich auch dadurch erzielen, dass als Entscheidungsträger solche Personen eingesetzt werden, die die Zielsetzung der IGMG befolgen. Eine solche Einflussnahme auf das Islam Kolleg Berlin e.V. darzulegen und glaubhaft zu machen, war Aufgabe der *taz*, da die von ihr verbreitete Unterstellung ehrenrühriger Natur ist. Dem ist die *taz* nachgekommen.«

Die Zeitung hatte es damit geschafft, den juristischen Versteckspielen von »Islamischer Föderation« und Milli Görüs ein Ende zu bereiten. Doch das gelingt leider viel zu selten. Verantwortlich dafür sind verschiedene Dinge. Die durch die geschickte Tarnung der Extremisten schwierige und undurchsichtige Beweislage. Die Überforderung der Sicherheitsbeamten, die bis vor nicht allzu langer Zeit nicht einmal wussten, wie dicht geknüpft das Netz der Islamisten in Deutschland wirklich ist. Und nicht zuletzt die oftmals unklare Gesetzeslage, die den Islamisten stets einige Hintertürchen offen lässt. Wie schwierig es für die

Behörden ist, den radikalen Muslimen unter ihrem Deckmantel der vielfältigen Vereinstätigkeiten auf die Spur zu kommen, sollen die folgenden Fallbeispiele aus dem Netzwerk des Islamismus in Deutschland zeigen. Denn eines ist sicher: Verdachtsmomente gibt es zuhauf. Man muss ihnen nur konsequent genug nachgehen (dürfen).

Von ehrenwerten Autohändlern und eigenartigen Finanztransfers

Jene muslimischen Mitbürger, die von Deutschland aus den Islamismus in aller Welt unterstützen, benötigen neben einem geheimen Kontaktnetz auch Finanzquellen, aus denen sie ihre Vorhaben speisen können. Dass dabei nicht nur gelegentlich der Waffenhandel und die Geldwäsche eine wichtige Rolle spielen, wurde bereits gesagt. Da die Geldströme seit dem 11. September verstärkt überwacht werden, haben die Finanziers des Terrorismus ein weiteres ausgeklügeltes System ersonnen, das kaum Spuren hinterlässt. Im Zentrum dieses ökonomischen Geschehens stehen, das zeigen die Dokumente in den Panzerschränken des Bundeskriminalamtes deutlich, einige ehrenwerte muslimische Autohändler.

Wer mit geschärften Sinnen in Frankfurt die Mainzer Landstraße entlangfährt, wird eine kaum noch zu überblickende Zahl arabischer Firmen vorfinden, die Automobile der Luxusklasse feilbieten. Von rund hundert Autohändlern in der Umgebung sind viele nah- und mittelöstlicher Herkunft. Die Geschäfte laufen scheinbar gut, auch wenn man Kunden dort eher selten antrifft. Die Firmeninhaber sind offenbar Überlebenskünstler und zeigen auch in wirtschaftlich schwierigen Zeiten keine Angst vor der Zukunft. Mit wenigen Ausnahmen sind sie durchweg gesetzestreu. In der Vergangenheit brauchten sie daher – abgesehen von einem selbst im Unterweltmilieu gefürchteten Afghanen – den Besuch der Polizei nicht zu fürchten. Seit dem 11. September hat sich in der Mainzer Landstraße allerdings manches geändert.

Ungefähr zwei Monate nach den Attentaten von Washington und New York trafen an einem trüben Novembertag am Frankfurter Flughafen einige Personen ein, die das Interesse des Bundesgrenzschutzes weckten. Vier pakistanische Staatsbürger, deren Nachnamen dem Autor bekannt sind und die zufällig alle mit Vornamen Mohammed heißen, waren über Athen aus Dschidda nach Frankfurt gereist. Sie alle besaßen Pässe mit gültigen Schengen-Visa. Ein Einladungsschreiben einer Autofirma in der Mainzer Landstraße, das von deren Geschäftsführer D.A.

unterzeichnet worden war und in dem dieser »Geschäftsbeziehungen« zu Mohammed I. – einem der vier Pakistani – angab, hatte im deutschen Konsulat in Dschidda offensichtlich zur Bewilligung der Visa geführt. Ein Blick in das Gepäck des Pakistani förderte am Frankfurter Flughafen Erstaunliches zutage: schriftliche Unterlagen zu vier Speditionsaufträgen mit einer anderen Firma in Frankfurt, in denen es um die Verschiffung von vier Fahrzeugen nach Dschidda ging. Das allein war gewiss nicht brisant, aber man fand daneben eine Mappe mit Schriftstücken, deren Briefköpfe die Symbole islamistischer Organisationen zierten. Was dem Bundesgrenzschutz da in die Hände fiel, waren Schreiben mit Briefköpfen des »Türkisch Islamischen Kulturvereins e.V.« in Heidelberg, der »Islamischen Wohlfahrtsorganisation« e.V. (IWO) in Bochum, der »Ayasofya Moskee Mili Goerues« in Amsterdam, der »Islamistisch Cultureel En Informatie Centrum Abibakr Moskee« in Nijmegen und der »International Islamic Relief Organisation« (IIRO) aus Saudi-Arabien.

»Islamic Relief«, die Wohltätigkeitsorganisationen und ihre Spendengelder – eine interessante Assoziationskette, der wir bei der Spurensuche in diesem Buch schon mehrmals begegnet sind. In eine ähnliche Richtung weist der »Türkisch Islamische Kulturverein« in Heidelberg. Dieser gehört nach Angaben des BKA ebenso zu Milli Görüs wie die genannte Amsterdamer Adresse und sei schon früher durch das exzessive Sammeln von Spendengeldern aufgefallen, wie aus Informationen vom November 2001 hervorgeht. Vor einigen Jahren hätten Beamte des Staatsschutzes der Polizeidirektion Heidelberg mehrere Angehörige dieses Vereins beim Zählen von mehreren Tausend DM angetroffen, als sie unangekündigt die Räume des Vorstandschefs betreten hätten. Angeblich sollte das Geld gespendet worden sein.

Welch ein Zufall: In einem weiteren Schreiben, das der Bundesgrenzschutz bei den Einreisenden am Frankfurter Flughafen vorfand und das von den Behörden in Pakistan beglaubigt war, erscheint Mohammed I. als offizieller Vertreter und Spendensammler der pakistanischen Koranschule »Madrasa Jamia Arabia Nazirula Islam«. Daneben fand man zwei Quittungsblöcke, auf denen nachfolgende Organisationen genannt wurden: »Madrisa Arabia Islamia«, »Nazir-ul-Islam Diwan Scharif« und »Moakhra Bagh Azad Kashmir Pakistan«. Das BKA verdächtigte daraufhin Mohammed I., dass dieser als Angehöriger der Koranschule Spendengelder islamistischer Organisationen in Westeuropa sammeln und diese ins Ausland bringen würde.

Jetzt beschäftigten sich die Beamten mit dem Umfeld des Mannes, der den Pakistani zur Einreise nach Deutschland verholfen hatte. Zunächst schauten sie sich den Autohandel in der Mainzer Landstraße näher an, wo diese tatsächlich bekannt waren. Im Büro von D.A. fiel ihnen ein Foto an der Wand auf, das ihn in freundschaftlicher Umarmung mit dem PLO-Führer und palästinensischen Autonomieratsvorsitzenden Arafat zeigte. D.A., ein Palästinenser, war nicht der Einzige, den die Beamten in dem Büro, aus dem Fahrzeuge in alle Welt verkauft wurden, antrafen. Denn dort arbeiteten auch Araber aus Ägypten und anderen arabischen Staaten. Mehr wussten die Fahnder zu jenem Zeitpunkt noch nicht über die Kontakte der nach Frankfurt angereisten Spendensammler.

In einem nächsten Schritt ließ man die bei Mohammed I. gefundenen arabischen Schriftstücke übersetzen, was immerhin fast zwei Wochen dauerte. Aus den Texten schlossen die Ermittler, dass dieser ein ranghoher Geistlicher an der pakistanischen Koranschule »Jamia Arabia Nazir al Islam« war. Die Brisanz der Empfehlungsschreiben lag indes in einem Nebensatz, wonach sich unter den 250 Koranschülern auch solche befanden, die bereit waren, für den Dschihad ihr Leben zu opfern. Was hatte ein ranghoher Geistlicher einer pakistanischen Dschihad-Schule mit so weltlichen Dingen wie dem Autohandel zu tun? Warum besuchte er ausgerechnet als KFZ-Händler regelmäßig seine »Kollegen« in Frankfurt?

Die Fahnder des BKA vermuteten, dass der Mann durch seine Handlungsreisen Finanztransfers ins Ausland verschleierte. Von den in Deutschland gesammelten Spendenbeträgen würden Kraftfahrzeuge erworben, die man nach Saudi-Arabien exportiere und dort wieder verkaufe. Die Erlöse würde man den islamischen Organisationen in Pakistan zukommen lassen. Bei weiteren Ermittlungen fand man heraus, dass der obskure muslimische »Geistliche« nicht nur 250, sondern fast 500 Koranschüler in Pakistan unterrichtete, darunter auch Flüchtlinge aus Burma und Kaschmir.

In der Zwischenzeit befasste sich das hessische Landeskriminalamt mit einem Mitreisenden des »Geistlichen«, dem 1966 geborenen

Mohammed A., der in Rom aufgefallen war. Auf dem römischen Flughafen legte er bei seiner Einreise aus Karachi am 25. Dezember 2001 einen Reisepass und eine Aufenthaltsgenehmigung vor, die von der Questura der Region Kalabrien ausgestellt war – eine Region, in der die Mafia und die Organisierte Kriminalität weit verbreitet sind und in der deren Hintermänner Beziehungen zu nahöstlichen Terroristen und Islamisten unterhalten.

Dann fertigte man eine Liste der Fahrzeuge an, die von den Verdächtigen in der Vergangenheit aus Frankfurt ausgeführt worden waren. Die Zusammenstellung fiel umfangreicher aus als erwartet. Allein im Jahr 2000 führten die vier folgende Fahrzeuge aus, deren jeweiligen Wert die Beamten nach der »Schwackeliste« ermittelten.

Auf Mohammed I.s Konto gingen vom 1. Juni 2000 bis zum 28. Dezember 2000:
Mercedes 230 (Baujahr 1990, 3800 Euro)
Mercedes 300 (Baujahr 1986, 200 Euro)
Mercedes 300 (Baujahr 1993, 6000 Euro)
Mercedes 200 (Baujahr 1990, 3500 Euro)

Mohammed Y. führte vom 13. Juni 2000 bis zum 6. Oktober 2000 folgende Fahrzeuge aus:
Mercedes 230 (Baujahr 1997, 17 000 Euro)
Mercedes 320 (Baujahr 1996, 22 500 Euro)
Mercedes 300 (Baujahr 1993, 6400 Euro)
Mercedes 300 (Baujahr 1992, 12 000 Euro)
Mercedes 230 (Baujahr 1990, 4300 Euro)

Mohammed A. überführte vom 28. Juni 2000 bis zum 6. September 2000 diese Autos:
Mercedes 300 (Baujahr 1987, 2500 Euro)
Mercedes 300 (Baujahr 1991, 4800 Euro)
Mercedes 300 (Baujahr 1989, 4500 Euro)
Mercedes 300 (Baujahr 1990, 4300 Euro)
Mercedes 300 (Baujahr 1989, 4400 Euro)
Mercedes 230 (Baujahr 1987, 3000 Euro)

Mercedes 300 (Baujahr 1988, 3300 Euro)
Mercedes 420 (Baujahr 1990, 4000 Euro)

Mohammed Z. war weniger geschäftstüchtig. Er brachte es lediglich am 28. Dezember 2000 auf einen Mercedes 200 (Baujahr 1990, 3500 Euro). Insgesamt hatten die vier Pakistani allein im Jahr 2000 Fahrzeuge im Wert von 111 800 Euro ausgeführt. Wenn es sich tatsächlich – wie die Fahnder vermuteten – um einen unauffälligen Finanztransfer zugunsten potenzieller »Gotteskrieger« handelte, dann war kaum zu ermessen, wie viel Geld ansonsten alljährlich allein aus Deutschland von einer Vielzahl solcher Handlungsreisender in die Koranschulen geschafft wurde. Wenn nur vier Reisende aus jedem Bundesland einen vergleichbaren »Jahresumsatz« machten, waren das allein fast 1,8 Millionen Euro. Nach Recherchen des Autors sind es sogar mindestens zwölf verschiedene Gruppen, die in den sechzehn Bundesländern an diesem Geschäft beteiligt sind. So kommen Summen zustande, bei denen man das Wegschauen der Politik kaum noch nachvollziehen kann.

Während vor dem Hintergrund des Anti-Terror-Krieges weltweit Finanztransfers und Konten überprüft werden, gibt es also Überweisungswege, die sich der Kontrolle bislang entziehen konnten: Von München bis Hamburg sind seriöse arabische Autohändler das Besuchsziel nahöstlicher Geldbeschaffer, die sich als KFZ-Händler tarnen. In Stuttgart ist bekannt, dass sich viele solcher Händler regelmäßig mit ihren umherreisenden »Geschäftspartnern« in der Leonberger »Hisbollah-Moschee« treffen. Und in Hamburg observierte man einen Deutschlibanesen, der mit seinem Fahrzeug-Import-Export neben dem Autohandel gleich noch einen Waffenhandel aufzubauen suchte. Die über den Hamburger Hafen verschifften Autos werden meistens in Saudi-Arabien mit Gewinn verkauft. Mittelsmänner bringen das Geld dann in pakistanische Koranschulen, in die Lager der Hisbollah im Libanon oder zur palästinensischen Hamas. Dabei machen sich die Beteiligten nicht einmal strafbar: Die Autohändler gehen ebenso wie die Speditionen nur ihrem legalen Geschäft nach, und auch den »nebenbei« im KFZ-Handel tätigen Spendensammlern der Koranschulen kann man keine kriminellen Machenschaften, allenfalls List und Raffinesse, unterstellen. Mit den Anti-Terror-Gesetzen, den zwei von der Bundesregierung beschlossenen »Sicherheitspaketen«, ist solchem Treiben in einem demokratischen Rechtsstaat jedenfalls kein Einhalt zu gebieten. Deshalb dürfen nicht nur in Frankfurt die Autohändler und Spendensammler in eine rosige Zukunft blicken. Ein Ermittler sagte dem Autor: »Da können wir noch so viel Überstunden machen und ermitteln. Letztlich finden wir nur liebe und brave ausländische Mitbürger.« Denn, so ein anderer Fahnder: »Diese Leute sind hochintelligent, haben über Jahre hin von uns gelernt und sind immer darum bemüht, uns mit unseren eigenen Waffen zu schlagen.«

Diese Einschätzung seitens der Sicherheitsbehörden kann der Autor aus eigener Erfahrung nur unterstreichen. Am 8. August 2002 veröffentlichte er in der *Frankfurter Allgemeinen Zeitung* einen Bericht über die zweifelhaften Geschäfte der Spendensammler und erwähnte darin auch eine »Jericho Automobile GmbH« in Frankfurt. Ein juristisches Nachspiel gab es in diesem Fall nur kurz, dafür fand ein rhetorisches Katz- und-Maus-Spiel zwischen dem Frankfurter Autohandel und der Presse statt. Denn noch am gleichen Tag rief die Nachrichtenagentur Associated Press (AP) in dem Autohaus an und bat um eine Stellungnahme zum *FAZ*-Artikel. Ein Vertreter des Autohauses beteuerte, er kenne »entsprechende Berichte über Spendengeld-Transfers«, könne aber die »Finanztransaktionen« seiner »Kunden nicht beeinflussen«. Die Umsätze mit der Kundschaft aus Saudi-Arabien und den Golfstaaten seien zudem wegen des schwachen Dollarkurses stark zurückgegangen. Es sei »ärgerlich, wenn derartige Berichte ... für immer mehr Misstrauen bei Banken und Behörden sorgen« würden. So weit die Worte des Autohändlers mit der so weißen Weste.

Misstrauen ist jedoch gerade gegenüber muslimischen Geldwegen, Spenden und Vorhaben oftmals angebracht, da die Finanzierungen islamischer Projekte in Deutschland heute nur schwer nachzuvollziehen sind. Vor Jahrzehnten war das noch anders. Aber nachdem bekannt wurde, dass Repräsentanten muslimischer Organisationen aus der arabischen Welt mit den Dollarmillionen in ihren Geldkoffern hierzulande in »wohltätiger Absicht« unterwegs sind, wurden die Finanziers vorsichtiger und begannen mit Verschleierungstaktiken. Das »Haus des Islam« im hessischen Lützelbach veröffentlichte die folgende Geschichte über die Entstehung des »Hauses«, die zeigt, wie freigiebig man mit dem Geld der islamischen »Wohltäter« umgegangen ist:

»Es klingt wie ein Märchen, aber es ist wahr! Als wir uns vor zwölf Jahren darum bemühten, ein Haus für das HDI zu finden, hier in der Umgebung von Frankfurt, da hatte keiner von uns gedacht, sich nach einem Objekt umzusehen, das zum Kauf angeboten wurde. Wir suchten nach einem Haus zum Mieten. Dann kam ein Anruf aus Kuwait: ein syrischer Bruder wollte uns unbedingt treffen. Als ich ihn traf, fragte er ohne Umschweife, wie er uns bei unserer Arbeit helfen könne. Wir informierten den Bruder, dass wir zur Zeit auf der Suche nach einem Haus für das HDI seien und dafür noch Spenden benötigten. Die Spenden durften nur von privaten Personen und nicht an Bedingungen geknüpft sein.« Sieben Wochen später fand man ein Haus, das gekauft werden sollte: »Wir informierten den Bruder über unseren Fund, und schon drei Tage später holten wir ihn vom Flughafen ab. Er hatte kein großes Gepäck dabei, aber einen kleinen Aktenkoffer in der Hand. Am nächsten Tag gingen wir gemeinsam zum Notar, um den Kaufvertrag zu unterzeichnen, auch der Koffer war dabei. Nachdem Bruder Fatih und ich als Vertreter des HDI unsere Unterschriften unter den Kaufvertrag gesetzt hatten, fragte uns der Notar, wie wir bezahlen wollten. Wir warfen dem Bruder fragende Blicke zu, und er zeigte bescheiden auf den Koffer. Verblüfft fragte uns der Notar: ›Sie wollen doch nicht etwa sagen, dass sie all das Geld in bar darin haben?‹ Wir bejahten ihm seine Frage. Zusammen mit dem Notar gingen wir zur Bank, die extra für uns öffnen musste. Unter den Augen des Notars und des Bankdirektors wurde endlich der Koffer geöffnet. Das Geld verschwand gezählt im Tresor, und Allah dankbar gingen wir mit dem Kaufvertrag nach Hause. Und die Moral von der Geschichte: wa jarsuquhum min haithu la jahtasibu – Er versorgt sie, von wo sie es nicht erwarten.«

Wahrlich eine Geschichte wie im Märchen. Woher aber kamen die Geldscheine? Danach hat vorsorglich niemand gefragt.

Pilgerreisen, Heilbehandlungen – und Tarngeschäfte?

Nicht jeder gläubige Muslim, der zur Pilgerfahrt nach Mekka aufbricht, hat rein religiöse Absichten. Und nicht jedes Reisebüro, das Pilgerfahrten verkauft, führt tatsächlich ein ehrenwertes Geschäft in der Tourismusbranche. Ähnliches scheint für Reisen in die umgekehrte Richtung zu gelten. Manch ein Patient aus den arabischen Ländern, der nach Deutschland kommt, um sich medizinisch behandeln zu lassen, trifft hier unter Umständen niemals ein, ist vielleicht sogar gar nicht krank oder verletzt, lässt aber trotzdem die Therapiekosten überweisen, woraufhin das Geld irgendwo im Dunkeln verschwindet.

Interessant ist unter diesem Aspekt das Geschäftsgebaren eines Frankfurter Reiseveranstalters, auf den ein Hinweisgeber die Polizei aufmerksam machte. Nach seinen Angaben organisiere dieser ausschließlich Pilgerreisen für Muslime und habe sehr gute Kontakte zur Botschaft Saudi-Arabiens in Berlin. In mehrere hundert Pässe, die man dort eingereicht hatte, seien die Visa nämlich ungesehen und ungeprüft eingeklebt worden, woraufhin gleichfalls mehrere verschlossene Umschläge mit Bargeld in nicht bekannter Höhe den Weg in die Botschaft fanden. Der Reiseveranstalter berechnete bei den Reisenden jedoch nur zwischen 20 und 50 DM für die Erteilung der Visa. Im Pilgermonat Ramadan sollen über ihn bis zu 18 000 Reisende nach Mekka geschickt worden sein. Eine stattliche Zahl von »Pilgern«, die laut BKA vermutlich nicht nur zu rein religiösen Zwecken verreisten, denn der Hinweisgeber habe auch den Verdacht geäußert, dass über diese Pilgerfahrten islamische Kämpfer aus aller Welt in Kriegsgebiete gelangen würden.

Wenngleich der Frankfurter Reiseveranstalter alle Vorwürfe bestreitet und mit einem solchen Vorgehen nichts zu tun haben will, könnte der Informant der Polizei durchaus Recht haben. Wer will und kann schon die große Zahl der Pilger aus Europa kontrollieren? Allein von der Fluggesellschaft LTU waren im Ramadan insgesamt 33 Maschinen mit jeweils 387 Sitzplätzen gebucht worden. Deutsche Sicherheitsbehörden haben jedenfalls keine Zeit dafür, jeden einzelnen Mekka-Pilger auf eventuelle Kampfesgelüste in einem Krisengebiet zu überprüfen.

Die Ermittler ersticken in Arbeit, und das nicht nur im Hinblick auf Ausreisende. Auch Einreisende verhalten sich manchmal reichlich merkwürdig. So konnte es sich zum Beispiel niemand erklären, warum eine »Trading und Consulting« Firma aus Hamburg wiederholt Einladungsschreiben an Taliban-Mitglieder ausstellte, die wegen Schussverletzungen oder anderer Blessuren in Deutschland medizinisch behandelt werden wollten. Einem angeblichen »Führungsmitglied« der Taliban verschaffte die Firma nach Informationen des BKA eine solche Einladung ebenso wie dem in Kandahar geborenen Abdul M. Das Unternehmen erklärte sich zur Übernahme der Behandlungskosten an der BG-Unfallklinik in Höhe von 20 000 DM bereit. Obwohl die Therapie nicht durchgeführt wurde, erhielt das bereits überwiesene Geld am 21. November 2000 ein Mann, der der Polizei bestens bekannt war, denn der ebenfalls in Kandahar geborene Muslim galt als Betreiber des illegalen Büros der Taliban in Frankfurt.

Die Firma aus Hamburg vermittelte mehrfach die Behandlung von Afghanen mit Schussverletzungen, die eigens nach Deutschland geflogen wurden. Die Sicherheitskräfte haben die »gesundheitsbewussten« Reisenden bisher nicht befragt. Besuch bekamen stattdessen die behandelnden Ärzte – allerdings zumeist erst dann, wenn die Afghanen längst wieder in ihr Einsatzgebiet zurückgekehrt waren.

Auf der Suche nach der Waffenschieberbande

Die Überlastung der Behörden ist ein praktischer Nachteil für jeden Ermittler, der sich im Dickicht der Verdachtsmomente zurechtfinden muss, und darüber hinaus ein erhebliches Sicherheitsrisiko für jeden Bürger eines westlichen Landes. All denen, die im Netzwerk des Terrors etwas zu verbergen haben, kommt die ständige Überarbeitung der Fahnder allerdings entgegen. Sie ziehen daraus ihren Vorteil, schaffen sich Schlupflöcher und können so über lange Zeit hinweg im Untergrund ein reges Geschäftsleben führen, dem die Sicherheitsbehörden häufig nur durch Zufall auf die Schliche kommen.

Nehmen wir den Faden zur Verdeutlichung dieses Problems noch einmal bei den im zweiten Kapitel beschriebenen Gebrüdern G. auf, den diversen Scheinfirmen, Auslandskonten und dubiosen Geschäften mit so genannten »Bodenhilfsstoffen«. Hätten die Sicherheitsbehörden nicht schneller kombinieren können, nachdem der Zeuge im Trierer Präsidium den entscheidenden Hinweis brachte? Warum fiel es den bislang mit Fahrraddiebstählen, Trunkenbolden oder Rechtsextremisten beschäftigten Polizisten, Kriminalbeamten und Verfassungsschützern so schwer, bei der verwirrenden Zahl von Zufällen und Spuren immer auf der richtigen Fährte zu bleiben? Manchmal erscheint dies in der Tat fast unmöglich. Gewähren wir den Lesern deshalb zum besseren Verständnis des Ermittlungsalltags einen Einblick in die Fahndungsbruchstücke, aus denen die Ermittler das Puzzle einer Waffenschieberbande zusammensetzen mussten.

Die Ermittlungen ergaben, dass A.G. ein Flugticket kaufte, mit dem sein Bruder S.G. nach Vilnius flog. Darüber hinaus erhielt er einen handgeschriebenen Brief in arabischer Sprache, der mit dem Namen »Usama« unterschrieben war und den Handel mit »Düngemitteln« betraf. In dem Schreiben fand sich die Nummer eines Telefonanschlusses in den Vereinigten Arabischen Emiraten, der angeblich einem Unternehmen mit Namen »Namer Fishing C. Ltd.« gehörte: eine Briefkastenfirma, wie sich später herausstellte. Ein Fax deutete auf weitere Kontakte in die

Emirate hin. Der Absender Hazim Abdullah betrieb eine Firma namens »Partnership Agreement Limited Partnership«. Andere Schriftstücke bewiesen geschäftliche Kontakte in den Irak und in die Islamische Republik Iran. Tausende Einzelspuren also, die erst zusammengenommen ein genaues Bild des mutmaßlichen Waffenhändlers A.G. zeichneten.

Bemerkenswert waren die vielen Kontakte von A.G. zum »SKD Bavaria Verlag und Handel GmbH« in München. Der Verlag befasste sich mit der Übersetzung des Korans, war Mitglied im Börsenverein des deutschen Buchhandels und vertreibt islamische Bücher ebenso wie die Schriften des Extremisten und Holocaust-Leugners Harun Yahya. Die Brisanz dieses Zusammenhangs kam wie so oft rein zufällig ans Licht. Bei der Durchsuchung einer Wohnung in Hamburg, die einem gewissen Muhammad bin N. aus Djakarta (Indonesien) gehörte, stellten die Behörden im September 2001 ein Blatt sicher, auf dem die Münchner »SKD Bavaria« vermerkt war. Muhammad bin N. gilt nach Informationen des Wiesbadener Bundeskriminalamtes als Kontaktperson zu Bin Laden!

Wichtige Indizien lieferten zwei Telefonnummern. Diese bewiesen A.G.s Kontakte zur in das Umfeld der ägyptischen Muslimbruderschaft gehörenden »Islamic Relief e.V.« in Köln. Verdächtig erschien den Beamten weiterhin, dass A.G. aus Trier regelmäßig eine bestimmte Frankfurter Rufnummer anwählte, unter der er einen Mann namens Abdul H. mit zwei Wohnsitzen in der Mainmetropole erreichte. Bei einer Hausdurchsuchung in Hamburg hatte man eine Visitenkarte gefunden, auf der Abdul H. als Leiter einer Frankfurter Dienstleistungsfirma inklusive Telefonnummer genannt war. Nach Auffassung der Sicherheitsbehörden mietete Abdul H. über Strohmänner Wohnungen an, um diese an arabische Staatsbürger weiterzuvermitteln. Der mutmaßliche Waffenhändler und Muslimbruder A.G. schien mehrfach sein Kunde gewesen zu sein.

Aber es gab vermutlich noch eine weitere lukrative Verbindung zwischen Abdul H. und A.G. Die Behörden gingen dem Hinweis nach, dass die beiden Geschäftspartner gemeinsam einen Autohandel in der Frankfurter Lärchenstraße betreiben. Über das Gewerberegister der Stadt Frankfurt war das mutmaßliche Unternehmen allerdings nicht auszumachen. Beim Stichwort »Autohandel« wurde man im Bundeskriminalamt trotzdem hellhörig. Denn »Autohandel« hat bekanntlich eine doppelte Bedeutung, und es ist sehr schwer, an die Hintermänner dieses Gewerbes heranzukommen.

In der Zwischenzeit rückte der Bruder des umtriebigen Unternehmers, S.G., ins Visier des BKA, da dieser Verbindungen zu Dr. Al A. unterhielt. Dr. Al A. beschaffte für verschiedene Terrororganisationen gefälschte Personaldokumente, unter anderem für die Hintermänner der Attentate von 1993 auf das World Trade Center in New York. Aufschlussreich war das aus zweierlei Gründen: Der Iraker Al A. verfügte über Verbindungen zur russischen Mafia. Sein Kontaktmann war ein den Behörden bekannter Mann, der unter dem Pseudonym »Nick« in den Akten als Spitzel geführt wird. Zudem sprach Al A. offenbar mehrfach mit Kontaktpersonen auch in Deutschland darüber, dass er Raketen für ein geplantes Attentat beschaffen könne. Erinnern wir uns an dieser Stelle kurz an jenen furchtsamen und etwas merkwürdigen Mann, der zum Beginn unserer Geschichte im Polizeipräsidium in Trier erschienen war, um zu bezeugen, dass ein gewisser A.G. sich damit brüstete, vom Radar nicht erfassbare »Mini-Raketen« beschaffen zu können.

Dr. Al A., die Gebrüder G. und die Mini-Raketen. Für die deutschen Sicherheitsbehörden lassen zwei Flugtickets, die vorliegen sollen, Verbindungen zwischen den Gebrüdern G. und den Aktivitäten des Dr. Al A. als möglich erscheinen. Wenn dieser Dr. Al A. russische Raketen beschaffen könne und Kontakte zu S.G. habe, würde der Verdacht nahe liegen, dass A. ebenfalls Kontakte zu dessen Bruder A.G. habe, der wiederum auch mit russischen Raketen in Verbindung gebracht werde.

A.G. pflegte in den vergangenen Jahren Kontakte in alle Welt. Die deutschen Behörden verfolgten vor allem jene Spuren, die in die Vereinigten Staaten, nach Litauen, Griechenland, Kuwait, Dubai, Luxemburg, Ägypten, Türkei, Jordanien, Algerien, Bosnien-Herzegowina, in die Tschechische Republik, die Russische Föderation und nach Afghanistan führten. Einem im afghanischen Kabul geborenen Mohammed S. bezahlte A.G. im September 1998 einen Flug von Frankfurt nach Mailand. Einen Mann gleichen Namens suchte die Staatsanwaltschaft Hamburg wegen Verstoßes gegen das Ausländergesetz.

Je näher man sich mit der Familie von A.G. beschäftigte, umso interessanter wurde es: Im Jahr 1996 wurde sein Bruder in Trier mit Menschenhandel in Verbindung gebracht. Dieser hatte, so die Behörden, eine Wohnung angemietet, in der eine größere Zahl ausländischer Frauen vorübergehend Unterkunft fanden. Die Beweise reichten nicht aus, um bei der Staatsanwaltschaft einen Anfangsverdacht zu begründen. Man ermittelte eine Liste von Frauen aus Almaty, Casablanca, Marrakesch, Minsk, Moskau, Tunis, Vilnius und fand Computerausdrucke mit den Namen von polnischen Frauen, die offenkundig aus einer unbekannten »Partnervermittlung« stammten. Die Sicherheitsbehörden vermuteten, dass A.G. auch in diesem illegalen Bereich aktiv sein könnte.

Es gab noch weitere Merkwürdigkeiten: A.G. hatte engen Kontakt zu Abdel-Momen Mohamed Elshimy, einem 1954 geborenen Ägypter. Elshimy war als Student an der Universität Trier eingeschrieben und arbeitete gelegentlich an den Flughäfen Frankfurt und München. In seiner Freizeit vermittelte er über die Homepage *http://people.freenet.de/ momen* Reisen in arabische Staaten. Der Student plante die Eröffnung einer Moschee in Trier, angeblich um die »ägyptische Kultur in Deutschland zu wahren«. Er war stellvertretender Vorsitzender der »Muslim-Studentenvereinigung Trier e.V.«, die zur »Union Muslimischer Studentenorganisationen in Europa e.V.« (UMSO) gehört. Von einem in den Vereinigten Staaten lebenden Bruder erhielt Elshimy monatlich 1920 Dollar. Seit August 2001 wurde er in Trier nicht mehr gesehen. Die Ermittlungen ergaben, dass Elshimy weder am Flughafen München noch in Frankfurt offiziell einen Sicherheitsausweis erhalten hatte. Seine Aufenthaltsgenehmigung wurde dennoch bis zum 30. April 2002 verlängert. Danach sollte die Ausreise mit Sofortvollzug bestimmt werden.

Spätestens zur Jahreswende 2001/2002 hatten die Polizeidienststellen so viel belastendes Material über A.G. gesammelt, dass sie das BKA um die Übernahme des Falles baten. Unter anderem wiesen sie auf einen Informanten hin, der behauptete, dass eine Organisation von S.G. finanzielle Transaktionen für Bin Laden durchführte.

Man darf annehmen, dass die Brüder A. und S.G. fortan rund um die Uhr observiert wurden. Denn rein zufällig machte man im November 2001 eine weitere, nicht unerhebliche Entdeckung über das von S.G. geleitete Frankfurter »Islamische Stabszentrum«, auf die wir schon einmal hingewiesen haben: »Finanzielle Transaktionen für verschiedene terroristische Gruppierungen, möglicherweise auch Bin Laden, sollen über das Islamische Stabszentrum laufen.« Das behaupten jedenfalls die Ermittler. Und dies war nicht die letzte Merkwürdigkeit, auf die die Ermittler wiederum mehr zufällig stießen: In Bosnien stand ein Mann wegen illegalen Waffenhandels vorübergehend unter Arrest, der später wieder auf freien Fuß kam. Der Name des Mannes sei mit dem Nachnamen G. fast identisch gewesen. Bis zur Niederschrift des Manuskriptes konnte nicht geklärt werden, ob hier eine Namensverwechslung vorliegt.

Nichts deutet derzeit darauf hin, dass jener zunächst etwas eigenartig wirkende Mann, der auf dem Polizeipräsidium in Trier erschien und die ersten Aussagen in Sachen A.G. machte, jemals das Bundesverdienstkreuz erhalten wird. Vieles deutet aber darauf hin, dass die deutschen Sicherheitsbehörden damals nur ein oberflächliches Bild von der Islamistenszene in der Bundesrepublik besaßen und auf das Aufdecken eines solch verzwickten Netzwerkes – von dem die Gebrüder G. einen zwar bedeutsamen, insgesamt gesehen jedoch nur kleinen Teil darstellen – schlichtweg nicht vorbereitet waren. Sonst hätten sie nicht auf so viele Zufälle warten müssen, um alle Verdachtsmomente zusammenzunehmen und – ganz einfach – zwei und zwei zusammenzuzählen. Denn im Übrigen: Wenige Mausklicks im Internet hätten genügt, um herauszufinden, was die Beamten in mühevoller Kleinarbeit ermittelten, denn viele der Informationen stehen verstreut im Internet. Das wiederum kann der Autor dieses Buches bezeugen.

Terrorismus und Organisierte Kriminalität

Im Frühsommer 2002 verfasste das Bundeskriminalamt eine Warnmeldung, in der es um flüchtige Mitglieder der Al Qaida ging, die über die traditionellen Schleuserwege der Verbrechersyndikate nach Europa flüchteten. Damit war klar: Terrorismus und Organisierte Kriminalität sind keine grundverschiedenen Verbrecherbranchen, sie arbeiten zusammen, sind – wenn es ihren Zielen dient – Komplizen.

In der Nacht vom 6. auf den 7. März 2003 sollen ungefähr 16 mutmaßliche afghanische Mitglieder von Al Quaida und Taliban die Grenze zwischen Ungarn und Slowakei in Richtung Slowakei überquert haben. Der Preis der Schleuser von 1700 Dollar habe den üblichen Betrag um ein Vielfaches überschritten, was auf die Wichtigkeit der illegal Eingereisten schließen ließe. Zu ihnen gehöre unter anderem der ehemalige Vizedirektor des Kabuler Gefängnisses Ahmed Zija. Die Gruppe befände sich auf dem Weg nach Großbritannien und sei vermutlich über Bulgarien gekommen. Korruption sei bei den dortigen zuständigen Behörden nichts wirklich Ungewöhnliches, weshalb sie unter gewissen Umständen bestimmten terroristischen Durchreisenden Flüchtlingsstatus gewährten, ohne die entsprechenden Botschaften zu informieren.

Bei den Schleusern handele es sich um frühere afghanische Studenten, die nun in Bulgarien lebten. Die Geschleusten seien in der besagten Nacht an der Grenze von Komarno festgenommen worden. Da sie sogleich Asyl beantragten, habe man sie nach Adamov-Gibely in eine Unterkunft gebracht. Pässe oder andere Papiere seien nicht gefunden worden. Schon kurze Zeit später hätten sich die mutmaßlichen Terroristen die Bärte und Köpfe rasiert und seien geflüchtet. Mit einer Ausnahme dürften sie nun die grüne Grenze nach Tschechien oder Österreich überquert haben und von dort aus ihren Weg wahrscheinlich bis auf die britischen Inseln fortsetzen. Nur Malek Imran aus Kabul sei gefasst worden und sitze nun im Fremdengefängnis von Medvedov in der Slowakei.

Es gibt inzwischen viele Dienststellen vor allem in den osteuropäischen Staaten, die solche kriminellen Schleuseraktivitäten selbst dann decken, wenn sie das Umfeld von Terroristen betreffen. Das belegt der Bericht deutlich.

Die Hintermänner leben vielfach unerkannt mitten unter uns. Eine der übelsten Gestalten aus dem Umfeld von Organisierter Kriminalität und Terrorismus ist der im spanischen Marbella ansässige Multimilliardär Monzer Al-Kassar. Der syrische Geschäftsmann arbeitet als Waffenhändler und gehört zum Herrschaftsgeflecht des alewitischen Klans der al-Assads in Damaskus. Monzer Al-Kassar gilt heute als einer der wichtigsten Finanziers des »Schurkenstaates« Syrien. Ihm werden beste Kontakte zur Terrorgruppe »Volksfront für die Befreiung Palästinas« sowie zu den großen Rauschgiftkartellen der Welt nachgesagt.

In Spanien beschuldigte ein Gericht den von einer Privatmiliz geschützten Mann, die Waffen an jene Terroristen geliefert zu haben, die für die Entführung des Kreuzfahrtschiffes »Achille Lauro« verantwortlich waren. Aus Mangel an Beweisen wurde Monzer Al-Kassar freigesprochen. Dennoch behaupten westliche Geheimdienste weiterhin, einer der Hintermänner der »Achille-Lauro«-Entführung sei an Bord eines Flugzeuges, das dem Waffenhändler gehörte, in Sicherheit geflogen worden. Zeugen gibt es jedoch nicht oder besser – nicht mehr. Nach Al-Kassars Verhaftung fiel Ismail Jalid, einer der Hauptzeugen, angeblich im Alkoholrausch aus dem fünften Stock eines Hauses in Marbella. Von einem weiteren Zeugen wurden kurz vor der Verhandlung dessen Kinder entführt.

Obwohl die Sicherheitsbehörden davon ausgehen, dass Monzer Al-Kassar zu fast allen palästinensischen Terrorgruppen beste Beziehungen unterhält, kann er sich heute nicht nur in Europa frei bewegen. Dabei ist seine »Karriere« durchaus beachtenswert: 1972 wurde er in Kopenhagen erstmals wegen Haschisch-Geschäften festgesetzt. 1974 verurteilte man ihn in Großbritannien zu 18 Monaten Haft wegen Rauschgifthandels. 1984 wiesen ihn die britischen Behörden wegen Rauschgift- und Waffenhandels aus. 1985 erhielt er in Frankreich in Abwesenheit acht Jahre Haft wegen »Gründung einer terroristischen Organisation«. Gleichzeitig verurteilten ihn die Behörden in Deutschland wegen des Besitzes gefälschter Ausweise. 1992 wurde er in der Schweiz wegen Geldwäsche verhaftet. Im Frühjahr 2001 soll man an ihn mit der Bitte herangetreten sein, Bin Laden mit Waffen zu versorgen.

Seinem Bruder Ghassan Al-Kassar sagt man seit den siebziger Jahren nach, er habe schon im ersten libanesischen Bürgerkriegsjahr Kontakte zur sizilianischen Cosa Nostra (zur Familie Badalmeti) aufgenommen und mit dieser das Geschäft »Rauschgift gegen Waffen« begründet. Das war die Geburtsstunde des so genannten »Narco-Terrorismus«. Der Profit für die Al-Kassars war vielfältig: Ihre Aktivitäten bescherten ihnen nicht nur immensen Reichtum, sondern auch große politische Macht – und dank des Beziehungsgeflechtes zur herrschenden syrischen Sippe der al-Assads ganz nebenbei auch juristische Immunität.

Terrorismus und Organisierte Kriminalität bilden demnach eine fruchtbare Symbiose. Auch wenn sie nicht die gleichen Ziele verfolgen, bedienen sie sich doch derselben Mittel, Wege und dunklen Kanäle. Die Terroristen »brauchen« das Geld, um ihre todbringenden Aktionen zu finanzieren. Die Bosse der Organisierten Kriminalität wollen sich dagegen »nur« bereichern. Diese unterschiedlichen Auffassungen vom vermeintlichen »Sinn« verbrecherischer Handlungen hindert niemanden in der Szene daran, von den Aktivitäten der Gegenseite zu profitieren.

Die Schnittstellen zwischen Verbrecherbanden und Terroristengruppen sind vielfältig. Beide brauchen gefälschte Dokumente und Waffen, die über kriminelle Netzwerke häufig durch dieselben Finanziers beschafft werden. Und beide benötigen einen funktionierenden Nachrichtendienst, politische Kontakte sowie korrupte Politiker, die ihnen im Fall des Falles »behilflich« sind. Nach der vom »US National Intelligence Council« erstellten Bedrohungsstudie *Global Trends 2015* erwarten amerikanische Geheimdienste zukünftig eine verstärkte Vernetzung von Verbrechersyndikaten und Terrororganisationen, die ihre jeweilige Machtbasis Seite an Seite weiter ausweiten wollen: »Sie werden die Führer schwacher, ökonomisch labiler Staaten korrumpieren und mit aufständischen politischen Bewegungen kooperieren, um so wichtige geographische Gebiete zu kontrollieren … In solchen Staaten werden auswärtige Gruppen versuchen, die in der Defensive befindlichen Regierungen zu stürzen, um dadurch transnationalen Netzwerken einen sicheren Hafen anzubieten.«

Der Fachmann für Organisierte Kriminalität Berndt Georg Thamm und der Vorsitzende der »Gewerkschaft der deutschen Polizei« (GdP) Konrad Freiberg sprechen in ihrem Buch *Mafia Global* zu Recht von einer »Terrorindustrie«, die mehrere Zehntausend Mitarbeiter beschäftigt und weltweit einen Jahresumsatz von mehr als zwei Milliarden Dollar macht: »Die Rauschgift-gegen-Waffen-Geschäfte ziehen sich seit über zwei Jahrzehnten wie ein roter Faden durch die Kriegsschauplätze der Welt, beginnend mit dem Bürgerkrieg im Libanon Mitte der 1970er Jahre bis hin zum Bürgerkrieg in Afghanistan Ende der 90er Jahre.« Schon 1995 habe man vermutet, dass afghanisches Heroin im Wert von 75 Milliarden Dollar die europäischen und amerikanischen Märkte überflute. (Die Schlafmohnfelder lagen vornehmlich in den von Taliban-Kämpfern kontrollierten Gebieten.) 1989 schätzte die amerikanische Rauschgiftbekämpfungsbehörde DEA, dass auf den Schwarzmärkten zwischen Europa und den Vereinigten Staaten einerseits und Asien andererseits jährlich Waffen gegen Rauschgift im Wert von neun Milliarden Dollar getauscht wurden. Allein zwischen Europa, den USA und Südamerika erreichte der Tauschhandel eine Größenordnung von sieben Milliarden Dollar pro Jahr.

In Somalia, einst eine italienische Kolonie, gab es in den neunziger Jahren keine funktionierende Staatsgewalt mehr, was einige mit Bin Laden paktierende Gruppen gründlich ausnutzten. Ihre somalischen Ansprechpartner hatten früher einen einträglichen »Geschäftszweig« entdeckt, den sie gemeinsam mit italienischen Syndikaten betrieben und nun systematisch ausbauten. Die Organisierte Kriminalität Italiens brachte ganze Schiffsladungen von Giftmüll nach Somalia, mehr als eine Million Tonnen, ein einträgliches Geschäft. Zugleich verhandelten die somalischen Clanführer, die gute Beziehungen sowohl zu den Terroristen als auch zu den Kriminellen unterhielten, mit dem Umweltprogramm der Vereinten Nationen über den Bau von zwei Müllverbrennungsanlagen in ihrem Land. Diese Anlagen wurden nie gebaut. Der in Somalia abgeladene Giftmüll brachte der italienischen Mafia dennoch einen nicht unbeträchtlichen Profit.

Für jede Weltregion gibt es eigene Prinzipien, nach denen die Zusammenarbeit zwischen Terroristen und Großkriminellen funktioniert. Im deutsch-türkischen Verhältnis sind es die alten Klanstrukturen der Landbevölkerung, die aus türkischen Dörfern nach Deutschland exportiert wurden. Die Machtverhältnisse innerhalb der Großfamilie sind personengebunden. Dem Familienoberhaupt wird bedingungslos gefolgt. Die Männer vertreten – in hierarchischer Reihenfolge – die Familie nach außen und jedes einzelne Familienmitglied trägt eine besondere Verantwortung für die übrigen Sippenangehörigen. Das schlimmste Fehlverhalten innerhalb der Sippe ist ein Verstoß gegen die Ehre des Mannes oder der Familie. Ehrverletzungen wird daher mit massiven Racheakten begegnet, die beim gänzlichen Verlust der Familienehre bis hin zu Tötungsdelikten gehen können. Nach Informationen einer deutschen Sicherheitsbehörde spiegeln sich die aus der Großfamilienstruktur resultierenden Erscheinungsformen der Organisierten Kriminalität in der Arbeitsweise der Heroinschmuggler wider.

Ungefähr 40 000 Türken gehören inzwischen den türkischen Heroinkartellen in Europa an, andere wiederum beschäftigen sich als Schleuser vorwiegend mit Menschenschmuggel. Die Kartelle kooperieren mit italienischen, bulgarischen, albanischen, libanesischen, mittelasiatischen und russischen Verbrechergruppen. Dabei zeigen sie sich immer öfter zur Zusammenarbeit mit den islamistischen Terroristen bereit, zum Beispiel beim Einschleusen von »Glaubenskämpfern« nach Europa oder beim Transport von Waffen und Sprengstoffen, die mit Rauschgift oder harten Dollars bezahlt werden.

Das Zusammenspiel von Terrorismus und Organisierter Kriminalität im Libanon forderte die Bundesregierung gleich mehrfach heraus. Die größten libanesischen Rauschgifthändler gehören zu den Sippen der Yaffas (5000 Personen), Ashaiyas (20 000 Personen) und Hamadis. Ein Abkömmling dieser Clans, Mohammed Hamadi, ist seit 1989 in Deutschland inhaftiert. Der libanesische Terrorist hatte am 14. Juni 1985 gemeinsam mit Hassan Essedine auf dem Flug einer amerikanischen TWA-Maschine von Athen nach Rom 153 Menschen als Geiseln genommen und einen Amerikaner ermordet. Am 13. Januar 1987 wurde Mohammed auf dem Frankfurter Flughafen festgenommen, als er mit seinem Bruder Abbas Hamadi Flüssigsprengstoff schmuggeln wollte. Wegen Mordes, Flugzeugentführung und illegaler Sprengstoffeinfuhr verurteilte ihn das Landgericht Frankfurt am 17. Mai 1989 zu lebenslanger Haft. Das allerdings missfiel seinen libanesischen Verwandten, weshalb sie zweimal – erfolglos – versuchten, ihn freizupressen. Hamadi ging auch während der Haft seinen Geschäften nach: In der Justizvollzugsanstalt Schwalmbach organisierte er den Rauschgifthandel für seine

Mithäftlinge. Daraufhin verlegte man ihn im November 1997 in die Justizvollzugsanstalt Butzbach.

Strukturell betrachtet sind Terrorismus und Organisierte Kriminalität, da stimmen die meisten Polizeipraktiker in Europa überein, mehr oder minder »eineiige Zwillinge«. Sie besitzen jeweils einen logistischen, politischen und militärischen Flügel mit speziellen Aufgaben: Materialbeschaffung, internationale Beziehungen, Propaganda, Schulung, Operationen, Finanzierung, politische Verhandlungen und nachrichtendienstliche Aufklärung. Alle Aktivitäten werden nur unter strengster Geheimhaltung koordiniert. Eine Zusammenarbeit der kriminellen »Zwillinge« findet in erster Linie bei der Finanzierung von terroristischen Vorhaben und der dazu notwendigen Materialbeschaffung statt. Geld ist schließlich ein hoher Anreiz für die Verbrechersyndikate, der Waffenhandel darüber hinaus eines ihrer lukrativsten Geschäfte, und ohne diesen wiederum könnte der internationale Terrorismus nur relativ wenig ausrichten.

Dass die Schweiz als wichtiger Umschlagplatz dieser unheilvollen Kooperation dient, belegte der frühere eidgenössische Staatsschützer Hans-Ulrich Helfer in einer Beilage zur *Allgemeinen Schweizerischen Militärzeitschrift* vom Juli 2002: »Terroristische Organisationen wie die PKK (neuer Name KADEK) müssen über genügend Geld verfügen. Im Falle der PKK wird der Finanzbedarf auf rund 150 Millionen Euro pro Jahr geschätzt. Ein großer Teil des Geldes wird über mehr oder weniger freiwillige Spenden sichergestellt. Die PKK betrieb nicht nur einen extrem gewalttätigen Terrorismus, sondern sie bearbeitete in den letzten Jahren immer wieder auch verschiedene Erscheinungsformen der OK. So verkaufte die PKK auf dem europäischen Markt Drogen, trieb Schutzgelder ein und ging dem organisierten Einbruch-Diebstahl nach. Da die KADEK (PKK) in einigen europäischen Ländern seit Jahren verboten ist, sind Basel und Zürich für die KADEK ein wichtiger Logistik- und Aktionsraum.« Die »KADEK-Schweiz« umfasse rund 3500 treue, in kürzester Zeit mobilisierbare Sympathisanten, die ein erhebliches Konfliktpotenzial darstellen. Aktiv seien sie wie die »Kosovo Befreiungsarmee« (UCK) und die LTTE aus Sri Lanka im Bereich Schutzgelderpressungen, organisierter Diebstahl und Waffenhandel, während die kolumbianische FARC vor allem mit Rauschgift und Erpressungen ihr

Geld verdiene. Letztere habe in Zürich sogar Kontakte, »die bis ins Innere von politischen Parteien und persönlichen Beziehungen zu Parlamentariern reichen«. Hans-Ulrich Helfer schließt mit den Worten: »Die Verschmelzung von Formen des Terrorismus und der OK sind Tatsache und haben auch Auswirkungen in der Schweiz. Noch ist die Schweiz im beschriebenen Sinne hauptsächlich ein Logistikraum. Sie kann aber schnell auch zum Aktionsfeld werden.«

Die Erkenntnis, dass Terrorismus und Organisierte Kriminalität nicht getrennt voneinander zu bekämpfen sind, ist in der Bundesrepublik eine verhältnismäßig junge Einsicht. Sie ist das Verdienst von Berndt Georg Thamm, der in einem 1999 erschienenen Sonderheft der *Zeitschrift der deutschen Polizei* unter dem sehr bezeichnenden Titel »Die düstere Allianz – Bürgerkrieg, organisiertes Verbrechen und Terrorismus« darauf aufmerksam machte. Dennoch beobachtet das Bundesamt für Verfassungsschutz zwar weiterhin die terroristischen Bestrebungen von Ausländern in Deutschland, nicht jedoch deren eventuelle Verwicklungen in die Organisierte Kriminalität. Aus unerfindlichen Gründen fällt das wiederum in den Aufgabenbereich des bayerischen, hessischen und saarländischen Landesamtes für Verfassungsschutz. Bundesweit beobachtet dann das BKA die Organisierte Kriminalität, für deren jeweilige terroristische Bestrebungen sind allerdings völlig andere Abteilungen zuständig. Im BKA versichert man zwar, dass die Abteilungsleiter sich untereinander austauschen, doch die mangelnden Fahndungserfolge lassen das Vertrauen in jene Gesprächsrunden eher gering erscheinen. Und der Verfassungsschutz darf wiederum seine zufällig gewonnenen Erkenntnisse über die Organisierte Kriminalität gar nicht selbst verwerten. Vor diesem Hintergrund haben Berichte, die flächendeckend die Zusammenarbeit von Großkriminalität und Terror beschreiben, in Deutschland Seltenheitswert.

Ajatollah Chamenei und der öffentliche Dienst

Das Netzwerk der Islamisten durchdringt die große Welt der Organisierten Kriminalität ebenso wie die beschauliche Idylle der bundesdeutschen Kleinstädte – sogar im niedersächsischen Delmenhorst. Der Wunsch nach einem Dialog mit den in Deutschland lebenden Muslimen, der die Entstehung einer integrationsunwilligen Parallelgesellschaft verhindern soll, verdeckt dabei bisweilen die Tatsache, dass nicht alle Gesprächspartner beim geforderten »Dialog« mit offenen Karten spielen. In Delmenhorst hat der Verein »Islamischer Weg e.V.« seinen Sitz, auf dessen Internetseite die folgenden warmherzigen Worte zu lesen sind: »Die Geschwister vom Islamischen Weg e.V. versuchen, auf diesem Weg in einen intensiven Kontakt zu unseren Glaubensgeschwistern und in einen fruchtbaren Dialog mit anderen gottesfürchtigen Gläubigen zu treten. In der Hoffung, dass dieser bescheidene Versuch von Ihren Gebeten für uns begleitet wird, wünschen wir Ihnen viel Freude beim Blättern in den Seiten und hoffen auf Ihre Anregungen ... Bitte schließen Sie uns in Ihr Gebet ein.«

Diese Bemerkungen des Domain-Inhabers von *www.islamischerweg.de*, Yavuz Özoguz, bekommen einen eigenartigen Beigeschmack, wenn man die dort angegebenen Links verfolgt. Mit nur einem Mausklick gelangten die Internetsurfer zu einer sich »Imam Khamenei« nennenden deutschsprachigen Website mit der Adresse *www.khamenei.de*, deren Betreiber ebenfalls Özoguz ist. Und von dieser Seite genügte wiederum ein Mausklick, um entweder sofort auf die Seite der für zahlreiche Terroranschläge gegen Israel verantwortlichen libanesischen Hisbollah oder auf die Homepage des geistigen Führers der Islamischen Republik Iran Ajatollah Chamenei zu gelangen. Zumindest »elektronisch« scheint Yavuz Özoguz also über pikante Beziehungen zu verfügen.

Doch wer ist Yavuz Özoguz? Der seit 1991 als Oberingenieur am Institut für Umweltverfahrenstechnik der Universität Bremen tätige Wissenschaftler befasst sich offiziell mit der »Grenzflächenphänomenologie in der Umweltverfahrenstechnik«. Über seine privaten Interessen erfährt man einiges, wenn man die von ihm betreuten Internetseiten betrachtet. Nach Angaben der deutschen Domain-Registrierstelle Denic ist Özoguz auch Inhaber von *www.islam-pure.de*. Dort gab es einen Link zur Homepage des »Islamischen Zentrums Hamburg«, die zufällig auch zu Özoguz gehört. Über das Zentrum schreibt der Hamburger Verfassungsschutzbericht: »Für den Export der islamischen Revolutionsidee spielt in Deutschland das Islamische Zentrum Hamburg (IZH) – Träger der Imam-Ali-Moschee – eine wichtige Rolle. Zum Beispiel als Propagandazentrum und europaweit hochrangige Verbindungsstelle der Islamischen Republik Iran.«

Das alles wäre wohl weniger Besorgnis erregend, wenn der Internetspezialist nicht zugleich der Betreiber von *www.muslim-markt.de* wäre, der wichtigsten deutschen Anlaufstelle für Muslime im Internet. Dort verbreitet dieser Boykottaufrufe gegen Israel, vermittelt islamische Bestattungsunternehmen, Friseure, Ärzte, stellt korantreuen Eltern Standardbriefe zum Abmelden ihrer Töchter vom Schwimmunterricht zur Verfügung und bietet einen islamischen Heiratsmarkt mit Anzeigen wie: »Pfiffige 21-jährige Muslima, sportlich, humorvoll, türkische Abstammung aber deutsche Staatsbürgerin. Sucht auf diesem Weg einen praktizierenden Muslim zwischen 23 J. – 28 Jahren ... Aufenthaltsstatus sollte gewährleistet sein/Chiffre ZGW 040802.« Der »Muslim-Markt« erfüllt neben dieser eher alltagspraktischen Seite jedoch noch eine andere Funktion. Durch Links, zum Beispiel auf das »Islamische Zentrum Münster«, das nach Angaben des Verfassungsschutzes eine zentrale Begegnungsstätte der Hisbollah in Deutschland darstellt, verschafft Özoguz Extremisten eine Plattform. Früher war dort sogar ein Link zum Hamas-Spendenverein Al Aqsa zu finden, den man jedoch nach dem Verbot durch Bundesinnenminister Schily schnell entfernte.

Der Homepage-Betreiber selbst hegt Sympathien für die vom Iran gesteuerte Hisbollah – und vertreibt Audiokassetten eines gewissen »Bruder Ibrahim« zu den Themen »Der große Dschihad« und »Der kleine Dschihad«. Ein Journalist, der ihn besuchte, sah an der Tür des Kinderzimmers seines ältesten Sohnes ein Bild mit einem Gewehr in einer emporgereckten Faust und darin den Schriftzug »Hisbollah«. Zugleich erklärte Özoguz dem Besucher, in einem wahrhaft islamischen System müsse es eine »Pressezensur« geben, »zum Schutz der Menschenwürde gegen Beleidigungen und Lügen«. Seine Äußerungen lassen nichts an Deutlichkeit zu wünschen übrig. Am 23. Mai 1995 übermittelte Yavuz Özoguz um 9.03 Uhr in einer dem Autor vorliegenden Botschaft über einen Rechner der Universität Bremen eine Nachricht, in der er den Adressaten an der Columbia-Universität wissen ließ, wer sein »Führer« sei: der Nachfolger Chomeinis, das geistige Oberhaupt der Islamischen Republik Iran »Seine Eminenz Imam Chamenei«. Dem Autor sagte Özoguz ebenfalls: »Ich habe nie einen Hehl daraus gemacht, dass Imam Chamenei mein Führer ist.« Ajatollah Chamenei, der radikale Gegenspieler des eher moderaten iranischen Präsidenten Chatami, ist demnach das Vorbild des Mannes, der die größte deutschsprachige Internetseite für Muslime koordiniert und als Angestellter an einer deutschen Hochschule arbeitet!

Auch außerhalb der virtuellen Welt des Internets lässt Yavuz Özoguz keine Möglichkeit aus, für seine Ideale zu werben. Anfang Dezember 2001 mietete er einen Bus, den er nach Delmenhorst bestellte. Dort stiegen etwa fünfzig Personen ein, darunter viele Kinder und Jugendliche. Ziel der Reisegruppe war eine Demonstration in Berlin. Auf der Fahrt dorthin wurden nach Angaben des Busfahrers Fragebogen verteilt, die die Hisbollah, Israel und den Iran betrafen. Eine der Fragen, die die Kinder im Bus beantworten sollten, lautete: »Wer ist unser Führer?« Bis zur Ankunft in Berlin hatten sie sehr wahrscheinlich gelernt, dass als Antwort nur »Chamenei« infrage kam.

Sogar der Weg zum Bundeskanzleramt ist dem Chamenei-Verehrer nicht zu weit. Wenige Tage nach den Attentaten des 11. September schickte Özoguz einen Brief an Gerhard Schröder, in dem er schrieb: »Entziehen Sie der US-Regierung in ihrer Absicht, einen Vergeltungsschlag auf unschuldige Menschen durchzuführen, jegliche deutsche Unterstützung! Militärisch, logistisch oder ideell, bevor es zu spät ist ... Glauben Sie nicht den Ermittlungen von amerikanischen Geheimdiensten, die vorgeben, den Fall innerhalb von Stunden aufzuklären, während sie nicht in der Lage waren, scheinbar jahrelange Vorbereitungen zu verhindern ... Bauen Sie darauf, dass viele US-Bürger, die durch die Anschläge tief nachdenklich geworden sind, sich fragen, was sie bzw. ihre demokratische Regierung falsch gemacht haben könnte und die nun nach einem Ausweg suchen.«

Die Universität Bremen erfuhr nach eigenen Angaben erst am 15. August 2002 durch eine Anfrage des Autors von den Freizeitaktivitäten ihres langjährigen leitenden Mitarbeiters. Ein Sprecher der Hochschule versicherte dem Autor, man werde »das alles bei der Staatsanwaltschaft zur Anzeige bringen«, falls sich die Anschuldigungen bewahrheiten. So neu jedoch waren die Vorwürfe gar nicht mehr, denn der Bayerische Rundfunk hatte bereits in einer am 21. Mai 2001 ausgestrahlten Report-Sendung über Özoguz und *www.muslim-markt.de* berichtet. Vorgeladen vor eine Untersuchungskommission der Universität Bremen wurde dieser allerdings erst am 15. August 2002.

Die Reaktion darauf ließ im Internet nicht lange auf sich warten: »Aufgrund der aktuellen Pressekampagne gegen den Muslim-Markt weist der Muslim-Markt wiederholt darauf hin, dass wir bereits seit langer Zeit die Muslime zur Rechtstreue, zu der wir uns selbst auch verpflichtet fühlen, auffordern.« Unter der Überschrift »Wer ist der Nächste? Dieses Mal hat es uns erwischt« druckte der Muslim-Markt den *Faz*-Beitrag des Autors und dessen »Nachwehen« ab. Zwischenzeitlich berichtete nämlich auch der *Weser-Kurier* über die Hetztiraden des Herrn Özoguz: »Politisch verheerend, strafrechtlich schwer zu fassen – das war gestern der einhellige Kommentar dazu. Kenner der hiesigen muslimischen Szene distanzieren sich auf Nachfrage von Ö., den sie als Antizionisten und fundamentalistischen Muslim bezeichnen.« Am 23. August legte neben *Bild*, *Welt* und *taz* das *Delmenhorster Kreisblatt* nach: »Auch der Verfassungsschutz hat den Mann und seine Kontakte zu politisch extremen islamistischen Kreisen im Visier. Dessen ›starke anti-israelische Position‹ sei vergleichbar mit der von terroristischen Organisationen wie der Hisbollah, so der Sprecher des Landesamtes für Verfassungsschutz, Rüdiger Hesse. Bei den polizeilichen Ermittlungen gehe es insbesondere um den Verdacht der Volksverhetzung unter der Adresse *www.muslim-markt.de*, erläuterte der Sprecher der Staatsanwaltschaft Oldenburg, Gerhard Kayser. Die Überprüfung laufe von Amts wegen, ein Strafantrag gegen den Mann liege nicht vor. Gegenwärtig würden die aktuellen Internet-Seiten technisch gesichert, um sie bei Bedarf gerichtsverwertbar zu machen, sagte Polizeisprecherin Susanne Mittag.«

Was am Ende des Artikels als Stellungnahme der Universität Bremen folgte, warf ein bezeichnendes Licht auf den Zustand der Bundesrepublik. Das *Delmenhorster Kreisblatt* schrieb: »Die Universität Bremen, wo der Ingenieur arbeitet, distanziert sich laut Sprecher Uwe Gundrum von dessen privat gemachten Äußerungen. Es gebe aber weder Grund noch Handhabe, dienstrechtlich gegen ihn vorzugehen.« Wer könnte es Islamisten in Deutschland bei so viel vermeintlicher Toleranz – oder Hilflosigkeit? – verdenken, wenn sie auch von ihren Arbeitsplätzen, also sogar im Dienst E-Mails versenden, in denen sie radikale muslimische Führer verherrlichen?

Die iranische Revolution in den deutschen Moscheen

Wenn wir einer Empfehlung von Yavuz Özoguz auf der Internetseite des Muslim-Markts folgen, landen wir bei einer weiteren, scheinbar rein wohltätigen Organisation, auf die der Verfassungsschutz schon vor dem 11. September aufmerksam wurde: beim »Islamischen Zentrum« in Münster. Manche Mitglieder des Zentrums sollen zu radikal-fundamentalistischen Gruppen gehören, die Kontakte zu Bin Laden unterhalten. Gegen den Vorsitzenden des Vereins wurde deshalb wegen des Verdachts der Mitgliedschaft in einer terroristischen Vereinigung ermittelt. Der *Spiegel* berichtete, der Vorsitzende Osama A., der 1996 auf dem Frankfurter Flughafen Asyl begehrte, werde in Ägypten »wegen eines Mordfalls« gesucht, und sein Stellvertreter lasse verlauten, die Taliban machten »zu 95 Prozent gute Sachen«. In Ägypten erwartete Osama A. eine Strafe von 25 Jahren Arbeitslager, in Münster hingegen konnte er ungehindert agitieren. So ungehindert, dass er nach Auffassung des Verfassungsschutzes über Mittelsmänner Kontakte zu den aus Hamburg stammenden Attentätern um Mohammed Atta knüpfte.

Der vom *Spiegel* Osama A. genannte Mann wurde in Ägypten geboren und nutzt zur Verschleierung seiner Spuren zahlreiche verschiedene Decknamen. International fahnden die Ägypter nach ihm wegen Mordes an Hossam Mohammed Ahmad El-Battouti sowie wegen versuchten Mordes an Mohammed Adalla Attian und Emad Ahmad Sayed. Osama A. pflegt nach BKA-Angaben Beziehungen zur ägyptischen Terrorgruppe Al Dschihad al Islami, die an den Vorbereitungen für die Anschläge auf die amerikanischen Botschaften in Kenia und Tansania beteiligt war. Das BKA vermutet zudem Kontakte zu El Agami, der im September 1998 mit einigen anderen einen Sprengstoffanschlag auf eine Botschaft in der albanischen Hauptstadt Tirana geplant haben soll.

Bei Osama A. laufen offenbar nicht wenige Fäden des radikalen Islamismus zusammen, die das BKA manchmal nur auf verschlungenen Wegen ausfindig machen kann. So fuhr Osama A. zum Beispiel einen Audi 80, dessen Halter S.C. im Verdacht steht, Verbindung zu einer mutmaßlichen Terrorzelle in Rheda-Wiedenbrück zu unterhalten. Doch der eigentlich immer nette und freundliche erste Vorsitzende des »Islamischen Zentrums Münster« war nicht nur regional, sondern vor allem international engagiert, zum Beispiel über seine Kontakte zur Londoner El-Serri-Terrorzelle oder mithilfe seines Telefons, das er wohl zu Gesprächen mit einem in Italien lebenden mutmaßlichen Terroristen nutzte. Ein Münsteraner Stellvertreter des »Islamischen Zentrums« erhielt nach Ermittlungen des BKA sogar einen Anruf von Ziad Samir Jarrah. An diesem Punkt werden die Zusammenhänge wahrlich aktuell: Jarrah nämlich war einer der Todespiloten des 11. September und saß in der United-Airlines-Maschine mit der Flugnummer UA93. Wen wundert es da noch, dass sich das »Islamische Zentrum Münster« nach BKA-Angaben darum bemüht, junge Mitglieder zum Kampf für die »Befreiung Jerusalems« zu gewinnen, was man nicht anders denn als Radikalisierung bezeichnen kann?

Die Selbstdarstellung – und Tarnung – des Münsteraner Zentrums im Internet ist ähnlich angelegt wie die des Muslim-Markts: Im redaktionellen Teil der Homepage gibt es heute unter *http://as-sunnah.de* statt Radikalem nur noch Aufrufe zum Dialog und zur Festigung des Islam in Deutschland, auf einer weiteren Internetseite entdeckt man dagegen unter *http://homepages.compuserve.de/fatimeversammlg* ganz erstaunliche Links. Diese führen direkt auf die Homepage von Scheich Nasrallah, dem legendären Chef der von Teheran gesteuerten libanesischen Terrorgruppe Hisbollah. Dort wird offen zum Dschihad in aller Welt aufgerufen. Ein weiterer Link führt wieder zum Verein »Islamischer Weg« von Herrn Özoguz in Delmenhorst.

Nach Auffassung des nordrhein-westfälischen Verfassungsschutzes fungiert das »Islamische Zentrum« in Münster als Anlaufstelle der Hisbollah in Deutschland, die hier über ungefähr 800 Anhänger verfügt, von denen 350 allein in Nordrhein-Westfalen leben. »Die seit Jahren andauernden Bestrebungen der ›Hizb Allah‹-Führung in Beirut, in Deutschland eine effiziente Organisationsstruktur aufzubauen, sind noch nicht abgeschlossen. Interne Streitigkeiten und Rivalitäten dauern an. Als zentrale Begegnungsstätte dient den ›Hizb Allah‹-Anhängern das ›Islamische Zentrum‹ in Münster-Hiltrup, in dem allerdings auch nicht der ›Hizb Allah‹ zuzurechnende schiitische Libanesen und Iraker verkehren. Mehrmals im Jahr kommen ›Hizb Allah‹-Funktionäre zu Besuchsreisen nach Deutschland und überbringen Botschaften und Weisungen des geistlichen Führers sowie des Generalsekretärs der Organisation.« So weit der nordrhein-westfälische Verfassungsschutzbericht von 2001.

Die regen Kontakte zwischen Münster und Hamburg haben nach außen hin – wie so oft – vereinsrechtliche Gründe. Der Träger der Münsteraner Moschee ist die am 1. Januar 1988 entstandene »Fatime Versammlung e.V.«. Diese wiederum ist mit dem »Islamischen Zentrum Hamburg e.V.« (IZH) verflochten, da der Verein das IZH zumindest früher im Auflösungsfall begünstigte. Auch wenn der Verein diese Bestimmung später aus der Satzung entfernte, bleibt die Verbindung indirekt bestehen. Denn die »Fatime Versammlung« gehört dem »Ahlul-Beyt Moscheen- und Kulturverband e.V.« an, der seinerseits das IZH begünstigt. Solche und ähnliche, scheinbar »harmlose« Zusammenhänge wurden in diesem Buch schon oftmals angesprochen. Was steckt in diesem Fall hinter der muslimischen »Vereinsmeierei«?

Bis heute sind die einst von Ajatollah Chomeini definierten Revolutionsziele ein wesentlicher Bestandteil der iranischen Politik: die weltweite »islamische Revolution« und der »Export der Islamischen Revolution« in die gesamte islamische und nicht-islamische Welt. Islamische Zentren und Moscheen im Bundesgebiet stellen ideale Einrichtungen für die entsprechenden iranischen Beeinflussungsversuche dar. Eine besondere Rolle spielt dabei das »Islamische Zentrum Hamburg« mit der ihm angeschlossenen Imam-Ali-Moschee. Es steht unter der Leitung und damit dem direkten Einfluss des derzeitigen iranischen Revolutionsführers Chamenei und gilt als »Zentrale des iranisch-islamischen Ideologietransfers« in Deutschland. Zum Kreis der Besucher im IZH oder den anderen iranisch beeinflussten Zentren in Frankfurt am Main, Berlin, Münster, Hannover und München gehören neben regimetreuen Iranern Angehörige verschiedener Nationalitäten: Iraker, Libanesen, Afghanen, Pakistaner, Türken, Nordafrikaner sowie deutsche Muslime. Das IZH führt Gebetsveranstaltungen, Vorträge und islamische Feste durch, vertreibt aber auch eine Reihe von Publikationen, deren Inhalte von den Erfolgen der Islamischen Republik Iran berichten und antiwestliche Agitation enthalten. Obwohl – wie stets – von offizieller Seite eine ebenso innermuslimische wie konfessionsübergreifende Offenheit bekräftigt wird, sind diese Zentren Orte, an denen politische »Vordenker« das Weltgeschehen und die Fragen des täglichen Lebens nach einer sehr einseitigen iranisch-islamistischen Lesart interpretieren. So gibt es Anhaltspunkte dafür, dass der Iran über das IZH durch organisatorische und finanzielle Hilfeleistungen versucht, schiitische Moscheen im gesamten Bundesgebiet zu unterwandern, zu beeinflussen und in Einzelfällen zu übernehmen.

Terroristische Telefonbücher, islamistische Netzwerke und die Vorbereitungen auf einen Massenmord

Einige Monate nach den Terroranschlägen des 11. September hatten die Sicherheitsbehörden immerhin ein vages Bild vom Netz jener Islamisten, die Deutschland als sicheren Zufluchtsort betrachteten. Aber waren sie deshalb auch handlungsfähig? Vor allem in den USA machte sich zunehmend Unverständnis darüber breit, dass die deutschen Gesetze, Richtlinien, Verordnungen sowie die mangelnde Zusammenarbeit der einzelnen Behörden den Fahndern oftmals die Hände banden. Dabei lag ein wichtiger Beweis für die Verflechtungen des terroristischen Netzwerkes längst in Form eines (kopierten) Telefonbuches auf dem Tisch der Beamten. Es dauerte nur seine Zeit, bis sie es öffneten.

Das Telefonbuch wurde in Nairobi gefunden und gehörte Wadi el Hage. Dieser, ein Vertrauter Bin Ladens, sitzt mittlerweile in den Vereinigten Staaten als einer der Urheber der Anschläge vom August 1998 auf die amerikanischen Botschaften in Kenia und Tansania im Gefängnis. Ebenso wie den drei weiteren Tätern droht ihm dort die Todesstrafe. In den Jahren 1993 bis 1995 versammelte el Hage auf den 245 Seiten seines Telefonbuchs Gesprächspartner aus aller Welt. Außerdem bewahrte er deren Visitenkarten auf. Für die Ermittlungsgruppen ist dieses Buch daher ein wichtiges Nachschlagewerk, wenn es gilt, bislang unentdeckte Zellen der Al Qaida aufzufinden und mögliche Querverbindungen zu anderen Gruppen herzustellen.

Ein Dutzend der Einträge führt nach Deutschland, und einige der telefonischen Freunde scheinen tatsächlich eine nicht ganz weiße Weste zu haben. So setzte sich ein seit mehreren Jahren in Neu-Ulm praktizierender Chirurg in die sudanesische Hauptstadt Khartum ab, noch ehe sich die deutschen Behörden darüber klar geworden waren, warum sein Name in el Hages Telefonbuch auftauchte. Die weitaus größere Zahl der Genannten lebt weiterhin als Asylbewerber in der Bundesrepublik. Sie unterstützen aus der Sicht von Sicherheitsbehörden eindeutig »extremistische Bestrebungen« oder werden sogar verdächtigt, Mitglieder von terroristischen Vereinigungen zu sein. Im Großraum Heidelberg wohnt zum Beispiel unbehelligt ein Elektrofachmann, der ganz oben auf Seite 122 des Telefonbuches eingetragen ist und laut Aussage des baden-württembergischen Landeskriminalamtes seit Monaten observiert wird. Die Tarnung des Verdächtigen ist allerdings so gut, dass die Ergebnisse nicht einmal ausreichen, einen richterlichen Durchsuchungsbeschluss zu erwirken. Ähnlich frustriert wie die süddeutschen Kollegen sind jene Fahnder, die einen auf Seite 117 des Buches vermerkten, in Hamburg lebenden Syrer beobachten. Dieser wird immerhin verdächtigt, eine terroristische Vereinigung gegründet zu haben. Doch bislang bemüht man sich immer noch darum, insgeheim zumindest dessen »Bewegungsprofile« aufzulisten.

Die Zahl der Indizien auf militante Islamisten ist groß. Allein beim Frankfurter Staatsschutz gingen 1111 Hinweise bis zum Frühjahr 2002 ein, deren Bearbeitung kaum zu bewältigen ist, zumal täglich neue Spuren dazukommen. Und dennoch erstaunt es, dass bisher noch nicht einmal alle nach Deutschland führenden Einträge aus dem Telefonbuch des Wadi el Hage abgearbeitet wurden. Ein in Hamburg unter wechselnden Pseudonymen auftretender Import-Export-Händler wartet nach Angaben deutscher Sicherheitskreise schlicht »aus Zeit- und Kapazitätsgründen« auf die Überprüfung. Sein Name taucht erst auf Seite 145 des Buches auf. So weit scheinen die Beamten demnach noch nicht gekommen zu sein.

Manchmal sind die italienischen Fahnder eben schneller als die deutschen. Am 14. März 2001 fand in Gallarate vor den Toren Mailands ein Treffen von Männern statt, deren Namen sich Wadi el Hage notiert hatte. In der heruntergekommenen Wohnung waren zahlreiche Mikrofone versteckt, als Ben Heni Lased, der aus München angereist war, Bouchoucha Mokhtar, Charaabi Tarek und Essid Sami Ben Khemais zum Gespräch ansetzten. Als Erster erklärte Khemais, man brauche für die bevorstehende Operation gute falsche Pässe und gefälschte Aufenthaltsbewilligungen. Dann sprach man konkret über das geplante Attentat. Khemais: »Und dabei wird es nicht bleiben. Denn wir wollen auch den Behälter mit der Flüssigkeit einsetzen.« Lased: »Was? Ihr wollt das ausprobieren? Wo? In Frankreich?« Khemais: »Ja.« Lased: »Ist das Zeug dieses Mal denn besser als das andere Produkt von Mohammed?« Khemais: »Ja, diese Flüssigkeit ist viel wirksamer. Wenn der Behälter geöffnet wird, dann ersticken die Menschen einfach. Das Ganze ist so konstruiert, dass man einfach die auf dem Boden des Behälters komprimierte Flüssigkeit austreten lässt.« Lased: »Gibt es denn einen Namen dafür?« Khemais: »Sinsinan. Das Zeug ist verdammt schwer zu handhaben. Aber man kann es selbst in Tomatendosen abfüllen. Das ist alles nur eine Frage des Fülldrucks.« Mokhtar: »Mensch, wie ich sehe, lasst ihr die Waffen erst mal ruhen und konzentriert euch ganz auf die Herstellung von diesem Zeug.« Khemais: »Ja, gelobt sei Allah.«

Die Terroristen mussten sich sehr sicher fühlen, wenn sie so offen miteinander redeten. Die Fachleute des italienischen Abhörteams erinnerte das alles an ein Gespräch, das in den Wochen vor der Jahrtausendwende in der Frankfurter Sigmund-Freud-Straße stattfand. Die gleichen chemischen Substanzen, die man in Frankfurt bei den mutmaßlichen Terroristen gefunden hatte, sollten auch in Mailand entdeckt werden. Die Mailänder Gesprächsrunde wurde natürlich nicht nur abgehört, sondern festgenommen, vor Gericht gestellt und verurteilt. Das Urteil jedoch kann man nur mit einem Kopfschütteln quittieren: vier Jahre Haft, mehr nicht. Die Angeklagten bekannten sich schuldig, akzeptierten ein verkürztes Strafverfahren und erhielten im Gegenzug die Zusicherung, nach Verbüßung der Strafe nicht in ihre Herkunftsländer abgeschoben zu werden. Spätestens im Jahr 2006 werden also vier Männer, die einen Massenmord planten, wieder auf freiem Fuß sein und in aller Ruhe ihrem Handwerk, dem »Gotteskrieg«, nachgehen können.

Einige Monate später – im Sommer 2002 – brachen ein paar der in Frankfurt Angeklagten ihr Schweigen. In dem fälschlicherweise »Beandali«-Prozess genannten Verfahren – der Name des Haupttäters Aeurobi Beandali war nämlich ein Deckname – bot das Bundeskriminalamt denen, die zur Jahreswende 2000/2001 einen Anschlag auf den Straßburger Weihnachtsmarkt geplant hatten, als Gegenleistung für umfassende Aussagen eine neue Identität sowie eine Aufenthalts- und Arbeitserlaubnis an. Der »Beandali« genannte Algerier lehnte dankend ab und behauptete unentwegt, Ziel des Anschlages sei »nur« die leere Straßburger Synagoge gewesen. Das Kalkül war gut durchdacht: Folgte das Gericht diesen Angaben, würde die Strafe wesentlich geringer ausfallen, weil die Richter bei einer Synagoge ohne Besucher nicht wie bei einem überlaufenen Weihnachtsmarkt von einem geplanten Massenmord ausgehen konnten.

Die Anwälte der Angeklagten gestanden dann auch nur das ein, was die Bundesanwaltschaft ohnehin beweisen konnte: Sie mieteten Wohnungen unter falschen Namen und erwarben verschiedene Chemikalien, darunter Kaliumpermanganat und Aceton, die man beide zur Herstellung von Sprengstoff verwenden kann. Ansonsten benahmen sich die Beschuldigten wie Unschuldslämmer, denen man völlig zu Unrecht eine Straftat anhängen wollte. Von einer terroristischen Vereinigung behaupteten sie keine Ahnung zu haben. Für die »angeblichen« Kontakte zu Islamisten seien ausschließlich die »besonderen Lebensumstände in der algerisch-marokkanischen Subkultur« verantwortlich, in der die Angeklagten in Deutschland nach Auffassung ihrer Anwälte leben mussten. Am 14. Januar 2003 entschied das Gericht, die Anklage gegen die Islamisten wegen Zugehörigkeit zu einer terroristischen Vereinigung fallen zu lassen, da der nötige Beweisaufwand für diese Mitgliedschaft »gegenüber dem möglichen Strafmaß in keinem rechten Verhältnis mehr stehe.«

Bei all den Unverschämtheiten, die sie im Lauf des Verfahrens zu hören bekamen, war es für die Richter sicher nicht leicht, Ruhe und Fassung zu bewahren. Am 16. September 2002 gab der wegen Zugehörigkeit zu einer terroristischen Vereinigung und Vorbereitung von Mord und Sprengstoffverbrechen ebenfalls in Frankfurt angeklagte Algerier Salim Boukhari eine Erklärung ab. Der 31-jährige Mann behauptete, er sei zwar in einem Lager in Afghanistan gewesen und habe sich dort paramilitärisch ausbilden lassen, eine Unterweisung im Bau von Sprengsätzen habe er dort aber nicht erhalten. Auch nach seiner Darstellung sollte Anfang 2001 die menschenleere Synagoge von Straßburg durch einen Sprengsatz zerstört werden, wodurch Boukhari den Vorwurf der Mordvorbereitung entkräften wollte. Wenn die Richter dem Angeklagten tatsächlich nicht nachweisen konnten, dass er in Afghanistan gelernt hatte, Bomben zu bauen, sah es nicht gerade schlecht für den gut geschulten Algerier aus, was diesem durchaus bewusst war. Der Bundesanwaltschaft rief er im Prozess grinsend zu: »Beweisen Sie doch, dass wir Menschen töten wollten!«

Wie kann sich ein mutmaßlicher Terrorist und potenzieller Massenmörder vor einem Gericht so sicher fühlen? Was kann ein Staat tun, um seinen Staatsschützern, Ermittlern und Gerichten fortan solche Peinlichkeiten zu ersparen? In einem ersten Schritt müsste man sicher denjenigen, die die Basisarbeit leisten, den Rücken stärken und den Beamten ganz einfach genügend Zeit einräumen, dass sie jedem Hinweis nachgehen, jedes Beweismittel aufgreifen – und gewisse Telefonbücher rechtzeitig öffnen können.

Die Frankfurter Tarik-Moschee – Anschlagsvorbereitungen auf Fährschiffe

Im islamischen Geschichtsunterricht wird der Berberfürst Tarik Bin Ziad nicht ohne Grund als herausragender Held gefeiert, war er es doch, der im Jahr 711 von Nordafrika mit einem Heer an der engsten Stelle über das Mittelmeer nach Europa setzte und Roderich, den letzten Westgotenkönig, besiegte. Achtzig Jahre nach dem Tod Mohammeds machte der militärische Erfolg Tariks den Weg frei für die muslimische Eroberung Spaniens, dem die Araber damals den Namen Andalus gaben. Der Fels an dieser Meerenge heißt heute im Arabischen »Dschebel al Tarik« (»Berg des Tarik«) und wird von den Europäern Gibraltar genannt.

Auf eine Wiederholung der Geschichte hoffen offensichtlich einige in Europa lebende Araber, die sich am Pfingstwochenende 2002 in Frankfurt trafen. Was sich in den Räumen der wohl nicht ohne Zufall nach dem muslimischen Eroberer benannten Moschee in der Mönchhofstraße am Rande einer idyllischen Kleingartenanlage und in Sichtweite des 16. Polizeireviers abspielte, diente offiziell der kulturellen Verständigung zwischen Muslimen und Christen und war nach Auffassung deutscher Sicherheitsbehörden für den unbefangenen Beobachter ein folkloristisches Ereignis. Hinter den Kulissen versammelte man sich jedoch in einer ganz anderen, höchst brisanten Angelegenheit: Führende europäische Vertreter der palästinensischen Hamas trafen sich auf dem an einen Industriekomplex erinnernden Gelände der Tarik-Moschee, um insgeheim über den Wiederaufbau ihres Finanznetzes und das künftige Vorgehen gegen israelische Einrichtungen in Europa zu verhandeln. Unbeobachtet blieb man dabei nicht. Die während der Veranstaltung geäußerten öffentlichen Bekenntnisse zu Toleranz und Religionsfreiheit sind nach Auffassung der deutschen Fahnder mit Vorsicht zu genießen. Und die abschließende Bewertung dieses Wochenendes der Begegnung in der Mitgliederzeitschrift der Moschee sei durchaus doppeldeutig zu verstehen: »Dem Allah ist es zu verdanken, dass man einen sehr großen Erfolg bei diesen Treffen verzeichnen konnte.«

Wer die Vereinsräume besucht, findet heute neben der Moschee eine gut bestückte islamische Bücherei, Unterrichtsräume, in denen auch Computerkurse abgehalten werden, ein Restaurant und Verkaufsstände für Obst und andere Lebensmittel. Im Gespräch weist ein wie die meisten Vereinsmitglieder aus Marokko stammender Mann jegliche Verbindung zu Hamas-Aktivisten oder Islamisten von sich. Gleichwohl hing an einer Bürotür im ersten Stock längere Zeit ein Plakat, auf dem zu Spenden für – den inzwischen verbotenen Verein – Al Aqsa e.V. aufgerufen wurde. Auf die Frage, ob, wie von den Staatsschützern beobachtet, am »Kulturtreffen« in der Tarik-Moschee führende Hamas-Aktivisten teilnahmen, antwortet ein Vereinsmitglied ausweichend mit einer Gegenfrage: Da sich die Teilnehmer als freie Bürger bewegen durften, müssten sie doch unverdächtig sein, oder?

Die Tarik-Moschee bildet indes nur ein winziges Bindeglied in einer langen Kette von undurchschaubaren Verbindungen, auf die die Ermittler derzeit ihr Augenmerk richten. Eine ihrer größten Schwierigkeiten ist (ähnlich wie bei den Terroristen rund um den Straßburger Weihnachtsmarkt und die dortige Synagoge), den ins Visier Geratenen tatsächlich böswillige Absichten nachzuweisen. Die in der Moschee zuweilen offen bekundete Sympathie für palästinensische Terrorakte reicht da nicht aus. Dennoch observiert das Bundesamt für Verfassungsschutz weiterhin die Aktivitäten in der Moschee, denn man ist überzeugt davon, dort einen Treffpunkt für Extremisten gefunden zu haben.

Als der Autor seine eigenen Erfahrungen mit der Moschee veröffentlichte, erreichte ihn ein Leserbrief vom Vereinsvorsitzenden Said Amsiouji. Dieser schrieb: »Aus dem Namen der Moschee auf den Wunsch der Mitglieder nach einer muslimischen Eroberung Deutschlands zu schließen, ist falsch und eine Unterstellung. Würde man ähnliches den Mitgliedern des Malteserordens oder Deutschherrenordens unterstellen?« Hier scheint Herr Amsiouji die Geschichte der Orden wenig zu kennen, sonst würde er die »Unterstellung« nicht anfechten. Das Ziel der Ordensritter war mitnichten eine multikulturelle Gesellschaft, sondern die Eroberung des Heiligen Landes. Der Moscheevorsitzende fährt fort: Der Vorstand und die Gemeindemitglieder hätten sich mehrfach und eindeutig vom Terrorismus distanziert. Eine »offen bekundete Sympathie für palästinensische Terrorakte« gab und gibt es seiner Erinnerung nach nicht. Und wieder verlässt Said Amsiouji das Erinnerungsvermögen. Solche Sympathien gab es in der Moschee durchaus, auch bei ihrem Vorsitzenden. Herr Amsiouji nannte die gewalttätigen Bombenleger der Hamas im Gespräch mit dem Autor allerdings nicht »Terroristen«, sondern »Freiheitskämpfer« – und warb um Verständnis für deren Aktionen.

In dem Brief geben sich die Tarik-Moschee und ihr Vorsitzender betont friedlich. Man streitet jegliche Verstrickungen ab und verbirgt sich nach bewährter Tarnungstaktik hinter den Schlagworten Toleranz und Religionsfreiheit: »Wir werben seit Jahren für ein besseres Verständnis zwischen Christen und Muslimen, für Toleranz und Religionsfreiheit ... Dass an diesem Treffen (zu Pfingsten) führende europäische Hamas-Aktivisten teilgenommen haben sollen, ist nicht zutreffend ... Richtig ist, dass unsere Gemeinde eine Sammelbewegung ist, jedoch nicht für die Hamas oder sonstige extremistische Bewegungen, vielmehr für die eigene Gemeinde, die nach dem Erwerb der Moschee einen Schuldenberg abzutragen hat. Viele Gemeindemitglieder haben heute einen deutschen Pass und sind sehr stolz darauf. Das Bekenntnis zur Rechtsstaatlichkeit und zur Verfassung der Bundesrepublik Deutschland, das bei der Einbürgerung abzugeben war, ist kein bloßes Lippenbekenntnis, sondern wesentlicher Bestandteil unseres täglichen Lebens.«

Wer diese Zeilen liest oder persönlich mit den Muslimen in der Moschee spricht, wird leicht den Eindruck gewinnen, es handele sich um eine friedfertige und die freiheitlich-demokratische Grundordnung achtende Vereinigung. Am 9. Juni 2002 veröffentlichte die *Frankfurter Allgemeine Zeitung* unter der Überschrift »Zwei mutmaßliche Terroristen in Schweden verhaftet« eine Meldung, die auf den ersten Blick nichts mit der Tarik-Moschee zu tun hatte: »In Schweden sind nach Polizeiangaben zwei Männer wegen des Verdachts festgenommen worden, Kontakte zu internationalen Terror-Organisationen zu unterhalten. Ein Polizeisprecher bestätigte die Festnahmen am Sonntagabend, ohne Details zu nennen. Bei den Festgenommenen soll es sich nach Informationen des schwedischen Fernsehens um Palästinenser handeln. Sie seien auf der Öresund-Brücke festgenommen worden, die Dänemark mit Schweden verbindet. Die beiden Verdächtigen sind von Sicherheitskräften mehrerer europäischer Länder beobachtet worden. Ihre Spur soll von

Deutschland über Dänemark verfolgt worden sein.« Nicht erwähnt wird in der Agenturmeldung, dass sich die beiden mutmaßlichen Attentäter in Frankfurt mit Besuchern der Tarik-Moschee trafen. Diese nämlich waren den Beamten des Verfassungsschutzes aufgefallen, als sie das Treffen beobachteten.

Die Geschichte hat weitere Windungen und Querverbindungen, die die wiederholten und stereotypen öffentlichen Äußerungen der deutschen Sicherheitsbehörden ad absurdum führen, wonach es seit den Terroranschlägen in New York und Washington keine Angaben über konkrete Anschlagsvorbereitungen in Deutschland gegeben habe. Spätestens seit April 2002 liegen dem Bundeskriminalamt Hinweise auf Attentatspläne in Deutschland vor. In einem Mitte April verfassten vertraulichen Schreiben der BKA-Außenstelle Meckenheim, das an den Bundesgrenzschutz, den Bundesnachrichtendienst und alle Landeskriminalämter übermittelt wurde, heißt es, in Deutschland sei »innerhalb der nächsten zwanzig Tage« mit Geiselnahmen und Selbstmordattentaten zu rechnen. Dennoch beharrt Bundesinnenminister Schily in Berlin auf der offiziellen Sprachregelung, es gebe in Deutschland eine »allgemeine Bedrohungslage«, jedoch »keine konkreten Erkenntnisse über geplante oder drohende Selbstmordattentate«.

Terrorkonzepte und potenzielle Attentäter existieren indes sehr wohl. Nach den Erkenntnissen des BKA arbeitete in der afghanischen Provinz Paktia ein sich zur Al Qaida bekennender Mann namens Jalal D. einen Plan aus, um in Deutschland, Frankreich und Großbritannien jeweils drei- bis vierhundert Menschen als Geiseln zu nehmen und in Europa inhaftierte Gesinnungsgenossen freizupressen. Sollten die Regierungen den Forderungen nicht nachgeben, würden sich die Geiselnehmer zusammen mit den Geiseln in die Luft sprengen. Finanziert werde das Vorhaben von dem in Los Angeles lebenden Zia Hal M. Dieser habe jedem Selbstmordattentäter 100 000 Dollar geboten, die er nach den Aktionen an die Familienangehörigen auszahlen will.

Im Zusammenhang mit den mutmaßlichen Attentatsvorbereitungen wurde in Deutschland nach drei Personen gesucht, die sich hier unter den Namen Schah Ahmad P., Raschid und Nisa aufhalten. Ein leitender Mitarbeiter einer Staatsschutzabteilung sagte dazu: »Wir kriegen hier unwahrscheinlich Druck.« Und in einer Bewertung des BKA hieß es, vor dem Hintergrund der derzeitigen Sicherheitslage könnten die Hinweise »einen ernsthaften Hintergrund« haben. Das Netz der Al Qaida sei noch nicht zerstört. Deshalb müsse man weiterhin von einer »hohen Gefährdung« ausgehen. »Mögliche Freipressungsversuche« durch Selbstmordattentäter erschienen in Deutschland »durchaus denkbar«. Für das in Deutschland geplante Vorhaben gebe es jedoch einen »hohen Planungsaufwand«. Unklar war zunächst die Frage, wo die geplanten Geiselnahmen stattfinden sollten. Für wahrscheinlich hielt man schlecht zu sichernde Versammlungsorte, an denen für gewöhnlich viele Menschen auf engstem Raum zusammenkommen, wie zum Beispiel kirchliche Messen, große Kinosäle oder Kreuzfahrtschiffe.

Anschläge auf Schiffe waren in der Tat vorgesehen. Die Festnahmen in Schweden und die von dort zur Tarik-Moschee in Frankfurt führende Spur brachten den Ermittlern die notwendigen näheren Erkenntnisse. Danach plante eine Gruppe, zu deren Kommunikationszentren auch das Umfeld der Frankfurter Moschee gehörte, Terroraktionen auf Ostseefähren. Die großen Fährlinien der deutschen Ost- und Nordseehäfen wurden vom BKA darüber unterrichtet, dass Terroristen in mehreren europäischen Ländern die Entführung von Schiffen ins Auge gefasst hatten. Die zwei Hauptverdächtigen waren über Österreich zunächst nach Frankfurt eingereist, wohnten dort in einem Hotel im Bahnhofsviertel und fuhren in die Moschee an der Mönchhofstraße. Israelische Geheimdienste, die die Szene ebenfalls beobachteten, behaupten heute, von ursprünglich vier Attentätern habe der deutsche Verfassungsschutz zwei entkommen lassen, was von den deutschen Behörden wiederum bestritten wird. Wie dem auch sei: Von Frankfurt aus bestiegen jedenfalls zwei Männer einen Zug in Richtung Puttgarden, nahmen die Fähre nach Rodby in Dänemark und wurden beim Grenzübertritt nach Schweden festgenommen. Zwei weitere mutmaßliche Hamas-Terroristen, mit denen man sich in Schweden treffen wollte, scheiterten an der chaotischen Vorbereitung ihres Planes. Sie konnten kurzfristig kein Geld für die Reise auftreiben.

Nach all dem, was bisher berichtet wurde, erscheint ein zweiter Leserbrief, den die *FAZ* von der Tarik-Moschee im Namen eines gewissen Christian Däbritz erhielt, erwähnenswert. Besagter Leserbrief wurde am 17. Juli 2002 unter der Überschrift »Verdächtige Bartträger«

veröffentlicht und hat folgenden Wortlaut: »Nein, ›die Achse des Bösen‹ führt sicher nicht bis in die Moschee in der Mönchhofstraße. Der Vorstand der Gemeinde, seit langen Jahren in Frankfurt fest verwurzelt, lebt und arbeitet hier, besitzt zum Teil auch die deutsche Staatsangehörigkeit. Neben deutschen Staatsbürgern marokkanischer Herkunft finden sich auch Mitbürger aus dem gesamten arabischen Raum zu Gebet und Diskussion in der Moschee ein.«

Freundlich und völlig unauffällig – das kennt man inzwischen zur Genüge. Es mag ja durchaus sein, dass der Vorstand des »Islamischen Vereins Tarik Ben Ziad e.V.« von den Dingen hinter seinen Kulissen gar nichts weiß. Aber was soll man als Journalist zum Beispiel von einem bärtigen Moscheebesucher halten, der am Ende eines Gesprächs grimmig mit schwer wiegenden Folgen für den Fall droht, dass man über diesen Ort etwas schreibe, von dem er keine Kenntnis habe? Zudem mochten weder das Polizeipräsidium Frankfurt noch das BKA oder der Verfassungsschutz auf Nachfragen des Autors dementieren, dass »aus der Tarik-Moschee Kontakte zu extremistischen und terroristischen Gruppen bestehen, die auch in skandinavische Länder reichen«. Im Polizeipräsidium Frankfurt ließ man darüber hinaus durchblicken, die Frage, welche »Rolle die Tarik-Moschee bei der Schleusung und Finanzierung von Terroristen spielt«, werde »wohl nur die Staatsanwaltschaft in einem Verfahren beantworten« können. Dabei sei es dann »interessant, welche Personengleichheit im Vorstand der Tarik-Moschee und des Islamismus verdächtiger Gruppen in Hamburg und Aachen rein zufällig besteht«. Wir dürfen gespannt darauf sein, wie die Betreffenden aus der Frankfurter Mönchhofstraße auf die künftigen Ermittlungen der Staatsanwälte reagieren werden.

Geldwäsche nach dem Glückskettenprinzip – Milli Görüs und die Kombassan Holding A.S.

Kommen wir am Schluss unserer Reihe von Verdachtsmomenten noch einmal auf die gegenwärtige Schlüsselorganisation im Netzwerk der Islamisten in Deutschland zurück: auf die »Islamische Gemeinschaft Milli Görüs« (IGMG), ihre Finanzpraktiken und die Versuche der Sicherheitsbehörden, diese zu durchschauen. Schon im Mai 2000 wusste das BKA von einigen Holdings, die Veranstaltungen von Milli Görüs nutzten, um unter hohen Dividendenzusagen Anteilscheine zu veräußern. Nach Informationen finanzierten einige dieser Holdings sich nach dem Glückskettenprinzip und kamen deshalb in Verruf, was dann auf die IGMG zurückfiel. Der IGMG-Vorstand hatte daraufhin die Geschäftstätigkeit in den Moscheen verboten, um nicht in den Ruf der Unterstützung krimineller Machenschaften zu geraten. Hinweise deuten jedoch darauf hin, dass man sich nicht überall an dieses Verbot halten würde. Im Juli 2001 rückten die Aktivitäten der Milli Görüs nahe stehenden »Kombassan Holding A.S.« in den Blickpunkt des kriminalistischen Interesses. Da Zinsgewinne nicht mit der Lehre des Korans vereinbar seien, so die Ermittler, würden die Anteilscheine von der Kombassan mit dem Argument angepriesen, dass eine gewinnbringende Firmenbeteiligung als stiller Gesellschafter nicht unter das religiöse Verbot falle. Den Kunden der Holding erschien diese Neuinterpretation der Geschäftspraktiken offenbar mehr als einleuchtend. Genaue Zahlen über die Gesamtsumme der von türkischstämmigen Arbeitnehmern in türkische Holdings investierten Gelder liegen laut BKA zwar nicht vor, die Schätzungen insbesondere in der türkischen Presse bewegen sich jedoch zwischen einer Milliarde und 40 Milliarden DM.

Nach den Erkenntnissen des BKA wurde die Kombassan 1988 ursprünglich als Papierfabrik in Konya/Türkei gegründet. Die Vorstandsmitglieder waren zugleich Mitglieder der Milli-Görüs-Vorläuferorganisation AMGT. Sie nutzten ihre Verbindungen zu den Vereinen und Moscheen von AMGT und IGMG für die Werbung für und den

Handel mit Anteilscheinen, wobei in einigen Fällen sogar Vereinsvorsitzende als Verkäufer der Scheine auftraten. Dieser Kapitalzufluss ermöglichte alle weiteren Zukäufe und Firmengründungen. So entstand die Kombassan Holding A.S., die inzwischen rund hundert Firmen aus den Bereichen Chemie, Maschinenbau, Krafträder, Papier, Textil- und Lederwaren, Marmor, Supermärkte, Kinofilmproduktion und Handel in der Türkei sowie in Deutschland kontrollieren soll. Seit 1996 verfügte sie mit der – inzwischen liquidierten – Air Alpha sogar über eine eigene Fluggesellschaft. Durch den fleißigen Einsatz der Anteilscheinverkäufer flossen der Kombassan nach einer vom BKA durchgeführten Auswertung allein im Jahr 1995 insgesamt fast 20 Millionen DM von türkischen Staatsangehörigen zu, die in der Bundsrepublik wohnten. Von März bis Mai 1997 wurden im Raum Dortmund Kombassan-Anteilscheine im Wert von 1,5 Millionen DM verkauft, und es besteht kein Anlass zur Annahme, dass die Summen in den anderen Regionen des Landes geringer waren.

Der Firmengründer der Kombassan Hasim Bayram gehörte der inzwischen verbotenen türkischen Refah-Partei von Necmettin Erbakan an. Ob er auch Mitglied der Nachfolgeorganisation Fazilet war, konnte das BKA nicht herausfinden. Am 22. Juni 2001 wurde die Fazilet vom türkischen Verfassungsgericht wegen anti-laizistischer Umtriebe verboten. Aus ihr ging wiederum die »Saadet Partisi« (»Partei der Glückseligkeit«) hervor. Die engen Beziehungen der Kombassan Holding zu Milli Görüs sowie zu Refah, Fazilet und Saadet wurden in der Vergangenheit zwar immer bestritten, dürften nach Angaben des BKA jedoch »so vage nicht gewesen sein«. Denn als die türkische Börsenaufsicht 1997 Konten der Kombassan beschlagnahmen ließ, wandten sich Tausende besorgter Anleger an die Parteizentrale der Refah und an die Funktionäre der IGMG. Milli Görüs teilte damals mit: »In keiner unserer Moscheen wurden jemals Aktien von Kombassan, noch die eines anderen Unternehmens veräußert.« Die Wahrheit sah mit großer Wahrscheinlichkeit ganz anders aus. Warum sonst sollte die IGMG-Jugendorganisation zu den türkischen Parlamentswahlen im April 1999 zusammen mit der Kombassan »Wahlreisen« im Flugzeug oder Bus zu Sonderpreisen in die Türkei anbieten?

Die Erträge aus den Anteilscheinverkäufen waren groß oder vielmehr:

verdächtig groß. Das bestätigte sich, als bei Grenzkontrollen Kuriere wegen mitgeführter Summen zwischen 100 000 DM und drei Millionen DM auffielen. So kam es zur Einleitung von Ermittlungsverfahren wegen des Verdachts der Geldwäsche, unter anderem bei den Staatsanwaltschaften Krefeld, Freiburg, Stuttgart, Hannover, beim Oberlandesgericht München, beim Landgericht München und bei der Generalstaatsanwaltschaft München. Diese Verfahren machten deutlich: Die »Geldsammler« waren im gesamten Bundesgebiet tätig.

Ganz oben auf der Liste der Krefelder Staatsanwaltschaft stand der Geschäftsführer der Holding Hasim Bayram, der zugleich die Geschäfte der Firma Alkom Handels GmbH in der niederrheinischen Stadt führte. Darüber hinaus ermittelte man gegen den Alkom-Bevollmächtigten Ismail Isik, der gleichzeitig als Inhaber der Orkan Maschinenhandelsgesellschaft ISIK in Krefeld firmierte. Nach den Erkenntnissen des BKA benutzte die Alkom GmbH zwar die Geschäftsräume der Firma Orkan, übte aber keinerlei Geschäftstätigkeit aus. Die Orkan Handelsgesellschaft vermittelte gebrauchte medizinische Geräte in die Türkei. Die Nachforschungen des Zollkriminalamtes ergaben, dass die Kombassan unter hohen Renditezusicherungen Anteilscheine verteilte, die über »Geldsammler« gegen Quittungen an die Anleger ausgehändigt wurden. Diese nahmen Beträge zwischen 500 DM und mehreren 10 000 DM an und überwiesen anschließend größere Summen in Einzeltransfers über türkische Repräsentanzbanken an die Holding, wenn sie die Summen nicht selbst oder per Kurier als Bargeld transferierten. Den Verdacht der Geldwäsche konnten die Beamten nicht beweisen, der Verdacht des Kapitalbetrugs blieb aber bestehen.

In München und Umgebung sollen zwei türkische Staatsangehörige als »Mitarbeiter auf freiwilliger Basis tätig« gewesen sein. Der eine habe etwa »300 türkische Landsleute im Großraum München« betreut, der andere habe die Verantwortung »für den oberbayerischen Raum, insbesondere Rosenheim und Umgebung« übernommen. Das Verfahren musste mangels »hinreichenden Tatverdachts« eingestellt werden (StA b. OLG München, Az. XIII Ojs 82/96, eingestellt am 21. Mai 1996 gemäß § 170 II StPO).

Beim Oberlandesgericht München wurde ein weiterer »Geldsammler« aus der Türkei aktenkundig. Hasan A. zahlte 1997 bei einer deut-

159

schen Repräsentanzbank insgesamt 4,5 Millionen DM in bar ein. Das Geld stammte aus dem Verkauf von Kombassan-Anteilscheinen. Auch in diesem Fall musste das Verfahren mangels eines »hinreichenden Tatverdachts« eingestellt werden (StA b. OLG München I, Az. 312 Js 40079/97, eingestellt am 28. Oktober 1997 gemäß § 170 II StPO).

Ein in Hamburg wohnender gebürtiger Türke wurde 1996 am Flughafen mit drei Millionen DM angetroffen. Zur Herkunft des Geldes gab Kara an, es handele sich um »Firmengelder der Kombassan AS«, die er eingesammelt habe und die er nun in die Zentrale nach Konya/Türkei bringen wolle (LKA HH, 264/30/96).

Bei der Freiburger Bank für Gemeinwirtschaft zahlte wiederum ein türkischer Staatsbürger zwischen Januar und November 1995 etwa 850 000 DM in bar ein und transferierte diese dann weiter an die Firma Kombassan. Seine Einzahlungen standen nach den Erkenntnissen der Sicherheitsbehörden im zeitlichen Zusammenhang mit seinen Aufenthalten im »Islamischen Zentrum Freiburg«, wo die Geldübergaben vermutlich stattfanden. Das Zentrum gilt als religiöser und gesellschaftlicher Treffpunkt der türkischen Muslime in Südbaden und soll von der AMGT (jetzt Milli Görüs) finanziert werden. Eines der Gründungsmitglieder ist der Vater des Freiburger »Geldsammlers«, sein Bruder ist dort zweiter Vorsitzender. Der Kombassan sollen allein 1995 durch Bareinzahlungen bei »IS-Bank Filialen sowie Überweisungen durch die Postbank 19,5 Millionen Mark« von Freiburg aus zugeflossen sein (StA Freiburg, Az. 61 Js 30/95).

Interpol Wien erhielt im Rahmen des Freiburger Verfahrens eine »Erkenntnisanfrage«. Dort teilte man mit, dass ein österreichischer Staatsangehöriger am 26. beziehungsweise 27. Februar 1996 in einer Zweigstelle der Raiffeisenbank Wien den Auftrag erteilte, 106 000 DM und 156 000 DM als »Kosten für den Kauf einer Fabrik« auf ein Konto in der Türkei zu überweisen. Er gab an, ein Verantwortlicher der Firma Kombassan zu sein. Aus einem von ihm vorgelegten Quittungsbuch war ersichtlich, dass seine türkische Kundschaft fortlaufend Beträge zwischen 11 000 und 55 000 DM zum Anteilserwerb an Kombassan zahlte.

Über die IS-Bank Frankfurt/Main überwies ein im bayrischen Bessenbach wohnender türkischer Mitbürger am 23. Mai 1995 sowie am 9. Juni 1995 120 000 DM und 100 000 DM an Kombassan. Die weiteren

Ermittlungen des hessischen Landeskriminalamtes sowie des Polizeipräsidiums Unterfranken bestätigten den üblichen Verdacht: Der Betreffende war Vorsitzender des türkischen Vereins AMGT in Aschaffenburg. Der »Geldsammler« wurde noch ein zweites Mal von den bayerischen Sicherheitsbehörden »wegen auffälliger Zahlungsvorgänge überprüft« (Az. HLKA: SG 412 – 183/95 sowie Az. 632 – rop-0186/00).

Nach Erkenntnissen des baden-württembergischen Landeskriminalamtes zahlte am 6. März 1996 ein Mann bei der Kreissparkasse Ludwigsburg 200 000 DM ein. Dabei gab er an, dass die Summe für die Firma Kombassan bestimmt sei, die in Nalcaci/Türkei Häuser bauen würde. Das Geld stamme von Landsleuten, und er solle es transferieren. Schon am 19. Februar 1996 hatte er 130 000 DM zur Sparkasse gebracht, die ebenfalls an Kombassan überwiesen wurden (LKA BW: ZFE – 51/24).

In Süddeutschland stehen außerdem zwei Männer aus Erdmannshausen bzw. aus Amsterdam im Verdacht, den in der Bundesrepublik lebenden Türken Aktien der Kombassan Holding zu verkaufen oder deren Verkauf zu vermitteln. Die so eingenommenen Gelder sollen entgegen den Bestimmungen des Kreditwesengesetzes an Kombassan Holding weitergeleitet worden sein. Einer der beiden habe im Juli und Oktober 1998 jeweils vier Millionen DM auf ein Geschäftskonto der Gesellschaft bei der Deutschen Bank AG in Stuttgart eingezahlt. Bei den beiden »Geldsammlern« handelte es sich um die Verantwortlichen der Firma Air Alpha Flugreisen GmbH, die ihrerseits zur Kombassan Holding gehörte (StA Stuttgart, Az. 152 Js 30700/99).

Die Polizeidirektion Hannover fand heraus, dass im Zeitraum von 1995 bis 1996 annähernd 1,8 Millionen DM an die Kombassan-Papierfabrik von einer Person überwiesen wurden (StA Hannover, Az. 230 Js 27537/96).

Dem Polizeipräsidium Bielefeld wurde im Rahmen eines Ermittlungsverfahrens wegen des Verdachts auf Handel oder Schmuggel mit Kokain bekannt, dass der deutsche Staatsangehörige Ali A. gelegentlich als Vermittler von Anteilscheinen des Firmenverbundes Kombassan auftritt. In einer Vernehmung erklärte A., dass er diese Tätigkeit »unentgeltlich« ausübe (PP Bielefeld, KK 14, Tgb.Nr.99345).

Die Anzahl der »Geldsammler« sowie die Summe, die sie für die Kombassan Holding über die Anteilscheine eintreiben, sind somit beträchtlich. Wenn man dann noch bedenkt, dass die Kombassan nicht die Einzige dieser Gesellschaften ist, wird das tatsächliche Ausmaß der Geldtransaktionen zumindest erahnbar. Insgesamt sollen die türkischen Holdings nach einem vom BKA in nur fünfzig Exemplaren gedruckten und streng unter Verschluss gehaltenen Bericht mittlerweile rund 800 Millionen Euro – fast 1,6 Milliarden DM – für Milli Görüs »gewaschen« haben! Diese Größenordnung verdeutlicht die Macht der hinter den »Geldsammlern« und ihren Gesellschaften stehenden türkischen islamistischen Gruppen – vor allem in Deutschland. Die Spender selbst dürften wie viele der Milli-Görüs-Mitglieder über die Geschäfte nicht einmal ansatzweise informiert sein. Und wie so häufig waren die Ermittler trotz der erdrückenden Fülle von Indizien und Hinweisen letztendlich machtlos. In den vergangenen Jahren gab es zahlreiche Verfahren wegen des Verdachts auf Geldwäsche, Kapitalanlagebetrug oder wegen des Verstoßes gegen das Kreditwesengesetz. Fast alle Verfahren wurden inzwischen eingestellt, da die kriminelle Herkunft der Gelder nicht nachzuweisen war.

Weil die türkische Regierung sie auf eine »schwarze Liste« setzte, haben sich viele der Milli Görüs nahe stehenden Holdings in Deutschland niedergelassen. Die Anteilseigner, die zur Kundschaft von Firmen wie Kombassan gehören, sind weitgehend rechtlos und haben keine Chancen, ihre Einlagen jemals wiederzusehen, wenn die Holding zusammenbricht oder betrügerischen Bankrott macht. Die so genannte Jet-PA brachte nach Angaben von Ursula Spuler-Stegemann 7000 Anteilseigner um ihr Geld, während sich deren Inhaber nach Liechtenstein absetzte. Die YIMPAS-Holding, die in der Bundesrepublik eine Supermarktkette betrieb, Möbel verkaufte und ein Hotel übernahm, brach ebenfalls zusammen. Die deutschen Behörden eröffneten gegen sie ein Verfahren wegen Anlagebetrugs. Die in der Schweiz registierte Aktiengesellschaft verfügte nach Angaben der Teledata-Wirtschaftsinformation über ein Kapital von immerhin 115 Millionen Schweizer Franken. Die Schweizer Regierung liebte solche pflegeleichten Geldbringer offenbar sehr und drückte bei nicht ganz gesetzmäßigen Vorgängen durchaus einmal ein Auge zu. Nach einem dem Autor vorliegenden Handelsregisterauszug der YIMPAS vom 14. November 2000 »hat das Bundesamt für Justiz der Gesellschaft die

Bewilligung erteilt, vom Erfordernis abzusehen, wonach die Mehrheit der Mitglieder des Verwaltungsrates sich aus Personen zusammensetzen muss, die in der Schweiz wohnhaft sind und das Schweizer Bürgerrecht besitzen«.

Die meisten Erkenntnisse zu YIMPAS, Kombassan und all den anderen Milli Görüs nahen Holdings befinden sich beim BKA. Wenn auch nur ein Bruchteil von dem stimmt, was die Beamten dort zusammengetragen haben, tun sich Abgründe auf: Nach Informationen des BKA vom September 2001 unterstützten Unternehmen wie YIMPAS und Kombassan unter anderem die extremistische türkische IBDA-C (»Stürmerfront für den islamischen Orient«), eine »gewaltbereite extremistische türkische Organisation, die große Geldsummen« sammelt. Ein aktives Mitglied der IBDA-C sei der heute in Belgien wohnhafte Ahmet S. Dieser beliefere mit seiner Firma Divan Fleischprodukte AG bundesweit türkische Dönerstände, wobei er selbst zwei Geschäfte in Düsseldorf betreibe. Andere »Mitglieder« der IBDA-C seien unter anderem bei der zu Kombassan gehörenden Alpha-Air beschäftigt gewesen. »Deswegen soll ein Teilhaber der Kombassan AG in Rauschgiftgeschäfte in Holland verwickelt sein. Aus den Erkenntnissen geht hervor, dass der S. für die Finanzen der IBDA-C verantwortlich ist.« Air Alpha ist inzwischen liquidiert. YIMPAS beantragte im August 2002 Insolvenz. Die türkische Kombassan Holding versagte den Tochtergesellschaften in Krisenzeiten offensichtlich jegliche Unterstützung.

Wo liefen die Fäden dieser weit verzweigten, undurchsichtigen, aber äußerst aktiven Geldbeschaffungsmaschinerie zusammen? Über Monate hinweg sammelte man im Bundeskriminalamt Einzelspuren, fertigte auf riesigen Tafeln Diagramme der Spuren und Zusammenhänge an – und erstaunlich oft stieß man dabei auf eine sich »IK« oder »IKD« nennende muslimische Institution. Das »Islamische Konzil Deutschland« (IK) wurde im Jahr 1989 gegründet, sitzt heute in der Fichtenstraße in Frankfurt am Main und ist eng verbunden mit der Muhammad-Bin-Saud-Universität in Riad, deren Rektor Abdullah Al-Turki – rein zufällig – der erste Sprecher des »Islamischen Konzils« war. Die Universität ist bekannt für ihre extremistischen Parolen. Mit den an sie gespendeten Geldern unterstützt sie islamistische Vereine und finanziert Moscheeneubauten überall in der Welt. Eine von ihnen steht etwa in Tokio.

Einer der einflussreichsten Islamgelehrten Saudi-Arabiens, Scheich Hammoud bin Uqla al-Shuaybi, arbeitete früher als Leiter der theologischen Abteilung an der Hochschule. Er erklärte nach den verheerenden Terroranschlägen vom 11. September 2001 öffentlich: Wer auch immer »die Ungläubigen bei ihrem Kampf gegen die Muslime unterstützt, ist selbst ein ungläubiger Hund«. Seine Aussagen wurden als Fatwa aufgefasst.

Trotz allem war es erstaunlich wenig, was die deutschen Behörden über die im Hintergrund wirkende mächtige Institution wussten. In einer Antwort der Bundesregierung vom 8. November 2000 auf eine Anfrage des Abgeordneten Dr. Jürgen Rüttgers sowie der CDU/CSU-Fraktion (Drucksache 14/2301) wird das »Islamische Konzil in Deutschland« (IKD) lapidar als »eine weitere sunnitisch geprägte Dachorganisation« bezeichnet, die »eine Nebenorganisation des hauptsächlich von Saudi-Arabien geförderten ›Islamischen Weltkonzils‹« sei. Das war alles.

Die Erfolge der Fahnder scheinen beim »Islamischen Konzil« wie bei so vielen anderen Verdachtsmomenten vom mehr oder minder geduldigen Warten auf den Zufall abzuhängen. Dabei hat das Konzil in Frankfurt seinen Sitz auf einem Gelände, das auch Milli Görüs bewohnt. Das IK ist Mitglied in dem von Saudi-Arabien gesteuerten extremistischen »Islamischen Weltkonzil«. Die Federführung bei der uns wohl bekannten muslimischen Studentenvereinigung liegt in Frankfurt. Im Vorstand sind »rein zufällig« der Präsident – einer der Gebrüder G. –, Salah El-Din El-Gafrawi, der Vizepräsident Hasan Özdogan (von Milli Görüs), der Generalsekretär Ibrahim El-Zayat (von der »Muslim Studenten Vereinigung in Deutschland«), der Finanzreferent Ahmad Kajusevic (vom »Islamischen Zentrum Frankfurt«) sowie als Referent für den innerreligiösen Dialog: der Muslimbruder Ahmad Al-Khalifa (von der »Islamischen Gemeinschaft in Deutschand« und vom »Islamischen Zentrum München«). Al-Khalifa wird vom bayerischen Verfassungsschutz intern als Extremist eingestuft, der auch in öffentlichen Diskussionen die Meinung vertritt, Deutschland solle ein islamisch geprägter Staat werden. Hier saßen also all jene uns mittlerweile bestens bekannten Personen (und Institutionen) zusammen, die verdächtigt werden, nach außen hin zwar den friedlichen Dialog zu propagieren, im Hintergrund jedoch härtere Töne anzuschlagen. Kann man angesichts dieser Verflechtungen tatsächlich ruhig bleiben und die Ermittlungen von weiteren Zufällen abhängig machen?

Teil III

Willkommen im Kalifat von Europa

Bereit zur Zerstörung der westlichen Welt

Betrachtet man die Ziele, Motive und ideologisch-religiösen Hintergründe des Netzwerks, das allem Anschein nach über feste institutionelle Verflechtungen und eine nicht zu unterschätzende kriminelle Energie verfügt, dann sollte man erwarten, dass die Unruhe bei den Behörden wachsen wird. Mehr als 3,2 Millionen Muslime leben in Deutschland und führen auf den ersten Blick eine friedliche Koexistenz mit ihren Mitbürgern. Doch in so manchen Kebab-Buden, Moscheen und islamischen Vereinen wird wohl nicht immer nur entspannt diskutiert. Mitten unter uns entsteht ein islamisches Ghetto, das viele unterschiedliche, nicht nur friedfertige Gesichter hat und sich auch aus dem Gedankengut speist, das die bisher vorgestellten Vereine, Organisationen und Bruderschaften unter den gläubigen Muslimen verbreiten. Eines der verborgenen Gesichter ist die Fratze des Terrors, die sich öffentlich durch Dialogforen, Multikulti-Veranstaltungen und eine der deutschen »Gesprächskultur« angepasste exzessive Diskussionsfreudigkeit tarnt, insgeheim jedoch Krieg und Terrorakte billigt oder fördert, um die vermeintlichen Pläne Allahs zu verwirklichen. So bringt eine kleine, radikale Minderheit den Islam insgesamt in Verruf, weil sie sich bereit zeigt, in nicht allzu ferner Zukunft den Krieg gegen unsere Städte zu erklären.

Gewiss, der weitaus größte Teil der Muslime identifiziert sich nicht mit den radikalen Islamisten. Immerhin treten 72 Prozent der in Deutschland lebenden Menschen muslimischen Glaubens für eine klare Trennung von Staat und Kirche ein. Nur drei Prozent sind in der vom Verfassungsschutz beobachteten islamistischen Milli Görüs organisiert. Zählt man deren Familienmitglieder hinzu (was, wie wir gesehen haben, nicht unerheblich ist), kommt man auf etwa zehn Prozent aller Muslime. Prozentual bewegen sich die islamistischen Gruppierungen damit leicht über den rechtsextremen Parteien wie DVU oder NPD, gegen die der Verfassungsschutz zu Recht mit großen Anstrengungen vorgeht. Die im Verhältnis über wesentlich mehr Anhänger verfügende türkische Milli Görüs ist keinesfalls so friedfertig, wie ihre Führer nach außen hin vorgeben, muss aber den Staatsschutz nicht im selben Maße wie die rechte Szene fürchten. Gerade einmal eine Hand voll Mitarbeiter befasst sich mit diesem Extremistenklub. Warum ist das so?

In Deutschland beobachtet jedes Bundesland und dort jede Behörde für sich die Aktivitäten verdächtiger Gruppen, wobei für jede dieser Gruppen oftmals verschiedene Personen zuständig sind. Zusammenhänge zwischen potenziellen Terrorgruppen und der Organisierten Kriminalität können schon allein deshalb gar nicht erst erkannt werden, weil für beide Bereiche völlig getrennte Abteilungen zuständig sind: die eine davon sitzt beim BKA in Wiesbaden, die andere in Meckenheim. Man spricht zwar miteinander, den wichtigen Austausch von Informationen praktiziert man allerdings nur ansatzweise. So kommt es gelegentlich zu der absurd anmutenden Situation, dass die eine Abteilung wegen Geldwäsche und die andere wegen Terrorgefahr gegen dieselbe Gruppe ermittelt, die Erkenntnisse der Fahnder aber fast nie zusammenfließen.

Im ermittlungstechnischen Tohuwabohu geht ebenso wie in der öffentlichen Diskussion immer wieder ein Punkt unter, der für das geheime Vorgehen, die geheime Zusammenarbeit und das geheime Verständnis islamistischer Gruppen in Deutschland ungeheuer wichtig ist. Das einigende Band aller Gruppierungen ist das gemeinsame stereotype Feindbild. Egal, ob man Mitglieder von Milli Görüs oder der libanesischen Hisbollah befragt, sie alle stimmen in der Ablehnung des Staates Israel überein und sprechen vom »Welt-Zionismus«. Zweitens sind aus ihrer Sicht Europäer Atheisten und Götzenanbeter, Wucherer, Kapitalisten, Ehebrecher, Alkoholiker und der Pornografie ergebene nichtsnutzige Geschöpfe, Agenten und sonstige Feinde, die zwar als Lehrer, Ärzte oder Ingenieure auftreten mögen, in Wahrheit aber Feinde des Islam darstellen. Aus ihrer Sicht liefern die Medien jener »Ungläubigen« bewusst ein verzerrtes Bild vom Islam, der dabei doch den einzigen Ausweg aus der westlichen Welt voller Sadisten, Kinderschänder, Massenmörder und sonstiger Perverser bietet. Diese Grundhaltung trifft sicher auch auf viele nicht-islamistische Muslime in Deutschland zu. Die Islamisten eint jedoch das Ziel, dem unhaltbaren Zustand in der christlich-abendländischen Welt durch die Wiedererrichtung eines »Kalifats« mit gewaltsamen Mitteln ein Ende zu bereiten.

Es ist dieser Traum vom »Kalifat«, der die Vertreter von Milli Görüs, die Anhänger algerischer Terrorgruppen und tschetschenischer »Rebellen«, die Kämpfer der palästinensischen Hamas, der Hisbollah, des palästinensischen Dschihad und der ägyptischen Gamaat al-Islamiya zu einer geistigen Einheit schmiedet. Denn was die Vertreter von Hizb ut-Tahrir im Sommer 2002 in einer Hamburger Moschee beim Freitagsgebet vorlasen und was Besucher Wort für Wort auf einer Videokassette festhielten, würde die Zustimmung aller Extremisten finden, gleich welcher Organisation sie angehören:

> »Im Namen Allahs des Allerbarmers des Barmherzigen. Das islamische Kalifat ist der Schutz für die Länder der Muslime. Seine Errichtung ist Pflicht. Und die Inaktivität dabei eine Sünde. Das Kalifat ist eine kollektive Führung für alle Muslime auf dieser Erde, um die islamischen Gesetze zu implementieren und die islamische Botschaft in alle Welt weiterzutragen. Es ist eine politische Struktur, die Muslime und ihre Länder vereint. Der Gesandte Allahs hat den Muslimen befohlen, dass sie einen Kalifen aufstellen, der sie mit den Gesetzen der islamischen Scharia regiert. Das Kalifat ist auch der Staat, dessen Rückkehr uns der Gesandte Allahs prophezeit hat, als er sagte: Sodann wird ein Kalifat wiedererstehen, nach dem Plan des Prophetentums! Es ist jener Staat, der das vollzieht, was Allah, der Erhabene, den Muslimen an islamischen Gesetzen in der Rechtssprechung, dem Regierungssystem, dem Wirtschafts-, Sozial- und Familiensystem, dem Unterrichtswesen und in der Außenpolitik befohlen hat. Das Kalifat ist auch jener Staat, der den Dschihad vollzieht, den Allah den Muslimen auferlegt hat, um die islamische Botschaft in alle Welt weiterzutragen, die Länder der Muslime zu schützen und ihr Leben, ihre Angehörigen, ihr Eigentum und das ihrer Schutzbefohlenen zu verteidigen.«

In ihrer deutschsprachigen Zeitschrift *Explizit* veröffentlichte Hizb ut-Tahrir nach den Anschlägen des 11. September einen Aufruf zur Errichtung des Kalifats in Europa, für den das Gleiche gilt:

> »Das Kalifat ist aber – und das muss endlich klar erkannt werden – eine SCHICKSALSFRAGE für uns, an der kein Weg vorbeiführt. Und eine Schicksalsfrage – weil sie existenzbedrohend ist und das Schicksal der gesamten Umma betrifft – muss mit der entsprechenden Entschlossenheit und Aufopferungsbereitschaft in Angriff genommen werden, die ihrem Stellenwert gebührt, ansonsten ist das Scheitern gewiss. Die Verantwortung für dieses Ziel haben wir gemeinsam zu tragen, und gemeinsam werden wir von Allah dafür zur Rechenschaft gezogen. Jeder Leser trägt hierbei einen Teil der Verantwortung, die ihm kein anderer abnehmen kann. Das Mindeste, das jeder von uns tun kann, ist, diesen Gedanken, das Kalifat als vorrangigstes Ziel in alle Welt zu verkünden. In seinem Freundeskreis, seinem Verwandtenkreis, unter seinen Bekannten und Angehörigen, hat jeder von uns diesem Gedanken als Überzeugung zum Durchbruch zu verhelfen. Unter den Muslimen muss sich die Erkenntnis durchsetzen, dass die Gründung des Kalifats eine Pflicht für sie ist, genau wie das tägliche Gebet. Sie müssen

begreifen, dass es sich dabei um die Erfüllung eines der wichtigsten göttlichen Gebote handelt, ohne dem der Großteil der restlichen islamischen Gesetze gar nicht erfüllt werden kann.«

Wenn wir diesen gemeinsamen Traum der Extremistengruppen vom Kalifat kennen, können wir verstehen, warum die Islamisten trotz der verwirrenden Vielzahl von Organisationen, in den sie sich bewegen, untereinander ein solch großes Gefühl der Zusammengehörigkeit entwickelt haben. Und wir sehen den Grund dafür, warum die Aufdeckung konspirativer Netze ein auswegloses Unterfangen ist, solange diese Gruppen nicht in einem Zusammenhang gesehen und ihre Querverbindungen untereinander, einschließlich aller Kontakte zur Organisierten Kriminalität, mit höchster Priorität aufgeklärt werden.

Das »Kalifat« ist eines der Stichworte, die im islamischen Staatswesen große Bedeutung haben. Als der Prophet Mohammed am 8. Juni 632 in Medina starb, hinterließ er nach Auffassung der sunnitischen Richtung des Islam keinen Nachfolger, während er nach Auffassung der Schiiten, die heute etwa im Iran regieren, seinen Vetter und Schwiegersohn Ali zum Nachfolger (zum »Kalifen«) ernannte. Von 632 bis zur Auflösung des Kalifats durch die türkische Nationalversammlung im Jahr 1924 war der Begriff verbunden mit dem weltlichen und religiösen Führer der Muslime, der jedoch keine Leitsätze aufstellen durfte. Seit der Abschaffung des Kalifats kann sich theoretisch jeder zum Kalifen ausrufen, was der »Kalif von Köln« ja auch tat. Obwohl solche »Ernennungen« keine bindende Wirkung für andere Muslime haben, wünschen sich viele von ihnen ein europäisches Kalifat, in dem die dort lebenden Christen und Juden als »Tributpflichtige« eine untergeordnete Rolle spielen.

»Willkommen im Kalifat von Europa!« So begrüßte auch Mullah Muhammad Selim alias Klaus D. aus Köln bis zum Juli 2002 seine Besucher im Internet. Unter der Internetadresse *http://www.nova-europa.de/kalifat-482.htm* beantwortete er die Frage, warum Deutschland ein muslimisches »Kalifat« werden solle. Es lohnt sich, seine Ausführungen, die im Sommer 2002 vom Server genommen wurden, in voller Länge zu zitieren. Denn Muhammad Selim liefert ein freimütiges Eingeständnis dessen, was vielen der in Deutschland tätigen muslimischen Vereine als Ideal erscheint:

»Nachdem der kalte Krieg vorbei war, die beiden deutschen Staaten vereinigt wurden, schien es, als ob es nur noch einen Lebensstil (way of life) geben könnte. Es entstand in den Köpfen der Eindruck, als ob endgültig und für alle Zeiten die westliche Lebensart über ganz Europa und den Rest der Welt triumphieren würde. Jedermann war zufrieden mit sich und seiner Zukunft. Ich war davon nicht überzeugt, denn der Abfall vom Glauben, gleich ob von dieser oder jener Religion, und Hinwendung zum Unglauben bedeutet einen kulturellen Rückschritt. Die Religion ist der Kitt der Gesellschaft. Sie auferlegt den Gläubigen manche Beschränkungen und Pflichten, aber dadurch dient sie auch ihm selbst und seiner Zukunft. Gerade das haben die Deutschen (und auch andere Europäer) vergessen oder verdrängt. Das möchte ich am Beispiel der Kinderzahl klar machen. Heute haben 100 Erwachsene gerade noch 65 Kinder und 42 Enkel. Das bedeutet, dass jeder Dritte in der nächsten Generation keine Nachkommen mehr haben wird. Sogar jeder Zweite wird in der übernächsten Generation kinderlos sterben. Die Deutschen haben, um es ganz krass auszudrücken, keinen Zukunftshorizont mehr. Für wen sollten sie ein Haus bauen oder für wen sollten sie ein Unternehmen schaffen? Das verliert in einer kinderarmen Gesellschaft an Bedeutung. Ein anderes Faktum ist die Alterstruktur der deutschen Gesellschaft: Annähernd die Hälfte der Erwachsenen haben das 60. Lebensjahr überschritten und ein Achtel sogar das 80. Lebensjahr!

Auch die Abwendung vom Christentum ist ein gutes Indiz für den zu erwartenden Umschwung in der Religion. Am Beispiel des kirchlichen Lebens im katholischen Erzbistum Köln kann ich das zeigen. So ging die Zahl der Gottesdienstbesucher im Jahr 2001 im Vergleich zu 2000 zurück (auf 303 386 von 311 746). Rückläufig war auch die Anzahl der christlichen Taufen (von 18 533 auf 18 130), der christlichen Trauungen (von 5213 auf 4424) und der Kommunionkinder (von 24 650 auf 23 617). Am Sakrament der Firmung nahmen nur noch 46 Prozent von ihnen teil. Die Kirchenaustritte bewegten sich auf dem Niveau 15 398 (Jahr 2000) bzw. 12 765 (Jahr 2001). Die Christen kehren also ihrer Religion den Rücken ...

Nach einer Umfrage des evangelischen Magazins ›Chrismon‹ ist die Mehrheit der Deutschen nur noch wenig bibelfest. Ein Beispiel: ›Du sollst deinen Nächsten lieben wie dich selbst‹ ordneten 89 Prozent den Zehn Geboten zu. Das ist aber ganz falsch. Richtig ist: Dieses Gebot steht in der Indjil (Evangelium) nach Markus 12, 31. Ein solches Ergebnis zeigt, wie sehr das Christentum in Europa im Schwinden begriffen ist. Es gibt keinerlei Anzeichen oder durchgreifende Maßnahmen (bis auf ein paar Plakataktionen), dass dieser Trend umgekehrt wird.

Meine Schlussfolgerungen aus den obigen Fakten sind:
1. Der Abfall von Gott, dem Barmherzigen und Gnädigen, und Ablehnung jeglicher Religiosität hat sich nicht ausgezahlt.
2. Der extensive Konsum, das Habenwollen und die Begrenzung des geistigen Horizonts auf die Gegenwart hat eine Leere (keine Nachkommenschaft) hinterlassen.
3. Der Umbruch der deutschen Gesellschaft ist unausweichlich und unaufhaltsam.
4. Die Muslime, die den Wert der Familie hoch gehalten haben, werden noch die Retter in der Not sein, denn sie werden in absehbarer Zeit die alten, kinderlosen Deutschen ernähren.
5. Deutschland wird ein islamisches Land.

Der Islam in Europa wird ein anderer sein als in Arabien oder der Türkei. Die Scharia ist ein Regelwerk von Gesetzen, das vor vielen Jahrhunderten erstellt wurde (es gibt sogar vier verschiedene Rechtsschulen). In Europa muss sie umgestaltet werden in der Art und Weise, dass sie eine neue Hochkultur ermöglicht. Meine These ist: Die Deutschen sind ein Volk, das schon immer führend in der Philosophie und Religion war ...

Momentan befinden sie sich in Stagnation und Verwirrung. Man kann deutlich beobachten, wie sehr die politische Ordnung unterhöhlt ist. Die Stammwähler der großen ›Volksparteien‹ sind auf 10 Prozent geschrumpft. Es gibt die unpassendsten Koalitionen. Die ›christlichen‹ Parteien sind kriegsbegeistert. Die atheistischen Sozialisten in der PDS hingegen sind radikal pazifistisch. Die ehemals pazifistischen Grünen verbiegen ihr Gewissen und ermöglichen so den falschen Weg des Krieges. Ein früherer Sponti, der in seiner Jugendzeit mit körperlicher Gewalt gegen Polizisten vorgegangen war, sammelt heute in seiner Funktion als Außenminister eifrig Stimmen für den Kriegseinsatz in Afghanistan. Ein früherer Verteidiger der gefürchteten RAF-Terroristen überbietet sich heute in seiner Funktion als Innenminister selbst mit Vorschlägen zur Einschränkung der Bürgerrechte.

Aber keine Angst, der deutsche Staat bricht jetzt noch nicht zusammen. Doch es bleibt nicht so, wie es ist. Meine Beobachtung ist, dass die Menschen sich nach innerem Frieden sehnen, den weder das Christentum noch irgendwelche politische Ideologien bieten kann. Auch der Freizeitspaß oder esoterische und okkulte Beschäftigungen befriedigen letztlich nicht. Denn jeder ist hier eine einsame Insel und lebt nur für sich. Gesellschaften, die keinen Gemeinsinn mehr vermitteln können, brechen früher oder später weg. Meine Prognose ist, dass das deutsche Volk in seiner Offenheit für Neuerungen und schöpferischen Qualität sich dem Islam widmen wird (nicht heute, eher übermorgen) und ihn in ihrer Neigung zur Perfektion zur Weltgeltung bringen wird. Denn das deutsche Volk hat einen ausgesprochenen Sinn für mystische Vorstellungen und deren Realisierung in der Gesellschaft.

Deshalb wird der Islam in Deutschland ganz anders aussehen als in der Türkei oder Arabien, aber er wird erkennbar islamisch sein und die Gebote Gottes, wie sie im heiligen Qur'an offenbart wurden, in einer menschenfreundlichen Weise anwenden. Die Todesstrafe und Verstümmelungen, die Benachteiligungen von Frauen, ob gesellschaftlich oder erbrechtlich, werden keine Anwendung finden, sie gehören ja zu einer ganz anders gearteten, früheren Gesellschaft. Was damals sinnvoll war, ist heute unter veränderten Voraussetzungen nicht mehr nötig. Chadidja, die Gattin unseres Propheten, war eine selbstständige Kauffrau, daran sollte man sich erinnern. Sie ist das Vorbild für die muslimischen Frauen. Wer sich vorurteilsfrei mit dem frühen Islam beschäftigt, wird schnell bemerken, dass es die zu Recht kritisierten Zustände in islamischen Ländern damals nicht gab. Erst allmählich wurde der originäre Islam überwuchert mit fremden Ideen aus archaischen Zeiten. Wann Deutschland seine Sinngebung im Islam sieht, wird sich ergeben. Ich erinnere mich noch genau an den Tag, als die DDR zusammenbrach und von heute auf morgen verschwand.

So schnell wird es auch dem heutigen deutschen Staat, der niemanden mehr begeistern kann, ergehen. Und die Deutschen werden sich dem Islam öffnen ... Das sind meine Erkenntnisse über die Zukunft Deutschlands.«

So weit Mullah Muhammad Selim, dessen Worte auf den ersten Blick so friedfertig klingen – und dabei so alarmierende Signale für die – aus seiner Sicht islamische – Zukunft der Bundesrepublik aussenden. Wer ist dieser Mann? Steckt hinter seinen vermeintlich behutsamen Worten eine heimliche, dennoch deutliche Sympathie für eine gewalttätige islamische Revolution, auch wenn der Mullah wie viele andere Muslime ständig beteuert, mit Terroristen nichts am Hut zu haben? Diese Frage beantwortet Selim unwissentlich selbst, wenn er auf der Internetseite seine Lebensgeschichte und die geistigen Wurzeln seines Denkens schildert.

In jungen Jahren habe er nämlich in der Moschee in Köln eine »schöne, aber auch anstrengende Lehrzeit« verbracht, während der er den »Kalifen von Köln« Cemaleddin Kaplan sowie dessen Sohn Metin kennen und schätzen lernte. Eher beiläufig erwähnt Mullah Selim in diesem Zusammenhang, dass Metin Kaplan wegen eines Rechtsgutachtens verhaftet wurde. Dabei handelt es sich um die bereits erwähnte »Todes-Fatwa«, mit der der Sohn des »Kalifen von Köln« nach dem Tod seines Vaters den Rivalen um das frei gewordene Kalifenamt Ibrahim Sofu ausschaltete. Dieser fiel 1997 einem Mordanschlag zum Opfer, woraufhin Metin Kaplan im Jahr 2000 zu vier Jahren Gefängnis verurteilt wurde. Das allerdings übersieht Mullah Selim in seiner Botschaft geflissentlich. Stattdessen verbreitet er in allen Facetten die Auffassung, dass die Bundesrepublik noch in diesem Jahrhundert nicht zuletzt durch die katastrophale Bevölkerungsentwicklung von den Ereignissen »überrollt«, also islamisch werde. Die Deutschen sind demnach selbst Schuld am moralischen, religiösen und geistigen Verfall ihres Landes. Der Islam fungiert als Retter in der Not, als Heilsbringer, der die depravierte Religion und Moral der westlichen Welt durch seine religiösen Grundsätze zu neuem Leben erweckt. Das Umschreiben der Mordaufrufe Kaplans als scheinbar harmloses »Rechtsgutachten« und der Begriff »überrollen« zeigen dabei, wie geschickt solche Leute den angeblichen Dialog dazu nutzen, ihre wahren Ziele voranzutreiben.

Auch die Struktur und die Grundregeln des Wunschbildes »Kalifenstaat« kleidet Mullah Mohammed Selim vorsichtig in Worte, die den Verdacht einer religiösen Diktatur unter Einsatz von Gewalt vordergründig erst gar nicht aufkommen lassen. Hören wir dazu noch einmal den Mullah persönlich auf seiner bereits erwähnten Internetseite:

»Im Namen Gottes, des Barmherzigen und Gnädigen ... Das dumpfe, von innerer Angst beherrschte und von Gott abgefallene Abendland ist reif geworden für die wahre Religion, die schon seit Jahrtausenden verkündet wurde ... Die Muslime werden sich einen Staat aufbauen, in dem der Islam Richtschnur des Handelns ist. Es wird ein demokratischer Staat sein, in dem Allahs weise Gebote gelten und in dem die Interessen des Volkes gewahrt werden. Die oberste politische Regel der Demokratie (Volksherrschaft) ist, dass die Mehrheit des Volkes sein Schicksal in Form bestimmter parlamentarischer Maßnahmen selbst in die Hand nimmt. Dies gilt auch für die muslimischen Gläubigen. Wenn sie die Mehrheit im Volk und im Parlament hätten, könnten sie also solche Maßnahmen treffen, die sie für richtig halten (natürlich nicht diktatorisch, sondern auch unter Berücksichtigung der Minderheit). Dies ist der erste Punkt.

Zweitens könnte die demokratische Mehrheit solche Gesetze erlassen, die unter Berücksichtigung der Interessen der Ungläubigen, den islamischen Staat gestalten. Ein paar Punkte zähle ich hierzu auf: Dazu würde die Umstrukturierung der Ökonomie gehören mit dem Ziel, dass die Zweiteilung der Gesellschaft in Arme und ganz Reiche aufgehoben wird. Es kann nicht so weiter gehen, dass die ökonomische Schere immer weiter auseinander klafft. Die Arbeit würde so gestaltet, dass die Muslime den Gebetszeiten nachkommen können. Die Mahlzeiten würden nach den islamischen Reinheitsgeboten zubereitet.

Auch die (heutige) Diskriminierung der muslimischen Gläubigen in der europäischen Gesellschaft aufgrund ihrer andersartigen Kleidung würde aufgehoben. Die islamischen Feiertage könnten ohne Nachteile der Gläubigen so gestaltet werden, wie es nötig ist. Auch könnte die Mehrheit den Staat so benennen, wie sie es wünscht. Das beträfe auch das Oberhaupt, das den Titel Kalif (›Amir al-Mu'minin‹) führen würde. Die meisten Entscheidungen im Parlament würden nicht religiöse Fragen, sondern Sachfragen betreffen, die unabhängig von der Religion oder dem Glauben beraten werden müssen. Auch die Muslime würden vor diesen Alltagsfragen stehen. ›Jedem von euch gaben wir eine klare Satzung und einen deutlichen Weg. Und so Allah es wollte, wahrlich er machte euch zu einer einzigen Gemeinde: doch will er euch prüfen in dem, was er euch gegeben. Wetteifert darum im Guten. Zu Allah ist eure Heimkehr allzumal, und er wird euch aufklären, worüber ihr uneins seid.‹ (Sure Al Maida, Ayat 49) Diesen Ayat (Versen) sind zu entnehmen, dass auch die Gläubigen nicht immer eins sind, und es verschiedene Ansichten gibt. Deshalb gibt es Beratungen und Abstimmungen. Auch im Islam gelten weiterhin folgende wichtige Gebote, die von allen Gläubigen befolgt werden sollen:
– die Eltern ehren
– nicht stehlen
– nicht morden
– nicht ehebrechen
– nicht als falscher Zeuge auftreten

Dies sind alles Gebote, die die Religionen, ob islamisch, jüdisch oder christlich, vorschreiben. Darin treffen sich die drei Abkömmlinge der Religion Ibrahims. Der Kalif wird dereinst der Beschützer der Gläubigen sein, das ist unsere Hoffnung. Er ist der Garant und Symbol des Islam. Wo und wann er erscheinen wird, das wird uns Allah zeigen.

Ein »demokratischer Staat«, dessen Parlament »Sachfragen« entscheidet und gegen »Diskriminierung« kämpft, dessen Oberhaupt »der Beschützer« aller Religionen Ibrahims ist – der islamischen, jüdischen und der christlichen – und in dem »die Mehrheit des Volkes sein Schicksal in Form bestimmter parlamentarischer Maßnahmen selbst in die Hand nimmt«: Wer könnte solche hehren Ziele nicht unterschreiben? Dass dahinter eine islamistische Staatsdiktatur steht, ist den wohl formulierten Sätzen nur indirekt zu entnehmen. Wer allerdings hinter die Kulissen blickt und wie wir die islamistischen Wölfe im Schafspelz des muslimischen Vereinswesens ausgemacht hat, wird wachsam sein und sich von pseudodemokratischen Äußerungen wie denen Mullah Selims nicht einwickeln lassen.

Es ist immer dasselbe Muster: Man zeigt sich friedlich, intendiert aber die Revolution. Man gibt sich demokratisch und pro-westlich, zielt aber auf die islamische Weltherrschaft und den Kalifenstaat. Man gründet Glaubensvereine und bereitet sich hinter verschlossenen Türen auf einen Glaubenskrieg vor. Dieser Krieg wird sich an keine Grenzen mehr halten. Er wird überall ausbrechen und überall geführt werden. Es wird ein Krieg auch in den deutschen Städten sein.

Nach all dem, was wir bisher erfahren haben, ist es absehbar, dass der Kampf gegen diese Art des Terrorismus nicht wie die üblichen Kriege enden wird. Von der Vorstellung einer im Wesentlichen nach Staaten aufgeteilten Welt, in der Staaten gegeneinander Krieg führen und Frieden schließen, müssen wir uns verabschieden. Der Trend – das haben schon die Balkankriege in Europa gezeigt – geht zur Entstaatlichung, Privatisierung und Kommerzialisierung eines Krieges, in dessen Verlauf lokale Kriegsherren, Bandenführer, Söldnerfirmen sowie international vernetzte und einsetzbare Glaubenskrieger mehr und mehr zu den eigentlichen Akteuren des Kriegsgeschehens aufsteigen. Diese Privatisierung der Gewalt ist ein Kennzeichen des internationalen Terrorismus, wobei die Grenzen zwischen Söldnerbanden und Terrorgruppen fließend geworden sind. Fatal daran ist: Es geht nicht länger um den Krieg gegen einen Staat, eine Wirtschaftsmacht oder gewisse Regierungsschichten, sondern es geht um den Krieg der einen – islamischen – Weltsicht gegen eine andere – westliche – Weltanschauung. Kurz: Es geht um die Zerstörung der westlichen Welt. Mit einem Vertrag, einem Waffenstillstand oder gar einem Friedensschluss ist dabei nicht zu rechnen.

Gemeinsamer Nährboden – Der Nahe Osten, die Islamisten und die Rechtsextremisten

Der Ort, an dem die Extreme beider Welten – der westlichen und der islamischen – Tag für Tag brutal aufeinander prallen, liegt seit Jahrzehnten nicht in Europa, sondern in Israel. Der Kampf zwischen Palästinensern und Juden wird heute mit unverminderter Härte geführt, und eine friedvolle Lösung des Konflikts scheint im Augenblick fast unmöglich. Der tiefe Hass, der beide Seiten immer wieder aufs Neue zu Gewalttaten gegen Zivilisten motiviert, ist nicht nur auf Territorialansprüche zurückzuführen, bei denen sich entweder die Israelis oder die Palästinenser benachteiligt fühlen. Es gibt tiefer liegende Gründe dafür: Einer davon ist der Antisemitismus, von dem viele Muslime meinen, dass nicht nur der Koran und die Worte Allahs ihn rechtfertigen.

Wie unauffällig führende Köpfe des islamistischen Terrors über Jahre hinweg leben konnten, belegte nicht zuletzt ein Kuwaiter namens Suleiman Abu Geith, der bis zum Sommersemester 2001 Studenten an der kuwaitischen Universität in Islamkunde unterrichtete. Niemandem fiel auf, dass Abu Geith Bin Laden nahe stand. Im Juni 2001 verabschiedete er sich von seiner Familie und reiste »vorübergehend« nach Pakistan. Dann tauchte er zum Entsetzen der kuwaitischen Regierung plötzlich in Afghanistan als Sprecher von Usama Bin Laden auf.

Abu Geiths Reden sind von großer Bedeutung, um das Denken der Hintermänner des islamistischen Terrors zu verstehen. In einer seiner Reden sagte er etwa: »Wir leben jetzt unter dem Bombardement der Kreuzritter. Die islamische Nation muss wissen, dass wir eine gerechte Sache verteidigen. Wir leiden seit mehr als achtzig Jahren schon unter dem Joch der gemeinsamen Aggression von Juden und Kreuzrittern ... Die Amerikaner sollten wissen, dass der Sturm der Flugzeuge nicht abebben wird, so Gott will. Es gibt Tausende Jugendliche in der islamischen Nation, die versessen sind, zu sterben, so wie die Amerikaner unbedingt leben wollen.« Der hier zum Ausdruck kommende unverhohlene Antisemitismus ist eines der wichtigsten Bindeglieder aller muslimischen Terrorgruppen. So unterschiedliche Gruppierungen wie die palästinensische Hamas, die libanesische Hisbollah, der ägyptische Dschihad, die algerische GIA, die somalische Al-Ittihad al-Islamijah und die »Islamische Armee von Aden« (Jemen) eint nicht nur der Hass auf die Vereinigten Staaten, auch dem Staat Israel, dem »Stachel im arabischen Kernland«, sprechen sie das Existenzrecht ab.

Dieser Hass hat seine Geschichte. Am 18. Februar 1896 veröffentlichte Theodor Herzl eine Schrift unter dem Titel *Der Judenstaat*, die die Welt verändern sollte. Da die Juden zu jener Zeit in vielen Ländern lebten, sich aber letztlich heimatlos wähnten, plädierte er für eine jüdische Staatsgründung in Palästina, das, wie er seinen Anhängern suggerierte, menschenleer sei – obwohl 70 000 Juden und 600 000 Palästinenser bereits dort wohnten. Es folgten die jüdische Zuwanderung, die Landnahme und die Flucht zahlreicher Juden vor dem Hintergrund des Holocaust. So formte sich allmählich das, was als »Palästinenserfrage« bekannt wurde. Am 29. November 1947 teilten die Vereinten Nationen Palästina in einen jüdischen und einen palästinensischen Staat. Die arabischen Nachbarländer erklärten Israel den Krieg – und daran hat sich bis heute im Wesentlichen nichts geändert.

Diesen ersten Nahostkrieg verloren die Araber, etwa 800 000 Palästinenser mussten die Heimat verlassen. Ihre Nachkommen leben nach wie vor in den Flüchtlingslagern der Nachbarstaaten und hoffen darauf, eines Tages in das Land ihrer Väter zurückkehren zu können. Sie sind nicht die einzigen Flüchtlinge geblieben, die der Nahostkonflikt hervorbrachte. 1967 eroberte Israel Ost-Jerusalem sowie die dort befindlichen Heiligen Stätten der Muslime, das Westjordanland, den Gaza-Streifen, Golan und Sinai. Das war eine Niederlage, die aus islamischer Sicht niemals vergessen, geschweige denn gesühnt werden kann. Sie wurde zur Geburtsstunde der »Palästinensischen Befreiungsorganisation« (PLO), zur Stunde des Aufstiegs von Jassir Arafat und zum Beginn des weltweiten palästinensischen Terrors.

Im September 1993 einigten sich die Kontrahenten nach monatelangen Verhandlungen in Oslo auf eine Autonomieregelung für die Palästinenser im Westjordanland und im Gaza-Streifen. Bei der Unterzeichnung im Weißen Haus reichten sich der israelische Ministerpräsident Rabin und Arafat die Hände, woraufhin beide im Oktober 1994 den

Friedensnobelpreis erhielten. Frieden gab es trotzdem nicht. Im November 1995 wurde Rabin von einem rechtsextremen jüdischen Siedler ermordet. Ein Jahr später wählten die Palästinenser Arafat zu ihrem Präsidenten. Die Vielzahl der folgenden Verhandlungen brachte statt dauerhaften Lösungen neue Eskalationen. Seit Ariel Scharon am 28. September 2000 mit einem Gefolge von Soldaten und Polizisten den Tempelberg – und damit das nach Mekka und Medina wichtigste Heiligtum des Islam – betrat, reichen wieder einmal nur einige Funken, um neue Wellen des Terrors auf beiden Seiten zu provozieren. Gesiegt hat nach all den Jahren nur einer: der Hass.

Der Hass der Muslime auf die Juden erklärt auch, warum islamistische Terroristen weltweit zunehmend mit Rechtsextremisten zusammenarbeiten. In der Vergangenheit interessierte sich dafür niemand. Dabei war schon 1997 auffällig, dass der deutsche Konvertit Steven Smyrek einerseits für Islamisten arbeitete, andererseits von deutschen Rechtsextremisten protegiert wurde. Smyrek hatte von Extremisten den Umgang mit Sprengstoffen erlernt und wollte sich im Auftrag der libanesischen Hisbollah an einer belebten Stelle in Israel in die Luft sprengen. Dafür wurde er in Israel zu zehn Jahren Haft verurteilt. Der inhaftierte, da gottlob erfolglose Selbstmordattentäter nahm nicht nur den neuen Namen Abdul Karim an, sondern auch – für viele überraschend – Hilfe aus der Szene der deutschen Neonazis. Die rechtsextreme »Hilfsorganisation für nationale politische Gefangene und ihre Angehörigen« (HNG) forderte ihre Mitglieder zur Solidarität mit dem »in den Fängen der israelischen Terrorjustiz« festgehaltenen Islamisten auf.

Vom Antisemitismus und der Forderung nach Abschaffung des Staates Israel ist es nicht weit zu den Gräueltaten des Nationalsozialismus und zur Leugnung des Holocaust. Genau hier ist das verbindende Element zwischen Islamisten und Rechtsextremisten zu finden.

Während in Afghanistan am ersten Oktoberwochenende 2001 die ersten amerikanischen Bomben auf die Stellungen von Al Qaida und Taliban fielen, versammelten sich in Triest international bekannte Revisionisten zum Thema »Der Revisionismus und die Würde der Besiegten«. Dort wurde behauptet, Israel wolle »den totalen Krieg«. Ohne die amerikanische Unterstützung für den jüdischen Staat hätte es die Terroranschläge vom 11. September 2001 nicht gegeben. In diesem

Zusammenhang fiel eine Bemerkung über den »angeblichen Holocaust«. Neben Rechtsextremisten aus aller Welt nahmen an der Konferenz auch Islamisten teil, wie etwa der 1946 in Marokko geborene und 1973 nach Schweden geflüchtete Ahmad Rami, der im skandinavischen Exil den extremistischen Kurzwellensender »Radio Islam« betreibt. Rami, der 1990 sechs Monate wegen antisemitischer Propaganda hinter Gittern verbrachte, gilt als einer der Vorkämpfer für die Vernetzung von Islamisten und Rechtsextremisten. Er verbreitet im Internet Hitlers *Mein Kampf* ebenso wie die (gefälschten) *Protokolle der Weisen von Zion* und die – schon zuvor erwähnten – ungeheuer rassistischen, antisemitischen Schriften des türkischen Holocaustleugners Adnan Oktar alias Harun Yahya. Hitlers Weltkrieg bezeichnet Rami als eine »Intifada des deutschen Volkes gegen die jüdische Okkupation«. Und sogar Revisionisten vom Schlage eines Ernst Zündel finden bei ihm eine Plattform für die Propagierung ihrer ewig gestrigen Ideen.

Wie die meisten Akteure in diesem Umfeld verfügt Ahmad Rami über gute Beziehungen zu den üblichen Anlaufstellen innerhalb Deutschlands und im Ausland. Darüber schreibt die für ihre guten Kenntnisse der Szene weithin geachtete Journalistin Claudia Dantschke im Internetportal Jungle-World: »Rami arbeitet nicht nur eng mit Graf, dem Übersetzer seiner Schriften ins Deutsche, sondern auch mit dem zum Islam konvertierten Schweizer Rechtsextremisten und Holocaustleugner Ahmad Huber zusammen. Dieser wiederum ist eingebunden in das Netzwerk der Islamischen Gemeinschaft Deutschland (IGD). Der Hauptsitz dieser Bewegung ist das Islamische Zentrum (IZ) in München. Als Mitglied des Verwaltungsrats der vom Vorsitzenden der IGD betriebenen Finanzierungsgesellschaft Al Taqwa/Nada geriet Huber jetzt in den Verdacht, Geld an bin Ladens Al Qaida weitergeleitet zu haben.« Dass IGD und IZ unmittelbar mit Milli Görüs verflochten sind, haben wir weiter oben hinreichend erläutert.

Neben den Antisemitismus tritt bei den Revisionisten und Islamisten vom Schlage Ahmad Ramis der ihnen gemeinsame Hass gegen die USA, denn sie sehen den Islam als einzige verbliebene Alternative gegen die weltweite amerikanische Vorherrschaft. Auch Milli Görüs verbreitet mittlerweile in den Moscheen das Gedankengut des Antisemiten Adnan Oktar, wenngleich Links zu dessen Internetseiten inzwischen gelöscht

181

wurden. Milli Görüs gibt sich nach außen hin eben als friedfertig und »dialogbereit«, buhlt aber zugleich mit dem innenpolitisch stets willkommenen Thema »Fremdenfeindlichkeit« um Zuspruch.

So auch im Februar 2001 in Köln bei einem Symposium zum Thema »Fremdenfeindlichkeit in Deutschland«. Pfarrer Heinrich Kahlert, der Islambeauftragte der evangelischen Kirche in Bremen, war ebenso geladen wie Wolfgang Jungheim von Pax Christi und der damalige nordrhein-westfälische Grünen-Abgeordnete Jamal Karsli. Wie Kahlert hervorhob, waren sich Muslime und Christen in einem wesentlichen Punkt einig: »Rassismus ist gegen Gottes Gebot.« Es ist schon interessant, wie unkritisch manche Vertreter einer Organisation begegnen, die in der Vergangenheit wiederholt durch antisemitische Ausfälle aufgefallen ist. Der Milli-Görüs-Vorsitzende Erbakan verkündete immerhin noch Mitte der neunziger Jahre: »Der Zionismus ist ein Glaube und eine Ideologie, dessen Zentrum sich bei den Banken der New Yorker Wall Street befindet. Sie gehen davon aus, dass es ihre Aufgabe ist, die Welt zu beherrschen.«

Heute versucht Milli Görüs den Imagewechsel zur angeblich weltoffenen und toleranten Gemeinschaft auch in Fragen des Antisemitismus. Wer das glaubt, muss entweder mit Blindheit oder mit Einfalt gesegnet sein. Wolf-Dieter Remmerle berichtete jedenfalls am 24. Februar 2002 auf einem Symposium der bayerischen Landeszentrale für Politische Bildung über folgende Erkenntnisse des Verfassungsschutzes: »Die IGMG vermeidet antisemitische Äußerungen. Diese Zurückhaltung ist jedoch rein taktisch bedingt, zumal sich der Verband von früheren antisemitischen Positionen bisher nicht klar distanziert hat. Anhaltspunkte für antisemitische Tendenzen finden sich in internen Verlautbarungen, aber auch in ihrer Zeitung.« In der Internetausgabe der *Milli Gazete* vom 16. Februar 2001 sei in einem Beitrag über »Die allgemeine Lage und die Protokolle der Weisen von Zion« ein Zusammenhang zwischen einer angeblichen weltweiten jüdischen Verschwörung und der Finanz- und Wirtschaftskrise in der Türkei hergestellt worden. Ein weiterer Artikel habe unter der Überschrift »Warum lässt man die Revisionisten nicht reden?« die Zahl der von den Nazis ermordeten Juden bezweifelt und endete mit der Forderung: »Freiheit für die Revisionisten!« Deutlicher kann man in dieser Hinsicht doch kaum werden, oder?

Söhne und Töchter aus »gutem« Hause – Soldaten für den Dschihad

So weit in groben Zügen die großen, allgemeinen Zusammenhänge des islamistischen Terrors. Welche Motive aber verleiten jeden einzelnen Muslim dazu, als Glaubenskämpfer in den Heiligen Krieg zu ziehen und notfalls sogar ganz bewusst das eigene Leben zu opfern? Was sind das für Menschen, die sich den radikalen Terrorgruppen im Zeichen des islamischen Glaubens anschließen?

Islamisten betrachten Religion nicht als Privatsache eines Einzelnen, sondern als politische Ideologie mit pseudo-revolutionärer Stoßrichtung. Sie verstehen sich als Sammelbecken für Unzufriedene und sozial Benachteiligte. Die von ihnen bekämpften Regierungen bringen sie mit dem Vorwurf der Gottlosigkeit in Bedrängnis. (So warf auch Bin Laden der saudischen Regierung vor, den »wahren« Islam verraten zu haben.) Dabei sind es gar nicht die sozial Benachteiligten aus den arabischen Staaten, die als Soldaten für den Dschihad bereitstehen. Der Ursprung des islamistischen Terrors liegt nicht in den Elendsvierteln von Beirut, Kabul oder Riad, sondern in einem Teil der muslimischen Eliten. Während der iranische Revolutionsführer Ajatollah Chomeini einst in den Ebenen von Khorramschah nach minderjährigen Freiwilligen suchen musste, die mit ihren Körpern die Minenfelder der Iraker im irakisch-iranischen Krieg von 1980 bis 1988 durchschritten, um durch den Selbstmord im Dienst des Heiligen Krieges ins Paradies einzugehen, waren die Attentäter von New York und Washington aufstrebende Angehörige der arabischen Mittelschicht. Sie verfügten über Fremdsprachenkenntnisse, studierten an Hochschulen, besaßen genügend Geld und waren an ein Leben in Freiheit und Wohlstand gewöhnt. Diese Massenmörder waren keine Sprösslinge aus den palästinensischen Flüchtlingslagern in Jordanien oder im Libanon. Es waren Männer, die im Westen Ziele treffen wollten, die sie als Bedrohung ihrer nahöstlichen, muslimischen Identität empfanden. Die Globalisierung des Terrors, die den Krieg auch in die europäischen Städten bringen wird, provozieren die Töchter und Söhne aus so genanntem »guten« – mittelständischen – Hause.

Das belegt eine im Juli 2002 veröffentlichte wissenschaftliche Untersuchung über den Terror im Nahen Osten. »Jede Verbindung zwischen Armut, Ausbildung und Terrorismus ist indirekt und vermutlich nur schwach«, so fassen Alan Krueger von der Princeton University und Jitka Maleckova von der Universität Prag die Ergebnisse zusammen, die vom »National Bureau of Economic Research« in Cambridge/Massachusetts publiziert wurden. Der Bericht unter dem Titel *Education, Poverty, Political Violence and Terrorism: Is There a Causal Connection?* entkräftet ein lange gehegtes Vorurteil über den »Nährboden« des Terrorismus, obwohl die Argumentation sich überwiegend auf die Herkunft der Täter beschränkt.

Die Autoren der Studie widmeten sich den Berufen, dem Ausbildungsstand und der familiären Situation von 129 Hisbollah-Kämpfern, die zwischen 1982 und 1994 durch Selbstmordanschläge oder bei Angriffen starben. Im Vergleich mit der restlichen Bevölkerung zum Beispiel des Libanon kamen die Hisbollah-Kämpfer nicht aus armen Schichten. Die meisten von ihnen hatten eine bessere Ausbildung. Das wiederum entspricht den Erkenntnissen eines israelischen Forschungsprojekts. In Israel analysierte man vor wenigen Jahren die Profile von 27 jüdischen Terroristen, die in den achtziger Jahren Anschläge auf Palästinenser verübten. Auch hier kamen die Extremisten überwiegend aus wohlhabenden Familien und konnten zumeist einen Hochschulabschluss vorweisen.

Außerdem beschäftigte man sich mit der Frage, ob es in den Jahren von 1969 bis 1996 einen Zusammenhang zwischen dem Bruttosozialprodukt im Westjordanland sowie im Gaza-Streifen und den terroristischen Anschlägen in Israel gab. Dabei wurde das jährliche Wirtschaftswachstum mit der Zahl der entsprechenden Terroranschläge verglichen. Eine nennenswerte Verbindung war nicht zu erkennen. Die Bekämpfung der Armut allein scheint demnach kein Motiv für die terroristischen Anschläge zu sein. Im Gegenteil: Die Wissenschaftler mutmaßen sogar, dass Terrororganisationen gebildete Attentäter aus der Mittelschicht vorziehen, weil diese für Selbstmordanschläge geeigneter sind und – wie wir noch sehen werden – den notwendigen religiösen und ideologischen Hintergrund mitbringen.

Das trifft vor allem für Anschläge in westlichen Staaten zu, weil die Terroristen dort in einer fremden Umgebung zurechtkommen müssen, um so lange unentdeckt zu bleiben, bis sie ihre Aktionen erfolgreich durchgeführt haben. Alan Krueger und Jitka Maleckova vertreten daher die Auffassung, dass die Gründe für die Entstehung des Terrorismus tiefer reichen und (im Vergleich zur Armut) schwieriger zu beseitigen sind. Die Hinwendung zum Terrorismus entstehe vielmehr aus verweigerten Anerkennungsverhältnissen. Wenn Menschen sich ausgebeutet, missachtet und minderwertig fühlen, greifen sie, so die Autoren, mitunter zu Aufmerksamkeit erzeugenden Mitteln wie dem Terrorismus. Diesen definieren sie als »Reaktion auf politische Bedingungen und lange anhaltende Gefühle der wirklichen oder so empfundenen Entwürdigung und Frustration, die wenig mit der Ökonomie zu tun haben«.

Wenn wir uns vergegenwärtigen, mit welchen Ansichten und Argumenten die islamischen Vereine in Deutschland und ihre Vertreter wie zum Beispiel der »Kalif von Köln« oder Milli Görüs um ihre Mitglieder in den Reihen der Muslime werben, erscheint die These der amerikanischen Wissenschaftler durchaus plausibel. Der erste Schritt zur Radikalisierung ist nun einmal auch hier die Unzufriedenheit mit den herrschenden Verhältnissen, die als moralisch verwerflich, »unislamisch« und »gottlos« betrachtet werden. So schließt man sich gegen den Staat, in dem man lebt, zusammen, fühlt sich unverstanden und missachtet, schottet sich ab, entwickelt eigene Auffassungen auf der Basis der eigenen religiösen Wurzeln und gleitet langsam, aber stetig in die Isolation einer frustrierten Minderheit, die sich irgendwann einmal gegen die herrschenden Unterdrücker wehren wird. Die muslimischen Vereine bieten eine Anlaufstelle für diese Unzufriedenen und versorgen sie mit den notwendigen Argumenten sowie der entsprechenden Weltanschauung. Die Spirale der Gewalt dreht sich demnach nicht nur in fernen Ländern, sondern im alltäglichen Zusammenleben. Mit Krieg und Geld allein wird man diesen Wurzeln des Terrors, die in den muslimischen Mittelschichten heranwachsen, daher kaum beikommen.

Solange sich die Umstände nicht ändern, wird es somit ein stilles, aber enorm großes Reservoir potenzieller Terroristen geben. Während einige Köpfe des islamischen Terrors weltbekannt sind, bleiben die führenden Hintermänner verborgen. Bin Laden, das Symbol dieses »neuen«

Terrorismus, verfügte in der arabischen Welt über zahlreiche ranghohe Förderer. In der saudischen Regierung soll es mehrere Prinzen gegeben haben, die ihn nicht nur finanziell unterstützten. In den Vereinigten Arabischen Emiraten, dem Jemen, Kuwait und Bahrein saßen die Förderer der Al Qaida ebenfalls in den Regierungen. Für die westliche Anti-Terror-Koalition, die unter amerikanischer Leitung in Afghanistan die Terrorgruppe Bin Ladens zerschlug, war das eine unangenehme Situation. Weil Washington in Afghanistan nicht über Spione verfügte, die den Amerikanern den Aufenthaltsort Bin Ladens hätten nennen können, war die westliche Supermacht auf die Hilfestellung des pakistanischen Militärgeheimdienstes ISI angewiesen. Dieser jedoch ist von Islamisten durchsetzt. Der ISI erwies sich als unzuverlässiger Bündnispartner, täuschte Washington mehrfach und unterstützte selbst nach dem Sieg über Kabul weiterhin heimlich die Al Qaida.

Dem Krieg der Islamisten darf man demnach nicht allein mit militärischen Mitteln begegnen, da diese nicht immer auf die wesentlich tiefer liegenden – individuellen, religiösen, ideologischen – Ursachen des Terrors zielen. Die Anti-Terror-Koalition würde gut daran tun, Studien wie die der amerikanischen Wissenschaftler ernster zu nehmen, sich endlich auch mit den hintergründigen Problemen des Terrorismus zu befassen, um von daher neuartige Methoden zur Bekämpfung dieses wahrlich neuen und für das westliche Bewusstsein noch so unbekannten Terrorismus zu entwickeln. Wie wenig wir diese Art der terroristischen Kriegsführung tatsächlich durchblicken, wird uns in letzter Zeit immer häufiger vor Augen geführt – und zwar immer dann, wenn Berichte über Selbstmordattentate in den Medien erscheinen.

Die Saat der Gewalt – Selbstmordattentäter

Betrachtet man allabendlich die Fernsehnachrichten, könnte man meinen, die meisten Selbstmordattentate würden in Israel verübt. Das aber ist nicht der Fall. In den vergangenen zehn Jahren gingen weniger Attentate auf das Konto palästinensischer Extremisten und weit mehr auf das der Tamilen-Tiger LTTE. Weil Sri Lanka in unserer europäischen Wahrnehmung einen geringeren Stellenwert einnahm als Israel, hörte man in den Medien nur selten etwas über die Anschläge der LTTE – zumeist erst dann, wenn gleich ein ganzer Flughafen angegriffen wurde und europäische Touristen unter den Folgen der Anschläge zu leiden hatten. So blieben auch die Ausführungen Yoram Schweitzers weitgehend unbeachtet, die er im Februar 2000 auf der ersten internationalen Konferenz zur Abwehr von Selbstmord-Terroranschlägen in Israel machte. Schweitzer rechnete auf, dass die LTTE allein zwischen Juli 1987 und Februar 2000 168 Selbstmordanschläge verübte, bei denen Hunderte von Menschen starben und Tausende schwer verwundet wurden. Eine beachtliche und grausame Zahl.

Die bei der LTTE für Terroranschläge zuständige Abteilung »Schwarze Panther« gab jedem potenziellen Attentäter eine Zyankali-Kapsel mit auf den Weg, damit dieser sich, falls er vor einem Anschlag von Sicherheitskräften umstellt wird, das Leben nehmen kann, ohne Geheimnisse über den Aufbau der Organisation preiszugeben. LTTE war die einzige Terrorgruppe weltweit, der es in der Vergangenheit gelang, Staatsführer bei Anschlägen zu ermorden: 1991 den früheren indischen Premierminister Radjiv Gandhi und 1993 den Präsidenten von Sri Lanka Prendesa. Später versuchte sie, einen weiteren Präsidenten Sri Lankas, Kumaratunga, auszuschalten. Dieser überlebte, verlor bei dem Attentat jedoch ein Auge.

Einen bei Islamisten aus westlicher Sicht eher unerwarteten Weg beschritt die kurdische PKK: Zwischen dem 30. Juni 1995 und dem Ende ihrer Anschläge am 5. Juli 1999 verübte man vierzehn Selbstmordattentate. Elf der Attentäter waren junge Frauen.

In den früheren Jahren hielten wir es für selbstverständlich, dass die westliche zivilisatorische Ordnung unsere Sicherheit mehr oder minder garantierte. Bei den Sicherheitsüberprüfungen an den Flughäfen gingen wir von der vermeintlichen Gewissheit aus, es würde genügen, ein Gepäckstück einem Reisenden zuordnen zu können, um es als »sicher« einzustufen. Niemand von uns dachte daran, dass sich ein Mensch selbst in die Luft sprengen würde. Selbstmordattentäter setzen unser traditionelles Sicherheitsdenken und unsere erprobten Sicherheitskonzepte außer Kraft. Abschreckung, Strafe und Sühne werden bedeutungslos, weil dies Kategorien sind, in denen kein Attentäter denkt. Das Tötungsmonopol besaß in der Vergangenheit ausschließlich der Staat. Doch der Staat scheint machtlos gegen Terroristen, die seine Monopole angreifen und vernichten wollen. Die Selbstmordattentäter stellen alle Regeln des Krieges und der Macht auf den Kopf. Deshalb sind die herkömmlichen Mittel zur Bekämpfung dieser Anschläge schlechthin wirkungslos.

Aus der Sicht gewaltbereiter Gruppen bieten Selbstmordanschläge viele Vorteile: Man benötigt für den Attentäter keinen Fluchtweg, erzielt große Beachtung in den Medien, kann den Zeitpunkt der weltweiten Aufmerksamkeit präzise bestimmen und so einen weitgehend garantierten »Erfolg« verbuchen. Auch auf der Seite des Attentäters und seiner Familie gibt es Vorteile: Der sich selbst als »Freiheitskämpfer« definierende Terrorist erfüllt sowohl eine religiöse als auch eine patriotische Pflicht. Im Jenseits hat der muslimische Attentäter die Aussicht, sofort ins Paradies einzugehen und dort über 72 Jungfrauen zu verfügen, die ihm ständig zu Willen sind. Einen solch angenehmen Platz im Paradies kann er durch seine Tat zusätzlich für 70 Verwandte »reservieren«. Im Diesseits erhöht er den sozialen wie wirtschaftlichen Stand der Sippe, da seine Familienmitglieder nach begangener Tat »Erfolgsprämien« erhalten. Saddam Hussein zahlte beispielsweise an die Familien der Hamas-Attentäter jeweils 10 000 Dollar.

Selbstmordattentate mit Sprengstoffgürteln sind nicht auf religiöse Motive zurückzuführen. Sie werden nur religiös legitimiert. Was 1987 in Sri Lanka von Tamilen an Singhalesen erfolgreich erprobt wurde, fand 1993 Eingang in die israelische Geschichte, griff später auf die Türkei über, dann auf Kaschmir und Tschetschenien, bis es sich schließlich im September 2001 in den Händen der Al Qaida gänzlich von den Staatsgrenzen löste. Wie bei einem Waldbrand scheinen sich die lodernden Flammen in alle Richtungen auszudehnen.

Was beim Anfachen der Flammen hilft, ist eine ausgeklügelte Märtyrer-Marketing-Strategie: Mit der Behauptung, ein Selbstmordattentäter trage unmittelbar vor dem Tod das letzte Lächeln (das »Lächeln der Freude« oder »Farah al-Ibtissam«) auf den Lippen und sterbe nicht, sondern gehe direkt in das Paradies ein, wurde in der muslimischen Welt eine unausrottbare Legende gestrickt. Hinzu kam ein Kult, den der iranische Revolutionsführer Chomeini mit seinen aufopferungsbereiten Kindersoldaten begründete und den die schiitische Hisbollah im Libanon perfektionierte. Diese für Europäer unvorstellbare Haltung zeigt sich vor allem im unerschöpflichen Wortfindungsreichtum der Hintermänner für die getöteten Attentäter. Christoph Reuter beschreibt die makabere Sprachfähigkeit in seinem Buch *Mein Leben ist eine Waffe*: »So wie die Eskimos Namen haben für die verschiedenen Formen des Eises und die Beduinen für die Arten des Sandes, pflegt die Hisbollah den arabischen Wortschatz des ganz speziellen Todes: Da Selbstmordattentate per Definitionem kein Selbstmord sein dürfen, kommt für sie der Begriff der Amalyiat al-Istischhadiyya, der Märtyreroperationen, auf. Im Zentrum steht der Schahid, der Märtyrer. Das kann der Schahid as-said sein, der ›glückliche Märtyrer‹, oder auch Schahid al-muqattil, ›der im Kampf getötete Schahid‹, der lebend hätte davonkommen können, aber den Tod vorzog – wie Hussein in Kerbela. Höhepunkt der Opferbereitschaft ist der Istischhadi, der sich selbst dem Martyrium Übereignende, mithin jeder Selbstmordattentäter. Aber da gibt es auch den Schahid al-mazlum, den ungeplant, auch ungewollt zu Tode Gekommenen. In den Kondolenzanzeigen der Hisbollah für die Fahrer der Sprengstoffautos wird fein auf die Unterschiede geachtet.«

In der irrigen Annahme, Selbstmordattentate auf diese Weise verhindern zu können, ordnete das israelische Militär nach 1982 im besetzten Südlibanon an, dass in jedem Fahrzeug künftig mindestens zwei Personen sitzen mussten. Man glaubte, Selbstmordattentäter seien fanatisierte Einzeltäter, war sich als Irrtum herausstellte: Von nun an saßen in den mit Sprengstoff beladenen Autos eben zwei Personen. Die Hisbollah pries den Fahrer des Wagens als »Schahid as-said«, »glücklichen Märtyrer«, während der Beifahrer nur als »unbeabsichtigter Märtyrer« Erwähnung fand, was im Paradies offenkundig einem Platz in der zweiten Reihe entsprach. Mütter erhielten fortan den Ehrentitel »Mutter eines Märtyrers«, und Witwen wurden »Märtyrerwitwen«, für die man in den Moscheen ebenfalls Geld sammelte.

Wichtig in diesem Märtyrerkult ist, dass er die Angst in den feindlichen Gesellschaften des christlichen Abendlandes und in Israel schürt. Damit ist ein Zweck der Aktion im Grunde schon vor der eigentlichen Ausführung erfüllt. Aus der Sicht der Hintermänner sind menschliche Bomben darüber hinaus billig. Man braucht lediglich Sprengstoff, vielleicht eine Hand voll Nägel, eine Batterie, einen Zünder, einige Chemikalien, einen Gürtel, und fertig ist der Selbstmordattentäter. Die Zustimmung zur Gewalt und die Bereitschaft zu Attentaten steigt mit dem Bildungsniveau – was uns nach den Studien von Alan Krueger und Jitka Maleckova nicht mehr völlig unerwartet erscheint. Meistens sind es gebildete junge Männer und Frauen, die diesen Weg ins muslimische Paradies wählen. Was dabei explodiert, ist nicht nur der Sprengstoff, sondern auch die aufgestaute Wut. Der einzige Unterschied zwischen einem muslimischen Normalbürger und einem Selbstmordattentäter besteht oftmals darin, dass der Attentäter die Frustration und den Zorn seiner Umgebung in sich aufnimmt und zur Explosion bringt. Und dieser Frust besteht in der Auffassung, dass der Islam vom »Westen« unterdrückt und an seiner wahren Blüte gehindert wird. Die Radikalen sehen sich verstrickt in einen permanenten Krieg, in dem sie selbst die »Guten« und alle anderen die »Bösen« sind. Der »Verteidigungskrieg«, so ihre Auffassung, rechtfertigt alle Mittel.

Der Glaube an eine westliche Weltverschwörung, durch die unbedachten Worte des amerikanischen Präsidenten Bush nach dem 11. September von einem »Kreuzzug« noch verstärkt, ist auch in deutschen Moscheen weit verbreitet, wenngleich dort nicht offen zur Gewalt gegen diese »Ungerechtigkeit« aufgerufen wird. Wer aber als deutscher Muslim in einer Atmosphäre aufwächst, die von den in der Freitagsmoschee erzählten Geschichten über die angebliche »Weltverschwörung des Westens und der Juden« sowie zahlreichen Gerüchten und Zeitungsartikeln ähnlichen Inhalts geprägt ist, wird allmählich einer dämonischen Hirnwäsche unterzogen. Die Macht einer solchen These wird eben nicht von der Überprüfbarkeit ihrer Richtigkeit bestimmt, sondern von der

Überzeugung der Massen, die ihr anhängen. Die Zahl der deutschen oder europäischen Muslime, die daran zweifeln, dass Bin Laden ein Terroristenführer und Muslime die Attentäter des 11. September waren, ist sicherlich gewaltig. So erschien in dem schon mehrfach erwähnten, in München ansässigen deutschen Islamisten-Buchverlag »SKD Bavaria« im Jahre 2002 ein Buch mit dem Titel *11. September. Ein Untersuchungsbericht.* Jene Filme, die uns alle Augenzeugen werden ließen beim Aufprall der Flugzeuge auf das World Trade Center, sind aus der Sichtweise dieses obskuren »Untersuchungsberichtes« alle Fälschungen und Manipulationen. Verschwörungsfanatiker finden in Büchern wie diesem Machwerk aus dem islamistischen »SKD Bavaria Verlag« ihr Rüstzeug. Und jener Teil der in Europa lebenden Muslime, die mithin an eine Verschwörungstheorie glauben und damit an einen unfairen Krieg der Anti-Terror-Allianz gegen ein friedliebendes afghanisches Volk, ist wahrlich groß.

Mit jedem neuen »westlichen« Krieg gegen ein muslimisches Land – so gegen den Irak – dürfte daher auch in Europa die Zahl der Muslime wachsen, die sich aus den unterschiedlichsten Motiven zu Selbstmordanschlägen aufgerufen wähnen. Christoph Reuters Einschätzung der Lage kann man den westlichen Politikern gar nicht oft genug vorlesen: »Selbstmordattentate und die ganze Märtyrerverehrung treten, was ihre religiöse Legitimation angeht, wie die Spitze des Eisbergs aus dem Kosmos der islamischen Gruppen hervor. Will man diese Mentalität verändern, wird es militärisch, von außen, nicht gelingen.« Der Kampf gegen die Selbstmordattentäter muss in den Köpfen der Menschen beginnen. Von Erfolg ist er erst gekrönt, wenn sich nicht länger islamische Würdenträger und Vorbeter finden, die die Attentate als »gottgewollt« verherrlichen. Bis dahin wird es noch ein langer Weg sein. So bleibt es auch bei uns absehbar, dass sich irgendwann aus den vielfältigsten Gründen der in den muslimischen Herzen aufgestaute Hass in Sprengstoff-Selbstmordattentaten entladen wird.

Terroristen sind Nachahmungstäter. Was in Sri Lanka und Israel seit langem zum Alltag gehört, könnte, wenn wir dem Problem nicht an der soeben beschriebenen Wurzel begegnen, in westlichen Demokratien bald ebenso blutige Realität werden. Die Saat der Gewalt ist nämlich längst gesät, und zwar in den Köpfen der gläubigen Muslime, denen man lange genug die paradiesischen Vorzüge des Selbstmordattentats gepredigt und denen man lange genug erzählt hat, dass das islamische Kalifat die einzig richtige Antwort auf den vermeintlichen Verfall der westlich geprägten Werte darstellt. Die arabischsprachige Tageszeitung *Al Sharq Al Awsat* veröffentlichte im Sommer 2002 ein Interview mit Umm Nidal, der Mutter des Selbstmordattentäters Mohammed Farhat. Aus zahlreichen Gesprächen mit Islamisten weiß der Autor, dass die Aussagen der Umm Nidal für andere Familien potenzieller Terroristen Gültigkeit haben. Die Mutter beschreibt eindrücklich, wie der Weg zum Selbstmordattentat in den Köpfen der Täter verläuft – eine für westliche Ohren kaum vorstellbare Geschichte:

»Frage: Wie entstand die Idee, einen Märtyrereinsatz zu verüben?
Umm Nidal: Der Dschihad ist ein religiöses Gebot, das uns auferlegt wird. Wir müssen diese Vorstellung in den Seelen unserer Söhne immer wachhalten ... Was wir jeden Tag sehen – die Massaker, die Zerstörung, die Bombardierung von Privathäusern – hat in den Seelen meiner Söhne, vor allem bei Mohammed, die Liebe zum Dschihad und zum Märtyrertum gestärkt.

Frage: Haben Sie bei dieser Entwicklung eine Rolle gespielt?
Umm Nidal: Allah sei Dank, ich bin Muslim. Und ich glaube an den Dschihad. Der Dschihad ist ein Bestandteil des Glaubens. Und das hat mich auch dazu ermutigt, Mohammed dem Dschihad zu opfern, Allah zuliebe. Mein Sohn wurde nicht zerstört. Er ist nicht tot. Er führt jetzt ein glücklicheres Leben als ich. Wenn meine Gedanken auf diese Welt beschränkt wären, hätte ich Mohammed nicht geopfert. Ich bin eine Mutter voller Mitgefühl für meine Kinder, und sie sind voller Mitgefühl mir gegenüber und kümmern sich um mich. Weil ich meinen Sohn liebe, habe ich ihn ermutigt, den Tod eines Märtyrers zu sterben.

Frage: Bei Ihnen im Haus war ein Kommandeur der Hamas versteckt. Er wurde in Ihrem Haus getötet. War Ihr Sohn Mohammed von seiner Persönlichkeit beeinflusst?
Umm Nidal: Mohammed war sieben, als der Märtyrer Imad Aqi bei uns zu Hause lebte. Mohammed trat den Al-Qassam-Brigaden im Alter von sieben Jahren bei. Trotz seines jungen Alters war er Assistent von Imad Aqi. Wenn seine Brüder fort waren, beobachtete er die Straße und überbrachte Nachrichten von Aqi an die Mudschahedin. Die Mudschahedin kamen zu ihm und planten und skizzierten alles, und der kleine Mohammed war bei ihnen, plante und dachte mit ihnen nach. Das war die Quelle der Liebe Mohammeds zum Märtyrertum. Das ist die Atmosphäre, in der sich die Liebe zum Märtyrertum in der Seele Mohammeds entwickelte. Ich, als seine Mutter, unterstütze diese Liebe zum Dschihad. Die Atmosphäre, in der Mohammed aufwuchs, war voller Glauben und Liebe zum Märtyrertum. Ich behaupte, dass der Glauben eines Mannes keine Vervollkommnung erreichen kann, bis er die Selbstaufopferung erreicht.

Frage: Wie verabschiedete sich Mohammed, bevor er den Einsatz ausführte?
Umm Nidal: Mohammed war bereit für einen Märtyrereinsatz. Er schwor mir,

dass der einzige Grund, warum er das Leben liebte, der Dschihad war. Er sagte mir, dass er den militärischen Zweig der Bewegung verlassen würde, wenn er beim Dschihad nicht bald an die Reihe käme, und dass er seine Waffe nehmen würde, um alleine auf dem Schlachtfeld zu kämpfen. Er hat es mehrere Male versucht. Er ging auf die Al-Muntar-Straße, mit seinem Gewehr und mit Bomben, aber es ergab sich keine Gelegenheit. Sehr aufgeregt kam er zurück, weil es ihm nicht gelungen war, eine Mission durchzuführen. Er schwang seine Waffe und sagte mir: ›Mutter, dies ist meine Braut.‹ So sehr liebte er das Gewehr. Er sagte mir: ›Ich gehe jetzt hinaus. Ich kann mich nicht zurückhalten.‹ Ich antwortete ihm: ›Du wirst noch eine große Gelegenheit erhalten. Sei geduldig, bereite dich gut vor, damit du dich nicht umsonst opferst. Handle mit Verstand, nicht mit Gefühlen.‹ Am Tag des Einsatzes kam er zu mir und sagte mir: ›Jetzt, Mutter, gehe ich zu meinem Einsatz.‹ Ich betete von ganzem Herzen dafür, dass Allah seine Operation zum Erfolg führen würde. Ich bat Allah, mir für Mohammed zehn Israelis zu geben, und Allah erhörte meine Bitte, und Mohammed machte seinen Traum wahr und tötete zehn israelische Siedler und Soldaten. Unser Gott ließ ihm noch mehr Ehre zuteil werden, indem viele Israelis verletzt wurden. Nach dem Märtyrereinsatz empfand ich wegen Mohammed eine große Ruhe. Ich ermutigte alle meine Söhne, den Tod eines Märtyrers zu sterben, und ich wünsche es sogar mir selbst. Nach all dem bereitete ich mich darauf vor, den Leichnam meines Sohnes in Empfang zu nehmen, den reinen Shahid, um ihn noch ein letztes Mal zu betrachten und die Sympathisanten zu empfangen, die in großer Zahl zu uns kamen und sich an unserer Freude über Mohammeds Märtyrertum beteiligten.«

Die neue Weltunordnung

Der bisherige Höhepunkt, den die fatale Unkenntnis der terroristischen Motive im Umfeld des Islamismus hervorbrachte, waren die Attentate vom 11. September 2001. Mit den Sturzflügen auf die beiden Türme des World Trade Centers und die Festung des Pentagons inszenierten die »Gotteskrieger« ein apokalyptisches Endgericht über die von ihnen verabscheute westliche Welt. Der blutige Terror der Islamisten setzte gegen die »neue Weltordnung im Westen« eine in Guerillataktik herbeigebombte »neue Weltunordnung«. Dahinter standen eine mentale Modernitätsverweigerung und gleichzeitige technische Rationalität, da die Attentäter mit der westlichen Technik, die sie angeblich ablehnten, sehr wohl umzugehen wussten. Wie sich herausstellte, gingen alle islamistischen Selbstmordattentäter der vergangenen Jahre exakt nach einem bestimmten Ritual vor: Am Abend vor der Tat mussten sie ihre Körper parfümieren, am Morgen beten, die Waffen prüfen – und dann ein Massaker verüben. Für die Sicherheitsfachleute des Westens war es überaus schwer, die Denkweise der Attentäter zu verstehen.

Im Gegensatz zu den Terrorgruppen der Vergangenheit sind heutige Terroristen vor allem im Umfeld des Islamismus zumeist ein Teil von Organisationen, die nicht hierarchisch organisiert sind. Während bei den »klassischen«, politisch motivierten Terrorgruppen wie der irischen IRA, der baskischen ETA oder der PLO die von ihnen ausgehende Gefahr räumlich eng begrenzt war und man die Operationsgebiete demnach relativ leicht voraussehen konnte, arbeiten islamistische Terrorgruppen international. Und während eine jede »klassische« Terrorgruppe den traditionellen Taktiken (wie Kidnapping, Flugzeugentführungen oder Erpressungen) folgte, nutzen islamistische Terroristen unterschiedslos alle verfügbaren Waffen und Strategien.

Zudem ist mit Bin Laden ein neuer Typus des Terrorführers entstanden: der Terrorist als Unternehmer und der Unternehmer als Terrorist. Bin Laden führte einen multinationalen Terror-Großkonzern, dessen »Ehrenvorsitzender« er wurde. Seine Art, Terror zu verbreiten, funktionierte nach dem Franchising-System: eine Terror-Holding, die in immer mehr Staaten Ableger gründete und kaum noch zu entwirren war. Einige der Geschäftspartner Bin Ladens wussten nicht einmal, für wen sie arbeiteten. Diese Mischung von geschäftlichen und terroristischen Aktivitäten wurde zum Beispiel in Kenia vor dem Anschlag auf die dortige amerikanische Botschaft angewandt, wo Bin Laden in eine Fisch verarbeitende Fabrik investierte, die später als logistische Basis für den Terroranschlag diente.

Bei der Verschleierung der Finanzströme hilft den Terroristen ein Jahrtausende altes Überweisungssystem, das »Hawala« genannt wird. Eine Hawala-Überweisung erfolgt mit minimalem Papieraufwand und wird garantiert nirgendwo elektronisch gespeichert. Im Hawala-System werden Geldströme per Handschlag über private Treuhänder nur mit einem Kodewort um die Welt geleitet. Wer aus Berlin ohne viel Aufhebens und ohne großartige Spuren Geld nach Islamabad transferieren will, hat die Auswahl unter mehr als zehn einschlägig bekannten Hawala-Stuben, die offiziell Trödelhändler, Imbissstände oder Juweliere sind. Man gibt das Geld ab, es verschwindet in einem Tresor. Der Kunde erhält lediglich einen Zettel mit einer Buchstaben- oder Ziffernfolge. Diese wird per Fax an einen Hawala-Partner in Islamabad übermittelt. Wer dort die betreffenden kryptischen Zeichen kennt, erhält ohne viel Aufhebens das Geld. Auch Usama Bin Laden nutzte diese Art der diskreten »Geldüberweisung«. Deshalb war es für die Ermittler so schwierig, die Spuren jenes Geldes, mit dem die Anschläge finanziert werden sollten, nachzuvollziehen.

Die Tatsache, dass die Terroristen für gewöhnlich die erfolgreichen Taktiken früherer Terrorgruppen übernehmen – so war es seit jeher bei den Selbstmordattentaten – weckt schlimme Befürchtungen für die Zukunft. Es werden sehr wahrscheinlich noch weitere schwere Anschläge gegen westliche Ziele erfolgen. »Moderne« islamistische Terroristen lassen überdies keinen Zweifel daran, dass sie bereit sind, atomare, chemische und biologische Massenvernichtungswaffen einzusetzen. Im März 1999 verhinderte der ägyptische Geheimdienst Muhabarat die Lieferung von Anthrax-Erregern an die mit der Al Qaida zusammenarbeitende ägyptische Terrorgruppe »Islamischer Dschihad«: Ein ostasiatisches Unternehmen hatte für 3695 Dollar (einschließlich Fracht) die Lieferung angeboten. Dies ist nur ein Beispiel von vielen, mit denen sich die Sicherheitskreise weltweit beschäftigen müssen. Einen absoluten Schutz vor solchen Angriffen kann und wird es nicht geben. Präventivmaßnahmen und Anti-Terror-Strategien sollten wenigstens die Risiken minimieren.

Die »modernen«, durch ihre Religion und Weltanschauung geprägten Terroristen sind für westliche Geheimdienste nur selten fassbar und verstehbar. Für die Akteure des islamistischen Terrors ist nämlich nicht die Tat selbst, sondern die Wirkung der Tat entscheidend. Nicht die Größe der Operation, sondern die Größe ihres Widerhalls steht für die Täter im Vordergrund. Die über die Anschläge berichtenden Medien werden deshalb gezielt in die Vorbereitungen eines Anschlags eingeplant. Die so erzielte Öffentlichkeit bildet für die Islamisten eine willkommene Propagandaplattform. Aus dieser Perspektive betrachtet ist es wiederum nur zu wahrscheinlich, dass die Hintermänner des Terrors weiterhin nach weltweiter Aufmerksamkeit suchen werden. Eine größere Breitenwirkung könnten sie auf anderen Wegen überhaupt nicht erzielen. Dabei gehen die Bedrohung und die Gefahr weit über den Wirkungsgrad einzelner Terrorgruppen wie der Hamas, der Hisbollah oder der algerischen GIA hinaus. Die modernen Gesellschaften werden sich verstärkt darauf einrichten müssen, mit neuen Typen des Terrors umzugehen: Durch große finanzielle Ressourcen relativ unabhängig, vermischen sie legale und illegale Geschäfte, haben keine feste Organisationsstruktur und sind daher schwer zu entdecken.

Religion und Terror – Eine unheilige Allianz

Überall in der Welt scheinen nach dem Ende des Kalten Krieges Religion und Terror miteinander verquickt zu sein. Egal ob rechtsgerichtete Christen in den Vereinigten Staaten Anschläge verüben, wütende Muslime und Juden im Nahen Osten sich bekriegen, Hindus und Muslime in Asien einander befehden oder andere Religionsgemeinschaften in Afrika sich wechselseitig meucheln: Nicht erst seit Bin Laden bemühen die Terroristen religiöse Motive zur »Rechtfertigung« für ihre grauenvollen Taten. Ganz gleich, ob Islamisten 1998 die amerikanischen Botschaften in Tansania und Kenia in die Luft sprengten, algerische Kämpfer in französischen U-Bahnen Sprengstoffanschläge verüben, Briten von Bomben der IRA zerfetzt werden, Japaner beim Anschlag der hinduistisch-buddhistischen Aum-Shinrikyo-Sekte zu Tode kommen, Einwohner von Neu-Delhi durch Bomben von kaschmirischen oder Sikh-Separatisten sterben, Singhalesen und Tamilen in Sri Lanka gegeneinander kämpfen, Algerier durch die Waffengewalt der »Islamischen Heilsfront« sterben oder Juden von Hamas-Aktivisten getötet werden: Die Attentäter handeln niemals aus eigener, persönlicher Verantwortung, sie sehen sich lediglich als Erfüllungsgehilfen einer höheren, religiösen Aufgabe.

Noch etwas haben alle Anschläge, die weltweit mit religiösen Beweggründen in Verbindung gebracht werden, gemein. Von Jahr zu Jahr steigt die Zahl ihrer Opfer. Die Anschlagsziele werden nach der Faustregel der größtmöglichen Wirkung ausgewählt: je friedlicher und unverfänglicher ein Ort (etwa eine Einkaufspassage oder ein Reisebus), umso größer der Schrecken, den der Anschlag verbreiten wird. Das »Timing« der Attentate zielt darauf, eine Anzahl unschuldiger Zivilisten in den Tod zu reißen. Dabei ist es völlig egal, welche religiöse Richtung dafür herhalten muss. Die Aum-Shinrikyo-Sekte erwog beispielsweise, dem in der Tokioter U-Bahn verbreiteten Giftgas einen angenehm nach Blumen duftenden Stoff beizumischen, in der Hoffnung, möglichst viele Menschen würden möglichst tief von dem todbringenden Gas inhalieren. Und die palästinensische Terrorgruppe Hamas zeigte sich erfindungsreich, als es galt, die Wirkung ihrer Bomben zu erhöhen: Die Beimengung von Nägeln und Metallsplittern reißt möglichst viele fürchterliche Wunden.

Mark Juergensmeyer, der Autor des im Jahr 2000 erschienenen Buches *Terror in the Mind of God*, charakterisiert einen Großteil der heute operierenden Terroristengruppen als Schauspieler, die für ihre religiös vorgetragenen Machtinteressen eine Bühne suchen: Diese Bühne fänden die verschiedenen Gruppen in erster Linie in symbolträchtigen Gebäuden oder gut besuchten Anschlagszielen. Sie diene den Terroristen dazu, die Ohnmacht und Hilflosigkeit der jeweiligen Regierung, die sie als Gegner betrachten, öffentlich vor Augen zu führen.

Deshalb wird wohl auch der Zeitpunkt eines Anschlages von all jenen Gruppen, die angeblich in religiösem Auftrag handeln, mit Bedacht ausgesucht. Die Hamas-Aktivisten wählen die Zeitpunkte ihrer Anschläge häufig nach den Jahrestagen des Todes ihrer »Märtyrer«. Nicht ohne Grund verübte auch Timothy McVeigh seinen Anschlag auf das Regierungsgebäude von Oklahoma City an einem Feiertag, an dem die Aufmerksamkeit der amerikanischen Öffentlichkeit besonders groß sein würde: Am 19. April, dem Tag des Attentates, begann 1775 die amerikanische Revolution; am gleichen Tag begannen 1943 die Nazis mit der Vernichtung der Juden im Warschauer Ghetto. Und Baruch Goldstein, jener jüdische Arzt, der am Grab des Patriarchen in Hebron einen Massenmord an betenden Muslimen provozierte, entschied sich ganz bewusst für einen für alle Juden symbolträchtigen Tag: Das Attentat fand am jüdischen Feiertag Purim statt.

Bei der algerischen »Islamischen Heilsfront« erinnern die Massaker erstaunlich oft an religiöse Opferrituale. Diesen Eindruck muss jeder bekommen, der sich die Opfer der barbarischen Anschläge genauer ansieht: Kindern und Frauen werden die Kehlen genau so aufgeschlitzt, wie es der Islam für das Schlachten von Tieren vorschreibt. Die meisten der Ritualmorde in Algerien ereigneten sich wohl nicht zufällig alljährlich im Fastenmonat Ramadan.

Terroranschläge ohne Angst und Schrecken in der Öffentlichkeit wären so wirkungslos wie ein Schauspiel ohne Zuschauer. Wenn die Bühne im Sinne von Mark Juergensmeyer bestimmt und der Zeitpunkt der Aufführung gewählt ist, muss deshalb die Aufmerksamkeit des

Publikums für das terroristische Spektakel geweckt werden. Nur jene Terrorgruppen, denen es gelingt, sich in das öffentliche Bewusstsein zu bomben, können Botschaften übermitteln und Druck ausüben. In den vergangenen Jahren orientierten sich die Terroristen mit ihren Aktivitäten zunehmend am Fernsehen und dessen Sendegewohnheiten: Bin Laden, der seine Botschaften über den in Qatar ansässigen Sender Dschasirah verbreiten lässt, weiß genau, dass er darüber mehr Menschen »seiner« (muslimischen) Zielgruppe erreichen wird als über die westlichen Fernsehsender. Der religiöse Terrorismus gleicht, aus dieser makabren Perspektive betrachtet, einer öffentlichen Theatervorstellung, die mit immer neuen Schreckensbildern ein Publikum fesseln und für die eigenen brutalen Ziele gewinnen will. Offene, hoch entwickelte demokratische Staaten sind für den von solchen Terrorgruppen ausgeübten Druck wesentlich empfänglicher als autoritäre Regime. Sie werden daher zukünftig das bevorzugte Ziel des internationalen Terrorismus sein.

Zu Beginn des zweiten Jahrtausends gibt es hinsichtlich der Sicherheit in den westlichen Industriestaaten mehr Fragen als jemals zuvor seit dem Zweiten Weltkrieg. Mit dem Ende des zweiten Golfkrieges hielt zunächst ein allgemeiner weltweiter Optimismus Einzug: Der totalitäre Sozialismus war zusammengebrochen, und das Scheitern Saddam Husseins in Kuwait schien die Fähigkeit der internationalen Staatengemeinschaft bewiesen zu haben, die so genannten »Schurkenstaaten« in die Schranken zu weisen. Die Menschen erwarteten eine »neue Weltordnung«, und dieser Begriff war damals durchweg positiv besetzt. Doch diese Hoffnung wurde so schnell und so gründlich enttäuscht wie nur selten in der Geschichte. Denn es begann sich auf einmal eine Vielzahl von Konflikten zu regen, die der Kalte Krieg gewissermaßen eingefroren hatte. Auf dem Boden des alten Jugoslawiens brachen die Krisenherde ebenso auf wie in den Teilrepubliken der früheren Sowjetunion. In den Staaten der Dritten Welt und in den Wachstumsregionen Südostasiens fielen viele Regionen in einen vorstaatlichen Zustand und in eine gefährliche Instabilität zurück. Von Ruanda bis zum Mittleren Osten sind die Friedensprozesse zerbrechlich. Und an die »neue Weltordnung« glauben heute nur noch Zyniker. Vor diesem Hintergrund ist die Gefahr des »neuen«, »modernen« Terrorismus evident, der mit dem »klassischen« Terrorismus aus den Reihen der RAF, der Roten Brigaden, der IRA,

ETA oder des Schwarzen Septembers außer den unschuldigen Opfern nicht mehr viel gemein hat. Wie aber sollen die westlichen Zivilisationen mit dieser »neuen Weltunordnung« umgehen?

Teil IV

Und was tut der Staat?

Tausche Freiheit gegen Sicherheit

»Wir haben uns diesen Auftrag nicht ausgesucht, sind aber bereit, ihn zu erfüllen. Wir verteidigen nicht nur unsere eigenen Freiheiten, sondern die Freiheit der Menschen in aller Welt, ihre Kinder frei von Angst aufwachsen zu lassen.«

Das sagte der amerikanische Präsident George W. Bush in seiner Ansprache an die Nation am 11. September 2002. Frei von Angst sollen unsere Kinder aufwachsen, und frei von Angst sollen wir alle in der Welt leben können: Mit diesem Versprechen garnierte Bush den von ihm initiierten »Krieg gegen den Terror«. Inzwischen sieht es so aus, als erzeuge genau dieser Krieg keine Freiheiten, sondern immer mehr Ängste. Ein Klima allgemeiner Verdächtigungen herrscht seit dem 11. September nicht nur in den USA. Der Rechtsstaat wird in vielen Demokratien aufgeweicht. Die westliche Welt liegt unter einer Angstglocke, die sich ausweitet, je weniger konkrete Erfolge im Krieg gegen den Terror vorzuweisen sind. Müssen wir also um die Freiheit in der Welt der Freien fürchten?

In Deutschland wie in den anderen europäischen Staaten meldeten sich nach den Anschlägen von Washington und New York viele Bürger bei den Sicherheitsbehörden, um ihre Spitzeldienste anzubieten. Der amerikanische Präsident Bush ging gleichzeitig einen Schritt weiter: Mit der Operation TIPS (»Terrorism Information and Prevention System«) möchte er ein gigantisches Bürgerheer von freiwilligen aufmerksamen Patrioten schaffen, die alle »verdächtigen terroristischen Aktivitäten« an die Behörden melden. So sollte in Zukunft auf jeweils 24 Amerikaner ein Spitzel kommen – eine Lausch- und Belauerungsquote, die bald wesentlich höher sein dürfte als die der DDR zu besten Stasi-Zeiten. Die amerikanischen Beamten wollen Personen für diese Zubringerdienste gewinnen, die an den Schaltstellen des öffentlichen Lebens tätig sind: Busfahrer, Postboten, Telefonisten, Lastwagenfahrer, Angestellte bei Strom-, Gas- oder Wasserversorgern, Schaffner, Kapitäne und Hafenarbeiter. In den Ballungszentren der USA soll in einem ersten Schritt etwa ein Zehntel der Bevölkerung für diese neuen Aufgaben rekrutiert werden. Wer von den zivilen Agenten verdächtigt wird, darf nichts über den Verdacht erfahren, sonst wäre er ja gewarnt. Die Überwachungsergebnisse will man in so genannten »schwarzen Akten« sammeln. – Ein Szenario wie in den fünfziger Jahren der McCarthy-Ära, als der damalige FBI-Direktor Hoover Listen mit den Namen angeblicher Kommunismus-Sympathisanten führte. Die Verfassungs- und Bürgerrechtler in den USA sind verständlicherweise über TIPS wenig begeistert, und der amerikanische Kongress war sichtlich darum bemüht, das Vorhaben auf ein erträgliches demokratisches Maß zurechtzustutzen.

Die Frage nach den adäquaten Anti-Terror-Maßnahmen hat auch in der Bundesrepublik einen alten Konflikt wieder aufleben lassen: das Spannungsverhältnis zwischen Freiheit und Sicherheit. Beide sind Grundbedürfnisse des Menschen. Sie bedingen einander, und hier entsteht das Problem. Das Fundament unserer Gesellschaft wird beeinträchtigt, wenn eines der Elemente zu sehr gestärkt und dadurch das andere vernachlässigt wird. Wer eine hohe Sicherheit haben möchte, wird sehr wahrscheinlich Einschränkungen der bürgerlichen Freiheiten in Kauf nehmen müssen. Und wer frei sein will, darf nicht in jedem Fall darauf hoffen, dass der Staat ihm in jeder Situation die maximale Sicherheit bieten kann. So bilden Sicherheit und Freiheit nur zusammengenommen die Voraussetzungen unserer Demokratie, und ihre Wechselbeziehungen sind vor allem in Krisenzeiten höchst sensibel. Das gilt bei der inneren ebenso wie bei der äußeren Sicherheit, die beide vom internationalen Terrorismus berührt werden.

In der politischen Auseinandersetzung nimmt der Begriff Sicherheit inzwischen eine zentrale Position ein. Doch gerade das erzeugt bei vielen Mitbürgern statt Sicherheit Angst, nicht vor dem äußeren oder inneren Feind, sondern vor der Macht der Regierenden, und man gerät schnell in die Versuchung, den freiheitlich-demokratischen Staat in Überwachungsstaat umzutaufen. Sicherheit hat einen Preis: Denn letztlich geben wir Staatsbürger mehr oder weniger freiwillig einen Teil der individuellen Freiheit in Form von Eingriffsrechten (Regeln, Verordnungen und Vorschriften) an den Staat ab, damit dieser uns schützt. Das Sicherheitsversprechen des Staates – und damit die Vereinbarung zwischen Staatsgewalt und Staatsbürger über die angemessene Gewichtung von Freiheit und Sicherheit – ist allerdings mit dem 11. September 2001 brüchig geworden. Die Sicherheitserwartung der Bundesbürger hat sich in ein Gefühl der Unsicherheit verwandelt. Viele Deutsche wissen nicht mehr genau, ob die staatlich notwendige und legitimierte Einschränkung ihrer Freiheiten auch tatsächlich ihrer persönlichen Sicherheit nutzt.

Das hat seinen Grund: Seit dem 11. September 2001 findet in den westlichen Demokratien Politik nur noch vor dem Hintergrund einer generellen und durch die Terroranschläge angeheizten Atmosphäre der Unsicherheit statt. Die wachsenden Bemühungen auch der deutschen Politiker, die Freiheitsrechte einzuschränken, sind ein deutlicher Beleg dafür, dass der Staat derzeit die Sicherheit seiner Bürger ohne Eingriffe in deren Freiheit nicht länger garantieren kann. Heute geht es streng genommen gar nicht mehr um Sicherheit, sondern darum, die Unsicherheit auf ein Mindestmaß zu reduzieren. Ein absolutes Sicherheitsversprechen des Staates an »seine« Bürger kann es angesichts des modernen Terrorismus und seiner Verbindung mit der Organisierten Kriminalität nicht länger geben.

Die Kompetenz des Staates in Fragen der Sicherheit wird sich in Zukunft nicht nur an der Fähigkeit messen lassen müssen, erfolgreich auf Angriffe zu reagieren, sondern auch daran, ob es ihm gelingt, präventiv tätig zu werden. Deshalb werfen die deutschen Behörden mit dem Mittel der Rasterfahndung, die ja schon in den siebziger Jahren gegen die Rote-Armee-Fraktion erprobt wurde, neuerdings wieder ein präventives Netz über die gesamte Gesellschaft, ohne dass es eines konkreten Verdachts bedürfte. Das provoziert natürlich Zweifel daran, wie weit der Staat bei der Gewährleistung von Sicherheit tatsächlich gehen darf. Dabei kümmert sich längst nicht mehr nur der Staat um die Sicherheit – und Überwachung – der hier lebenden Menschen. Schon seit langem ist offenkundig, dass das staatliche Gewaltmonopol allmählich durch die Hintertür privater Sicherheitsdienste ausgehebelt wird. Diese übernehmen Aufgaben der Observierung, des Personen- und Gebäudeschutzes sowie der Verbrechensbekämpfung, die früher ausschließlich den staatlichen Beamten vorbehalten waren. Ein deutliches Indiz dafür, dass die Bürger »ihrem« Staat längst nicht mehr bei allen Sicherheitsproblemen des alltäglichen Lebens vollstes Vertrauen schenken. In den Vereinigten Staaten wie in Europa füllen sich seit dem 11. September 2001 mit jeder neuen Terrorwarnung die Auftragsbücher privater Sicherheitsunternehmen, weil immer mehr Menschen erkennen, dass der Staat jener diffusen und fremden Macht hilflos ausgeliefert ist.

Was tut der Staat, wenn er Gefahr läuft, sein Gewaltmonopol zu verlieren? Was tut der Staat, wenn er zusehen muss, wie die Bürger auf den Machtverlust seiner Sicherheitsinstanzen reagieren und zur privaten Selbsthilfe greifen? Er spiegelt eben jene Sicherheit vor, die die Menschen von ihm erwarten – sogar dann, wenn er diese im Grunde gar nicht mehr garantieren kann, weil er selbst nicht weiß, wann und wo der Feind angreifen wird. In solchen Situationen, das haben vor allem die Vereinigten Staaten in den Monaten nach dem 11. September praktiziert, gibt es beinahe wöchentlich offizielle Warnungen vor Terroranschlägen, die vor allem dem innenpolitischen Ziel dienen, der Bevölkerung zu zeigen, dass der Staat im Hintergrund über genug Wissen verfügt, um jeden seiner Bürger weitestgehend zu schützen.

Wenige Tage nachdem Bush am 11. September die Befürchtung äußerte, dass man weitere Anschläge erwarten müsse, kamen am 27. September 2001 Warnungen und Gerüchte über vermeintlich bevorstehende Attentate in Umlauf. Im Oktober fand man Spuren von Milzbranderregern in Postsendungen, woraufhin die Bevölkerung aufgefordert wurde, Briefe und Päckchen nur noch mit Gummihandschuhen zu öffnen und verdächtige Sendungen sofort der Polizei zu melden. Am 30. Oktober berichtete der amerikanische Justizminister Ashcroft, man habe Hinweise auf neue Anschläge erhalten, Einzelheiten nannte er nicht. Seither gibt es kaum einen Tag, an dem die Medien nicht eine Verbindung zu den Terrorakten von New York und Washington herstellen. Täglich wird durch Schlagzeilen mit dem Tenor »Neue Terroranschläge wahrscheinlich« das beklemmende Gefühl zementiert, einer fremden Macht hilflos ausgeliefert zu sein.

Die Sicherheit in den Staaten der westlichen Welt ist in ihren Grundfesten erschüttert, und solange den Verantwortlichen nicht ein wirklicher Schlag gegen die Terrorbedrohung gelingt, werden sie die Angst vor der Unsicherheit weiter schüren, um sich selbst in der Öffentlichkeit als handlungsfähig zu präsentieren. Was aber geschieht derweil mit den bürgerlichen Freiheiten der Menschen, die in diesen Staaten leben und auf deren Kompetenz in Sachen Sicherheit vertrauen (müssen)?

Die Angst vor der Unsicherheit –
Eine Bankrotterklärung des Rechtsstaats?

Isolationshaft, Geheimtribunale, Inlandsspionage: Die amerikanische Regierung bewegt sich seit dem 11. September 2001 am Rande der Verfassungsmäßigkeit, und die amerikanischen Staatsbürger sind bereit, ihre Freiheitsrechte aufzugeben. Doch erhalten sie im Gegenzug tatsächlich die von ihnen gewünschte und von der Regierung versprochene Sicherheit? Außergewöhnliche Ziele verlangen außergewöhnliche Entscheidungen, erst recht, wenn man sich im Krieg gegen die »Achse des Bösen« befindet: Die Bundespolizei FBI und der Auslandsgeheimdienst CIA bekommen alles, was sie wünschen. Die Erweiterung ihrer Befugnisse vollzieht sich in einem so rasanten Tempo, dass die Bürgerrechtsorganisation »American Civil Liberties Union« (ACLU) mit ihren Protesten kaum noch hinterherkommt. In der freiheitsgewohnten Bevölkerung gab es jedoch nicht einmal einen Aufschrei der Entrüstung, als Präsident Bush ankündigte, mutmaßliche Terroristen vor Militärgerichte zu stellen. Dies sind doch immerhin geheime Tribunale, ohne Jury und Zuschauer, in denen Beweismaterialien aus obskuren Geheimquellen zulässig sind und in denen man dem Angeklagten das Recht verweigert, den Anwalt selbst auszusuchen! Zum ersten Mal in der Geschichte der USA wurden Militärgerichte einberufen, ohne dass der Kongress zuvor den Kriegsfall erklärt hatte. Und als ob das nicht genug wäre: Neuerdings dürfen die Ermittler sogar die Gespräche zwischen Untersuchungshäftlingen und Anwälten belauschen.

Die Grundlage solch weitgreifender Befugnisse ist das Ende Oktober 2001 verabschiedete und von der Bevölkerung »Patriot Bill« getaufte Anti-Terror-Gesetz, das beispielsweise das FBI nicht länger auf die Strafverfolgung beschränkt, sondern ihm den Auftrag zur Inlandsspionage erteilt. Die Fahnder dürfen jetzt Wohnungen und Büros durchsuchen, ohne den Inhaber darüber zu informieren. Sie dürfen heimlich Computer-Festplatten kopieren und ohne richterliche Anordnung Telefone von Privatpersonen überwachen. Ausländer, deren Visa abgelaufen sind, dürfen ohne Angabe von Gründen unbegrenzt inhaftiert werden, bevor man sie in ihr Heimatland abschiebt. Und die CIA hat ab sofort wieder Zugriff auf die FBI-Datenbanken. Seit dem Watergate-Skandal von 1975, als Präsident Nixon seine Macht missbrauchte und die politischen Rivalen ausspionieren ließ, war in den Vereinigten Staaten die strikte Trennung von Spionage und Strafverfolgung bei den Geheimdiensten verbindlich. Diese Übereinkunft zum Schutz der bürgerlichen Rechte machte die Bush-Regierung rückgängig. Ob durch die »Patriot Bill« das Leben in den USA sicherer wird, ist noch nicht erwiesen. Sicher ist nur, dass George W. Bush keineswegs als erster amerikanischer Präsident zu solch drastischen Maßnahmen greift. Schon Abraham Lincoln sperrte während des amerikanischen Bürgerkrieges Tausende von Sympathisanten aus den Südstaaten ein, darunter zahlreiche Abgeordnete. Auch im Zweiten Weltkrieg gab es Massenverhaftungen ohne begründeten Verdacht. Mehr als 100 000 Amerikaner japanischer Herkunft wurden über Jahre hinweg in Internierungslagern festgehalten, aus der bloßen Angst heraus, sie könnten Sabotage betreiben. Angst ist eben eine mächtige Triebfeder, und aus Angst vor mangelnder Sicherheit nehmen die Menschen viele Einschränkungen ihrer persönlichen Freiheiten in Kauf.

So herrscht zurzeit in den USA eine Atmosphäre, in der Verdächtigungen und Bespitzelungen immer weitere Kreise ziehen. Dies ist der vorläufige Endpunkt einer Entwicklung, die mit den Geschehnissen vom 11. September 2001 schlagartig einsetzte. Doch musste es tatsächlich so weit kommen? Wenn Washington am 11. September 2001 gewusst hätte, was Washington vor dem 11. September 2001 wusste – dann, ja dann wäre der 11. September möglicherweise ein Tag wie jeder andere gewesen. Das FBI hatte vor dem Tag der Terroranschläge alle Punkte auf dem Radarschirm, vermochte sie aber nicht zu einem Gesamtbild der Bedrohung zu verknüpfen. Als man rückwirkend noch einmal den Datenbestand durchforstete, kamen erstaunliche Dinge ans Licht. Einzig ein Chaos an Koordination und Kommunikation hatte den Durchblick verhindert, denn die Angriffe auf Washington und New York kamen nicht aus heiterem Himmel. Schon am 6. August erfuhr Bush bei einem Geheimdienst-Briefing, dass die Briten über Erkenntnisse verfügten, nach denen Al Qaida Zivilflugzeuge in der westlichen

Welt entführen wolle. Eine Verbindung mit den amerikanischen Ermittlungsergebnissen, wonach auffallend viele junge arabische Männer Flugschulen besuchten und sich seltsamerweise nur für Starts, nicht aber für Landungen interessierten, wollte indes niemand herstellen. Als das FBI einen dieser Flugschüler wegen Visa-Vergehen befragte, kam keiner der Beamten auf die Idee, einen Blick auf dessen Computer werfen. Schade: Denn auf diesem hätte man die Schlüsseldaten für die späteren Attentate gefunden. Irgendwo, irgendwie und irgendwann hielten die Geheimdienste demnach alle Teile des terroristischen Puzzles in den Händen, das Muster des grausamen Spiels erkannten sie jedoch nicht.

Auch die CIA und die Behörden in Hamburg waren ebenso wie das FBI nicht vollkommen ahnungslos. Aber: Entweder waren die Computer nicht kompatibel, oder die vielen Hinweise, die es tatsächlich gab, kamen an der Spitze der Fahndungsfachleute erst gar nicht an – weil, ja weil sie unter Umständen nicht in die herrschende Sprachregelung der Regierungsverantwortlichen passten. Immerhin hatten die amerikanischen Geheimdienste unter der Clinton-Regierung die Anweisung erhalten, ihre professionelle Neugier zu zügeln. Und die Hamburger Beamten ermittelten (ohne eine konkrete Ahnung über die Pläne des 11. September) nicht so, wie sie es hätten tun können. Denn da gab es die höhere Anweisung, bloß nicht zu sehr gegen ausländische Mitbürger vorzugehen, da man schließlich nicht als ausländerfeindlich gelten wolle.

Seit den Terroranschlägen auf das Pentagon und das World Trade Center hat sich diese Haltung der Regierenden unter dem Diktat der Angst gründlich verändert. Nicht nur in den USA werden die Sicherheitsgesetze verschärft. In allen westlichen Demokratien rufen die Behörden dazu auf, wachsam zu sein und Verdächtige der Polizei zu melden. Aktentaschen, Päckchen und Tüten, die auf Parkbänken, an U-Bahn-Schächten oder Flughäfen liegen bleiben, werden nicht selten als Bomben deklariert und von Spezialisten »unschädlich« gemacht. Seit der Festnahme des so genannten »Schuhbombers« Richard Reid müssen Flugreisende in den Vereinigten Staaten bei der Passagierkontrolle sogar ihre Schuhe ausziehen, um diese untersuchen zu lassen. Die Folgen der Angst greifen immer tiefer in das Privatleben der Menschen ein: Vor der Tagung des Weltwirtschaftsforums in New York am 31. Januar 2001 wurde die ganze Stadt in Alarmbereitschaft versetzt. Terroristen hätten das Ereignis schließlich zum Vorwand nehmen können, abermals anzugreifen. Während der olympischen Winterspiele von Utah verwandelten die US-Sicherheitsbehörden einen ganzen Bundesstaat in eine Festung. Warnungen vor Angriffen auf Brücken und Tunnel, Warnungen vor Angriffen mit »schmutzigen Bomben«, chemischen Waffen oder biologischen Erregern wechseln sich heute in den Medien und Regierungsverlautbarungen fast täglich ab. Dabei zeigte sich doch schon bald nach den gewaltigen Selbstmordattentaten des 11. September, dass die Terroristen aufgrund ihrer (noch) beschränkten Ressourcen solche Aktionen (bisher) nur in großen zeitlichen Abständen planen und ausführen können. Solange man die Intermezzi zwischen den Anschlägen aber nicht kennt, solange man nicht einmal ein diffuses Bild über die Möglichkeiten des internationalen Terrorismus besitzt, kann man nur flächendeckend aufklären und – hoffentlich – das Schlimmste verhüten. Das jedoch bringt Folgen für jeden Einzelnen mit sich, weltweit und auch in Deutschland.

Heribert Prantl, für seine spitze Feder als Autor in der *Süddeutschen Zeitung* immer wieder zu Recht gerühmt, schreibt in seinem Buch *Verdächtig*: »Papst Urban VIII. hat einst das römische Kolosseum zum öffentlichen Steinbruch erklärt. Die Politiker der inneren Sicherheit machen dasselbe mit der Strafprozessordnung und den Prinzipien des freiheitlichen Rechtsstaats. Sie brechen große Brocken aus dem geltenden Recht, um aus den Trümmern das neue Sicherheitsgebäude zu errichten – die Festung Deutschland ... In diesem Sicherheitsstaat soll nicht nur die Trennung von Polizei und Geheimdienst aufgehoben werden, wie dies in den neuen Gesetzen ohnehin angelegt ist, es soll außerdem die strikte Trennung zwischen Polizei und Bundeswehr aufgehoben werden ... Diese Trennung der exekutiven Gewalten gehört freilich bisher zu den rechtsstaatlichen Grundprinzipien, zu den Sicherungen der Bundesrepublik also. Es ist eine merkwürdige Sache, für Sicherheit dadurch sorgen zu wollen, dass man auf die Sicherungen verzichtet. Da wird es nicht nur dem Elektriker mulmig.«

Im Krieg gegen den Terror ist die Verletzung lieb gewordener bürgerlicher Freiheitsrechte derzeit an der Tagesordnung. Die Frage, was als Menschenrechtsverletzung zu tadeln und als Terrorbekämpfung zu würdigen ist, wird unter den veränderten Umständen oftmals zugunsten des

Letzteren entschieden. So haben sich George W. Bush und sein russischer Kollege Putin vor einiger Zeit darüber verständigt, dass Russland in Tschetschenien nicht jene Menschenrechtsverletzungen begangen habe, die ihm vom Westen seit Jahren vorgeworfen werden. Der Tschetschenien-Krieg ist in den Augen des amerikanischen Präsidenten plötzlich das geworden, was er nach Auffassung der russischen Regierung immer schon war: ein Krieg gegen den Terrorismus. Dieses neue Einverständnis zwischen den Vereinigten Staaten und Russland hinsichtlich der Menschenrechte war die erste langfristig bedeutsame Folge des Terroranschlages – und scheint durch die Geiselnahme der tschetschenischen Terroristen in einem Moskauer Theater, die die russische Regierung nur mit Giftgas beenden konnte, eine grausame Bestätigung gefunden zu haben. Dass die Geiselnahme selbst die Folge eines lange währenden Prozesses war, in dem sich Russen und Tschetschenen an Grausamkeit und Brutalität gegenseitig überboten, wird im Zeichen der allgemeinen Terrorangst nur zu gern unterschlagen.

Der Begriff »Menschenrechte« ist seit dem 11. September politisch unbrauchbar geworden, zumal er sich nicht immer mit den Aktionen verträgt, die die Anti-Terror-Soldaten der westlichen Welt, allen voran die Amerikaner, im Kampf gegen die besagte »Achse des Bösen« ins Feld führen. Den von den Amerikanern inhaftierten Taliban und Al-Qaida-Kämpfern werden auf dem kubanischen Stützpunkt Guantanamo die international festgelegten Kriegsgefangenenrechte verweigert. Die Genfer Konvention aus dem Jahr 1949 gilt für sie nicht. Der Völkerrechtler Christian Tomuschat schreibt dazu in der Fachzeitschrift *Europäische Grundrechte* am 31. Dezember 2001: »Es wäre fatal, wenn die USA, die ausgezogen sind, einen durch terroristische Gewaltanwendung begangenen schweren Rechtsbruch zu bekämpfen, sich nun ihrerseits eines schweren Rechtsbruchs durch Verweigerung essenzieller Prozessgarantien zeihen lassen müssten ... Gerade der Westen, der von sich glaubt, das Recht und die Gerechtigkeit auf seiner Seite zu haben, sollte aber alles vermeiden, was dem Gedanken einer für alle Staaten gleichen und für sie verbindlichen völkerrechtlichen Ordnung bleibenden Schaden zufügen könnte.« Der amerikanische Vizepräsident Dick Cheney wähnt sich und seine Regierung dagegen im Recht. Er ist der Meinung, die Terroristen hätten den Schutz der amerikanischen Verfassung nicht verdient. Das sieht man inzwischen in einigen europäischen Staaten ähnlich: In Großbritannien sollen Polizei und Geheimdienste Ausländer beliebig lange festhalten können, wenn sie sich terroristischer Verbindungen verdächtig gemacht haben. Vergessen wird dabei allerdings nicht nur Artikel fünf der Europäischen Menschenrechtskonvention, sondern auch die englische Magna Charta aus dem Jahr 1215.

Dürfen sich die Staaten der Anti-Terror-Allianz durch den Terrorismus tatsächlich so weit in die Enge treiben lassen, dass sie die Grundmauern ihrer demokratischen Rechtsstaatlichkeit selbst einreißen? Keineswegs. Denn dann wären die Terroristen ihrem Ziel der Zerstörung der westlichen Welt bereits einen wesentlichen Schritt näher gekommen. Doch: Der Grat zwischen Sicherheit und Freiheit ist angesichts der immensen Bedrohung sehr schmal.

Der Terrorismus und die Medien – Ein zynisches Kalkül

Wie real ist die angebliche Gefahr, dass Europa, insbesondere Deutschland, in Zukunft regelmäßig das Ziel von Terroranschlägen sein wird? Sie ist langfristig groß, jedenfalls größer, als kurzfristig denkende Politiker es sich heute vorstellen können. Wer aber diese Frage beantworten will, muss zunächst die Logik begreifen, die hinter den Taten und ihren Tätern steht. Das allerdings scheint für westliche Augen und Ohren nicht ganz einfach zu sein. Die Attentäter des 11. September werden weithin als irrationale Dogmatiker angesehen. Ein fataler Trugschluss: In Wahrheit handeln Terroristen heute zweckrational. Schon vor Bin Laden hatten die Aum-Shinrikyo-Sekte in Japan und auch die Rote-Armee-Fraktion in der Bundesrepublik gehofft, mit einem großen Anschlag ein aufrüttelndes Signal an die internationale Aufstandsbewegung auszusenden. Sie alle glaubten, die Unterdrückten der Welt warteten nur auf einen solchen initialen Akt. Und sie alle kalkulierten die Hilfe der Medien ein, die die terroristische Botschaft in die ganze Welt transportieren sollten.

Nach einer Studie der nordamerikanischen Wissenschaftler W. Lee Eubank und Leonard Weinberg treten Terrorgruppen in Demokratien 3,5-mal häufiger auf als in autoritären Staaten. Demokratien bieten günstige Bedingungen für die Entstehung oppositioneller Gruppen, und die Terroristen erwarten in diesen Werte- und Gesellschaftssystemen eine weniger harte Justiz. Zudem bieten die Demokratien einen idealen Resonanzboden für den Terrorismus, weil sie Meinungs- und Pressefreiheit garantieren. Medienaufmerksamkeit ist ein integraler Bestandteil terroristischen Kalküls. Ohne die Medien käme der terroristische Guerillakampf ins Stocken. Das Einschüchtern der Bevölkerung durch ein kollektives Schockerlebnis – der erste Schritt in der Strategie der Terroristen – funktioniert nur, wenn die Nachrichten über die Gewalttaten flächendeckend verbreitet werden. Diesen Zuarbeiterdienst übernehmen die Medien.

Wichtiger als die Gewalt selbst ist die Schlagzeile in den Zeitungen. Die nordirische IRA oder die baskische ETA warnen die örtlichen

Medien oftmals vor einem Anschlag. Einerseits geben sie dadurch den Menschen die Möglichkeit, sich rechtzeitig vom Anschlagsort zu entfernen, andererseits sorgen sie durch die Anrufe in Zeitungsredaktionen, Radio- und Fernsehsendern dafür, dass zum Zeitpunkt der spektakulären Tat genügend Journalisten und Kameraleute am Tatort sind. Die Islamisten kennen solche Rücksichtnahme auf die Opferzahl nicht. Gleichwohl ist ihnen – gerade nach den Terroraktionen des 11. September – die überaus große Aufmerksamkeit der Presse sicher, und der Konkurrenzdruck macht es eher unwahrscheinlich, dass sich die Medien einer freiwilligen Selbstbeschränkung unterziehen, um zukünftig allenfalls am Rand über die Terroristen zu berichten.

Fanal einer neuen Bedrohung

Mit dem 11. September 2001 und den einstürzenden Zwillingstürmen des World Trade Centers wurde der Öffentlichkeit in den westlichen Industriestaaten schlagartig klar, dass der islamistische Terror seine Opfer nicht länger nur in den Staaten der Dritten Welt sucht. Die Präzision der Anschläge und das dahinter stehende international operierende Netzwerk zum Selbstmord bereiter Attentäter wurden zum Fanal einer nur scheinbar neuen Bedrohung, die dem Westen seine Verletzlichkeit vor Augen führte. Dabei war schon seit Mitte der neunziger Jahre abzusehen, dass unkonventionelle und vor allem immer brutalere Angriffe auf westliche Ziele vorbereitet wurden. Schlimme Terroranschläge gab es nämlich schon zuvor, was man in den Industriestaaten allerdings nicht wahrnehmen wollte. Attentate, die auf Sri Lanka (dort gibt es weltweit die meisten Anschläge), den Philippinen, in Pakistan, Indien, Indonesien, Algerien, Somalia, Jemen, im Irak, Iran, Libanon oder in Jordanien verübt wurden, waren westlichen Medien allenfalls kleinere Meldungen wert. Erst der D-Day des islamistischen Terrors öffnete der »Zivilisierten« Welt die Augen: Die Geschehnisse des 11. September 2001 kann heute niemand mehr isoliert betrachten.

Plötzlich erkannte man, dass eine religiös-fundamentalistische und diffuse Form des Terrors die bis Anfang der neunziger Jahre vorherrschenden ideologisch-politischen Spielarten der Gewalt langsam in den Hintergrund drängte. Beispiele dafür gab es genug: Beim ersten Anschlag auf das World Trade Center war 1993 schlimmeres Unheil nur durch eine glückliche Fügung des Schicksals verhütet worden, denn die Terroristen hatten den Sprengstoff mit Blausäure präpariert, um die herbeieilenden Rettungsmannschaften durch das austretende Gas zu töten. Im März 1995 verübte die japanische Sekte Aum-Shinrikyo fünf Anschläge auf U-Bahn-Züge in Tokio. Und einen Monat später bombte ein selbst ernannter »christlicher Patriot« in Oklahoma City das Federal Building in die Luft und tötete 168 Menschen. Spätestens mit den Bombenanschlägen Bin Ladens auf die amerikanischen Botschaften in Kenia und Tansania im August 1998 war die neue Form des Terrorismus, die vor nichts zurückschreckte, unübersehbar: Terrorismus erwies sich als ein Krieg, der nicht erklärt wurde.

Fachleute unterscheiden heute vier Gruppen von Terroristen:
1. Geistig verwirrte Einzeltäter, die sich als Auserwählte sehen, nicht mit einem Netzwerk zusammenarbeiten und keine Unterstützung für ihre »Mission« erhalten: der Attentäter von Oklahoma
2. Revolutionäre Gruppen, die politische oder soziale Veränderungen durch Gewalt herbeibomben möchten: die inzwischen aufgelöste Rote-Armee-Fraktion, die frühere PLO
3. Ethnische oder politische Minderheiten, die gewaltsam für ihre Autonomie in einem Staatswesen kämpfen: die kurdische PKK
4. Gruppen mit religiösen oder pseudo-religiösen Motiven: die Aum-Shinrikyo-Sekte in Japan, die Al Qaida des Usama Bin Laden

Am gefährlichsten sind jene Gruppen wie die der militanten Islamisten, die aus vorgeblich religiösen Motiven Massenmorde verüben. Menschenleben bedeuten ihnen nichts, auch Zivilisten werden sie nicht verschonen. Dieser Extremismus ist durch Sicherheitsbehörden schwerer zu infiltrieren und zu lokalisieren als die herkömmlichen politischen Terrorgruppen, beispielsweise die Rote-Armee-Fraktion. Islamistische Terroristen bekennen sich immer seltener zu ihren Anschlägen. Stand der »Feind« in den Zeiten des Kalten Krieges außerhalb der Grenzen und jenseits des Eisernen Vorhangs, so befindet er sich seit dem 11. September 2001 nahezu unsichtbar im eigenen Land. Die so genannten »Schläfer« stellen die Sicherheitsbehörden vor kaum zu bewältigende Probleme. Denn die terroristische Gesinnung eines potenziellen Attentäters erkennt man zumeist erst dann, wenn es zu spät ist. Beim Europäischen Polizeikongress im Mai 2002 wurde in Bonn darüber gesprochen, dass die Kommunikationsstruktur des Al-Qaida-Netzes auch in Deutschland weiterhin funktioniere, »in letzter Zeit sogar wieder verstärkt«, da man eine »große Zahl von Schläfern« in der Bundesrepublik vermute. So berichtete es die *Frankfurter Allgemeine Zeitung* am 28. Mai 2002. Ein ranghoher Regierungsvertreter gestand ein, man habe die Strukturen zwar ins Visier genommen, doch sei es nach wie vor nicht gelungen, in »diese Kreise einzudringen«.

Dabei ist der so genannte »Al-Qaida-Terror« nur ein Synonym für die Hilflosigkeit der westlichen Welt. Der typische »Al-Qaida-Kämpfer« spricht keine Fremdsprachen, hat (jedenfalls in der überwiegenden Zahl) nie im Westen gelebt und würde sofort auffallen. Er taugt demnach gar nicht als »Schläfer« für künftige Terroranschläge in westlichen Ländern, weil er sich dazu erst einer langwierigen, meist mehrere Jahre dauernden »Ausbildung« für das dortige Leben unterziehen müsste. Der typische »Al-Qaida-Kämpfer« kann Bomben legen, Flugzeuge abschießen, Panzer vernichten, ein Loch in den Rumpf eines feindlichen Schiffes sprengen oder ein Lager angreifen. Er ist gewiss todesmutig und seinem Führer Bin Laden hörig, aber er stellt nur den winzigen Teil jenes großen Problems dar, das wir heute als »Al-Qaida-Terror« bezeichnen. Die für den Westen wirklich gefährlichen Terroristen sind nicht jene, die in Schmutz und Elend auszuharren gewohnt und zum physischen Kampf bereit sind, sondern ihre hochintelligenten Hintermänner, die wahrlich schwer zu enttarnen sind. Diese »Schläfer« verstehen es tatsächlich, sich perfekt an wechselnde Umgebungen anzupassen und ihrem Umfeld zu suggerieren, harmlose Mitbürger zu sein.

Frustrierte Ermittler

Unterhält man sich mit Verfassungsschützern, Staatsschützern, Kriminologen, Nachrichtendienstlern und anderen fachkundigen deutschen Beamten, die einen Beitrag zur Sicherheit des freiheitlich-demokratischen Staatswesens leisten, kommt man um eine Erkenntnis nicht herum: Nach dem 11. September wurde die Zusammenarbeit bislang voneinander abgeschotteter Behörden zwar verstärkt, doch werden nach wie vor freiheitsgefährdende Entwicklungen vielfach isoliert bearbeitet und Ermittlungsergebnisse nur unvollständig zusammengeführt. Schlimmer noch: Deutsche Fahnder trafen bei verdeckten Observationen immer wieder auf israelische und amerikanische »Kollegen«, von denen sie nicht wussten, dass sie denselben mutmaßlichen Terroristen auf der Spur waren. Die Frankfurter Staatsschützer machten diese Erfahrung ebenso wie die Münchner oder Hamburger Kollegen. Wenn man ein Objekt beobachtete und die in der Nähe parkenden Fahrzeuge überprüfte, stieß man regelmäßig auf Fahrzeuge, die beispielsweise auf amerikanische Soldaten zugelassen waren, an diesem Ort aber erkennbar keine andere Funktion als die der Observation hatten. Solche Vorkommnisse stärken das Gefühl der Zusammengehörigkeit unter den Ermittlern im In- und Ausland ganz bestimmt nicht. Im Gegenteil: Je mehr sich das abgeschottete und zum Teil überhebliche Vorgehen der Amerikaner in Deutschland herumsprach, umso reservierter reagierten die hiesigen Beamten auf die amerikanischen Geheimdienstler.

Die Situation verschlimmerte sich erheblich, nachdem Mitte Juni 2002 Einzelheiten über das Schicksal des Deutsch-Syrers Mohammed Haydar Zammar bekannt wurden. Mohammed Haydar kam 1971 nach Deutschland und erhielt elf Jahre später die deutsche Staatsbürgerschaft. Seit Beginn der neunziger Jahre galt er aus der Sicht deutscher Sicherheitsbehörden als Extremist. Kurz danach verdichteten sich die Hinweise, dass der 140 Kilogramm schwere Kaufmann Kontakt zu Gefolgsleuten Bin Ladens unterhielt. Zammar arrangierte für junge Islamisten aus Deutschland Reisen zur Al Qaida nach Afghanistan. Er rekrutierte den

Terrorpiloten von New York Mohammed Atta und geriet nach dem 11. September schnell ins Visier der Hamburger Fahnder, da er die Wohnungen der Terroristen in Hamburg regelmäßig besuchte. Weil es aus der Sicht der Bundesanwaltschaft trotzdem keine Beweise gegen Zammar gab, wurde er nach mehreren Verhören wieder freigelassen.

Am 27. Oktober 2001 reiste Mohammed Haydar Zammar mit einem vorläufigen deutschen Reisepass über Amsterdam nach Marokko, den ihm das Hamburger Einwohnermeldeamt zwei Tage zuvor ausgestellt hatte. In Marokko traf er sich mit Gesinnungsgenossen, die mittlerweile festgenommen wurden und die Terroranschläge auf amerikanische Kriegsschiffe in der Straße von Gibraltar sowie in marokkanischen Städten geplant hatten. Die deutschen Fahnder verloren den in Islamistenkreisen »Bruder Haydar« genannten Mann aus den Augen. Marokko überstellte ihn heimlich an Syrien, wo er seit langem schon wegen seiner Beteiligung an einem Bombenanschlag gesucht wurde. Während Zammars in Hamburg lebende Familie eine Vermisstenanzeige erstattete, wurde der Mann in Syrien von CIA-Beamten verhört. Als deutscher Staatsbürger hätte Zammar völkerrechtlich Anspruch auf konsularischen Beistand durch die deutsche Botschaft gehabt. Die Syrer jedoch betrachteten ihn weiterhin als syrischen Staatsbürger und unterrichteten die Deutschen nicht einmal über die Inhaftierung. Zammar gestand inzwischen, unter anderem Mohammed Atta für die Anschläge des 11. September 2001 angeworben zu haben, was die Amerikaner als gewaltigen innenpolitischen Erfolg verbuchten. Dass Washington wie Damaskus die deutsche Seite über die Verhöre erst mit großer zeitlicher Verzögerung unterrichteten, zerschnitt ein weiteres Mal das Band der angeblich so guten deutsch-amerikanischen Anti-Terror-Ermittlungen.

Machtlose Behörden

In Zusammenhang mit dem 11. September 2001 haben deutsche Behörden über vieles hinweggesehen und oftmals die Augen zugedrückt, wenn sich auffällige Dinge ereigneten. So fand sich vier Tage nach den Anschlägen am 15. September um 15.05 Uhr im Kondolenzbuch des Kreiskrankenhauses Frankfurt-Höchst für die Terroropfer in den Vereinigten Staaten folgender Eintrag: »Osama Ben Laden Mohammed, Deniz hat deine Mutter ihr scheiss Amies«. Eine vom Sicherheitsdienst herbeigerufene Funkstreife ermittelte schnell die mutmaßlichen Verfasser: Deniz G. sowie der wegen schweren Diebstahls zuvor in Erscheinung getretene Lotfi M., beides türkische Mitbürger, die in der Nähe von Frankfurt wohnen. Ein Ermittlungsverfahren wurde nicht eingeleitet. Der Vorgang verschwand als Spurennummer 06/00817 in den Archiven, da die ohnehin bis über beide Ohren in Arbeit versinkende Frankfurter Polizei das »Vorkommnis« lediglich als »Geschmacklosigkeit« einstufte. Die Sicherheitsbehörden hatten in jener Zeit wahrlich anderes zu tun als sich darüber zu streiten, ob hier gemäß § 189 des Strafgesetzbuchs eine Verunglimpfung des Andenkens Verstorbener vorlag, zumal ihnen bei viel wichtigeren Ermittlungen die Rechtsgrundlagen fehlten.

Nach den Terroranschlägen in den USA wurden die Befugnisse der deutschen Behörden in zwei Sicherheitspaketen erweitert, um Verbrechen und Terrorismus besser als bisher bekämpfen zu können. Im zweiten Sicherheitspaket änderte die rot-grüne Regierung vierzehn Gesetze. Dazu gehören:

1. Das Bundeskriminalamt soll zwar auch künftig nicht das Recht erhalten, ohne konkreten Anfangsverdacht zu ermitteln, doch werden seine Kompetenzen ausgeweitet. Künftig soll es für die Verfolgung von Anhängern ausländischer Terrororganisationen zuständig sein und bei schweren Formen von Datennetzkriminalität die Ermittlungen übernehmen. Zudem will man die Zentralstellenfunktion des BKA verstärken, sodass die Ermittler auch ohne die bisher

notwendige Einschaltung der Länderpolizeien Auskünfte direkt von den zuständigen Behörden einholen können.
2. Das Bundesgrenzschutzgesetz erhält eine »klarstellende Regelung«. Sie betrifft den Einsatz von Beamten des Bundesgrenzschutzes als bewaffnete Flugsicherheitsbegleiter in Passagiermaschinen. Die Grenzschützer sollen künftig berechtigt sein, Ausweispapiere zu überprüfen.
3. Das Bundesamt für Verfassungsschutz erhält das Recht, auch solche Bestrebungen zu beobachten, die sich gegen den Gedanken der Völkerverständigung oder das friedliche Zusammenleben der Völker richten. Zur Erforschung von Geldströmen und Kontobewegungen erhält es die Befugnis, Informationen bei Banken und Geldinstituten einzuholen. Auskunftspflichtig werden auch Postdienstleister und Luftverkehrsunternehmen.
4. Die Änderung des Ausländergesetzes soll gewährleisten, dass Personen, die die Grundordnung oder die Sicherheit der Bundesrepublik gefährden, sich an Gewalttätigkeiten beteiligen oder einer Vereinigung angehören, die den internationalen Terrorismus unterstützt, einem Aufenthaltsverbot unterliegen. Der bloße Verdacht einer Straftat reicht jedoch für ein Aufenthaltsverbot nicht aus.
5. Im Asylverfahrensgesetz wird eine Rechtsgrundlage für die Anlage von Sprachaufzeichnungen geschaffen, mit der die Herkunft des Antragstellers leichter zu ermitteln ist. Fingerabdrücke der Antragsteller und andere Unterlagen, die deren Identifizierung ermöglichen, werden künftig über zehn Jahre aufbewahrt.
6. Das Ausländerzentralregister soll per Gesetzesänderung zu einer Visa-Entscheidungsdatei ausgebaut werden. Polizei und Sicherheitsdienste sollen künftig den gesamten Datenbestand in einem automatisierten Verfahren abrufen können.
7. Die Änderung des Luftverkehrsgesetzes sieht vor, dass der Gebrauch von Schusswaffen an Bord eines zivilen Flugzeuges Polizisten vorbehalten bleibt. Neu geregelt werden darüber hinaus die Bestimmungen für die Zuverlässigkeitsüberprüfungen bei Flugplatz- und Luftfahrtunternehmen und die Überprüfung des davon betroffenen Personenkreises.
8. Im Pass- und Personalausweisrecht wird die computergestützte

Identifizierung von Personen verbessert, um zu verhindern, dass sich jemand mithilfe von Papieren ähnlich aussehender Personen ausweist. Zu diesem Zweck sollen biometrische Merkmale, wie Kopfform und andere körperbezogene Daten, auch in verschlüsselter Form erfasst werden.
9. Eine Änderung des Vereinsgesetzes soll gewährleisten, dass gewalttätige oder terroristische Organisationen nicht von Ausländervereinen in Deutschland unterstützt werden.
10. Die Regelungen, die das Bundesverfassungsschutzgesetz, das Bundesnachrichtendienstgesetz, das Militärischer-Abschirmdienst-Gesetz und das Sicherheitsüberprüfungsgesetz betreffen, werden auf fünf Jahre befristet.

Die Ausdehnung der Telefonüberwachung und die Kontrolle des Internets waren einige der ersten Instrumente, die die Sicherheitsbehörden als Reaktion auf die Terrorangriffe in die Hand bekommen sollten, um für die Fahndung nach islamistischen Terroristen besser gerüstet zu sein. Manche Details der frei nach dem Bundesinnenminister »Otto-Katalog« genannten Sicherheitspakete erwiesen sich jedoch als heikel hinsichtlich der im Grundgesetz garantierten Freiheitsrechte. Das betraf unter anderem die Pläne zur Neuregelung der Telefonüberwachung. Neu daran war die Zulassung des so genannten »Imsi-Catchers«, um die Kartennummern von Mobiltelefonen verdeckt zu ermitteln. Der Imsi-Catcher findet einen Karteninhaber dadurch heraus, dass er eine Handy-Funkstelle imitiert und alle aktivierten Mobiltelefone in der nahen Umgebung zur Meldung (und Mitteilung ihrer Nummernkennung) veranlasst. Wenn den Fahndern bekannt ist, wo sich eine Verdachtsperson aufhält, und die Kennnummer seines Telefons – zu Abhörzwecken oder zur Identitätsfeststellung – herausgefunden werden soll, kann durch mehrfaches Aktivieren des Imsi-Catchers an unterschiedlichen Orten die Nummer aus den Daten der reagierenden Mobiltelefone herausgefiltert werden. Der Datenschutzbeauftragte, die Organisation der Strafverteidiger wie auch die Humanistische Union erhoben verfassungsrechtliche Bedenken, weil sie entweder das Fernmeldegeheimnis oder das Recht auf informationelle Selbstbestimmung gefährdet sahen. Am Samstag vor Pfingsten 2002 passierte das Gesetz dennoch zusammen mit denÄnderungsbestimmungen zur DNA-Analyse (zum »genetischen Fingerabdruck«) in zweiter und dritter Lesung den Bundestag.

Das Bundeskriminalamt gilt neben Verfassungsschutz und Bundesnachrichtendienst weithin als schlagkräftige Abteilung, die deutsche Bürger auch vor terroristischen Anschlägen schützen kann. Doch ebenso zahlreich wie seine Erfolge sind mittlerweile die Pannen. Seit 1992 versucht das BKA, ein neues Fahndungs- und Ermittlungssystem mit dem internen Namen »Inpol neu« in Betrieb zu nehmen. Das computergestützte System soll durch viele neue Funktionen die enge Verknüpfung von Personen- und Fallinformationen gewährleisten und so endlich Recherchen erlauben, bei denen unterschiedliche Delikte abgeglichen werden können. Bis Mitte 2002 verschlang das Projekt immerhin 60 Millionen Euro, und bis 2005 waren im BKA-Haushalt weitere 25 Millionen Euro dafür eingeplant. Aber das neue Fahndungssystem erwies sich als Rohrkrepierer und konnte wegen zahlreicher Pannen nicht in Betrieb genommen werden. Mit den Worten des BKA heißt das: »Zur Frage der Inbetriebnahme des neuen EDV-Systems bedarf es noch weiterer Detailplanung.« Der Bundesrechnungshof befand, die Verzögerung sei besonders misslich, »da Inpol neu wegen seiner neuen Möglichkeiten besonders vor dem Hintergrund der Terrorattentate in den USA und der damit einhergehenden aktuellen Sicherheitslage eine wesentliche Komponente der polizeilichen Verbrechens- und Terrorbekämpfung hätte sein können«. Wie wahr!

Der SPD-Bundestagsabgeordnete und frühere Polizist Hans-Peter Kemper behauptete über die 4800 Mitarbeiter, die für das BKA in Wiesbaden, Berlin und Meckenheim arbeiten, viele von ihnen seien vor allem mit »Knicken, Lochen und Abheften« beschäftigt. Beim »Bund Deutscher Kriminalbeamter« war die Stimmung im Jahre 2002 ebenfalls getrübt. Klaus Jansen, der in der »Soko USA« Observierungen und technische Überwachungen koordiniert, klagte dem *Handelsblatt* das Leid seiner Kollegen: Für die »Soko USA« seien Hunderte von BKA-Leuten aus Wiesbaden vorübergehend in die Zweigstelle nach Meckenheim bei Bonn zwangsversetzt worden, was eigentlich nicht nötig gewesen wäre. »Wir hätten hier genügend gut ausgebildete Leute für diese Arbeit gehabt«, meint Jansen und fährt fort: »Die einen sind frustriert, weil sie wochenlang im Hotel leben und ihre Familien nicht sehen, die anderen, weil sie nicht einmal gefragt wurden, ob sie bei diesem wichtigen Einsatz dabei sein möchten, noch dazu in der Nähe ihres Wohnortes. Stattdessen schleppen sie weiter Akten und verlassen pünktlich um 16 Uhr ihre Büros, während die Soko-Kollegen bis über den Kopf in der Arbeit versinken.«

Von der Politik im Stich gelassen

Das alles zeigt: Deutsche Kriminalbeamte und Polizisten fühlen sich nach den Terroranschlägen vom 11. September zunehmend von der Politik im Stich gelassen. Sie versinken in Arbeit, werden überschüttet mit Hinweisen, scheitern aber entweder an der Tücke ihrer behördeneigenen technischen Hilfsmittel, an der mangelhaften Koordination untereinander, an der fehlenden Zusammenarbeit mit den ausländischen Kollegen oder ganz einfach an der trotz zweier Sicherheitspakete und »Otto-Katalog« immer noch nicht vollkommen eindeutigen Gesetzeslage.

Der stellvertretende Vorsitzende des »Bundes Deutscher Kriminalbeamter« (BDK) Klaus Jansen sagte dem Autor in einem Gespräch am 12. August 2002: »Innere Sicherheit kann man nicht in parteipolitischen Vier-Jahres-Zyklen machen. Dazu bedarf es vielmehr eines durchdachten Konzeptes.« Genau das sei bislang nicht erkennbar, weshalb im Bundeskriminalamt eine »miese Stimmung« herrsche. Die Anti-Terror-Pakete hielt Jansen für eine »reine Schubladenlösung von Schily«, der mehr offenbar nicht zu bieten habe, denn: »Jetzt sind seine Schubladen leer.« Ähnlich bewertete der Vorsitzende der »Gewerkschaft der Polizei« Konrad Freiberg die Situation gegenüber dem Autor. Übereinstimmend vertraten beide die Auffassung, dass über die Jahre hinweg immer mehr Herausforderungen (Kampf gegen Rechtsextremisten und Islamisten, Objektschutz, Castor-Transporte, Kampfhundeverordnung) auf die Beamten zukommen, während man gleichzeitig Personal abbauen müsse. Dazu Freiberg: »Das ist desaströs. Denn wenn man ständig neue Aufgabenbereiche bekommt, aber weniger Personal hat, dann bedeutet das eine Reduzierung der inneren Sicherheit.« Kriminalhauptkommissar Jansen kommt zu dem Schluss, dass die beiden von der rot-grünen Bundesregierung beschlossenen Pakete der deutschen Bevölkerung eine Sicherheit suggerieren, »die es so gar nicht gibt«. In Deutschland existiere nämlich »nicht nur eine abstrakte Gefahr von Terroranschlägen«, spätestens seit den Anschlägen auf deutsche Touristen in Djerba sei die Bedrohung sehr konkret geworden: »Ich glaube nicht, dass die deutsche

Öffentlichkeit derzeit vollständig von der politischen Führung über die bevorstehenden Gefahren unterrichtet wird. Aber die Bürger sind eigentlich mündig genug, um die Wahrheit vertragen zu können.«

Über die Rasterfahndung können islamistische Schläfer nach Auffassung von Jansen »nur noch lachen«. Sie sei »ein politischer Aktionismus, der polizeiliche Kräfte« flächendeckend einer Beschäftigungstherapie unterziehe: »Die Kollegen vom Staatsschutz wissen vor lauter Überprüfungen schon gar nicht mehr, wo ihnen der Kopf steht, und schieben endlose Überstunden vor sich her.« Islamisten, die eine Überprüfung fürchten müssten, hätten Zeit genug, sich in aller Ruhe in andere europäische Länder abzusetzen. Bis zum Juli 2002 ermittelte die Polizei in Baden-Württemberg mithilfe der Rasterfahndung 34 Kriminelle, jedoch keine heiße Spur zu islamistischen Terroristen. Landesweit wurden 24 Haftbefehle erlassen, unter anderem wegen der Einschleusung von Ausländern, Rauschgift- und Eigentumskriminalität, Urkundenfälschung und Geldwäsche. In Baden-Württemberg wurden etwa 400 Personen bekannt, die – vergleichbar mit den Attentätern des 11. September 2001 – aus einem arabischen Staat stammten, hier studierten und über eine Flug- oder Gefahrguttransportlizenz verfügten. Das war es dann aber auch schon. Für Festnahmen von Terroristen reichten diese Ergebnisse jedenfalls nicht.

»Wir haben da eine Zeitbombe. Jede der im BKA vorliegenden Spuren, die heute nicht überprüft werden kann, kann morgen schon hochgehen.« So bewertet Klaus Jansen, der immerhin fünf Jahre als BKA-Verbindungsbeamter in Washington arbeitete, die gegenwärtige Situation. Umso erstaunter zeigt sich der Insider über die prekäre personelle Lage im Bundeskriminalamt. Während es 1993, als die Rote-Armee-Fraktion kein Problem für die innere Sicherheit mehr darstellte, in der Antiterrorismus-Abteilung des BKA an die 230 Mitarbeiter gab, strebt man laut Jansen heute an, in absehbarer Zeit wenigstens wieder auf 130 Mitarbeiter zu kommen. Die Banken würden Datenerfassungskräfte entlassen, die das BKA dringend benötigt und dennoch nicht einstellt. Im Schnitt habe jeder Beamte der Antiterrorismus-Abteilung aus dem Bereich Islamismus derzeit ungefähr 800 Überstunden, mithin einen Freizeitanspruch von mehr als 21 Wochen. Jansen: »Wenn auch nur einige der Kollegen auf ihren Rechten bestünden, wer sollte dann die Arbeit machen?«

Hinzu komme ein endloses Wirrwarr der Kompetenzen. Sechzehn Landeskriminalämter, sechzehn Landesämter für Verfassungsschutz und sechzehn Staatsschutzführungen sollten im Idealfall ihre Erkenntnisse untereinander und mit den Bundesbehörden abgleichen. Dieser Informationsaustausch funktioniere »schlecht«. Zahlreiche Landespolizeien kritisierten in den vergangenen Wochen, dass ihnen Ermittlungserkenntnisse aus anderen Bundesländern entweder gar nicht oder nur mit großer zeitlicher Verzögerung zur Verfügung gestellt würden. Und was für die nationale Zusammenarbeit zutrifft, gilt, wie wir am Beispiel der amerikanischen, israelischen und deutschen Sicherheitsdienste gezeigt haben, erst recht für die internationale Kooperation.

Besonders verärgert war Washington darüber, dass die Bundesrepublik sich weigerte, Daten über Terroristen an den Bündnispartner zu übergeben. So wie aus Europa generell kein Verdächtiger an ein Land ausgeliefert werden darf, in dem ihm die Todesstrafe droht, dürfen die Behörden in einem solchen Fall keine Beweismittel herausgeben. Unter diese Regelung fallen natürlich alle Daten und Akten über Terroristen, denen in den Vereinigten Staaten der Prozess gemacht wird. Aus diesem Grund musste die Verhandlung in den USA gegen den 34 Jahre alten Franko-Marokkaner Zacarias Moussaoui – und damit das bis dahin einzige Verfahren gegen einen Komplizen der Terroristen vom 11. September – ohne deutsche Rechtshilfe stattfinden. Denn Moussaoui drohte die Todesstrafe, und das entscheidende Beweismaterial lag in der Bundesrepublik, die es nicht herausrückte.

Dabei hat die Bundesregierung, wenn es denn gar nicht zu vermeiden ist, überhaupt nichts gegen die Todesstrafe einzuwenden. Einer der Planer der Attentate vom 11. September, Ramzi Binalshibh, teilte als Student in Hamburg die Wohnung mit Mohammed Atta. 2002 nahmen ihn amerikanische Sicherheitskräfte in Pakistan fest. Während Otto Schily vor der Bundestagswahl 2002 zunächst noch auf der Auslieferung von Binalshibh bestand, änderte er seine Haltung, als er erkannte, dass er eine Niederlage erleiden würde. Der amerikanische Justizminister Ashcroft lobte Schilys Meinungsänderung und sagte, diese Entscheidung sei vorbildlich dafür, »wie wir solche Fälle in der Zukunft behandeln können«. Schily hob seinerseits hervor, die Bundesregierung werde Amerika in vergleichbaren Fällen auch dann den Vortritt lassen, wenn Personen wie

Binalshibh die Todesstrafe drohe. Eine Auslieferung könne doch rechtlich an keine Bedingungen geknüpft werden. Wer hätte dem früheren RAF-Verteidiger und heutigen Innenminister solch einen enormen Gesinnungswandel zugetraut?

In den Reihen der Polizei plädiert man für Aussteigerprogramme und Kronzeugenregelungen im Zusammenhang mit islamistischen Terroristen. Nach der Kronzeugenregelung können Beschuldigte mit Strafnachlässen belohnt werden, wenn sie gegen frühere Komplizen aussagen und zur weiteren Aufklärung von Straftaten beitragen. In den USA wird diese Regelung seit Jahren mit Erfolg angewendet, in Deutschland ist sie jedoch umstritten, sodass die derzeitige Regierung sie auf Drängen der Grünen wieder abschaffte. Ein Fehler, meint der GdP-Vorsitzende Freiberg: »Der Rechtsstaat kann vor dem Hintergrund der islamistischen Terrorgefahr solchen Tätern nicht nur moralische Vorhaltungen machen, er muss ihnen vielmehr auch etwas anbieten, wenn er will, dass diese auspacken. Ich denke da etwa an eine neue Identität oder an eine neue Existenz. Wenn es uns so gelänge, auch nur einen Islamistentrupp ausfindig zu machen, dann wäre das doch schon ein großer Erfolg.«

Vorteile im Ermittlungsalltag verspricht man sich ebenso von einigen europaweiten Regelungen, auch wenn Rechtsanwälte wie zum Beispiel der Berliner Eberhard Schultz diese aus ihrer Perspektive ganz anders bewerten. Als die Europäische Union in Zusammenarbeit mit den deutschen und anderen Behörden eine Liste von Terrororganisationen erstellte, gab es hinter den Kulissen heftige Auseinandersetzungen darüber, welche Gruppen aufgenommen werden sollten und welche nicht. Die Hintergründe und juristischen Konsequenzen kritisiert Schultz, der sich seit vielen Jahren juristisch mit der grenzüberschreitenden Verfolgung politisch Oppositioneller beschäftigt. Auf die Frage, wie die EU-Liste zustande gekommen sei, meinte er gegenüber dem Internet-Informationsdienst Telepolis, im Anhang zum EU-Ratsbeschluss von Dezember 2001 seien etwa ein Dutzend Organisationen von der baskischen ETA über den terroristischen Flügel der Hamas bis zur IRA aufgeführt worden. Im Beschluss vom 2. Mai 2002 kamen dann arabische Einzelpersonen und einige Gruppierungen wie die »Kurdische Arbeiterpartei« (früher PKK, inzwischen KADEK) hinzu. Die PKK jedoch wurde von dem in Deutschland zuständigen Generalbundesanwalt ausdrücklich als »nicht mehr terroristisch« eingestuft, sie gilt seit 1997 nur noch als so genannte »Kriminelle Vereinigung«. Nach Auffassung von Schultz ist die Terrorliste der EU eine »unmittelbare Ausgeburt der Anschläge und ihrer Folgen«.

Trotzdem sollte man die Liste im Zusammenhang sehen mit dem »Rahmenbeschluss über den Terrorismus« und dem neuen »Europäischen Haftbefehl«, die nach jahrelangen Vorarbeiten ebenfalls im Dezember 2001 vom Europarat verabschiedet wurden. Seitdem ist es möglich, bestimmte oppositionelle Akte als »terroristisch« zu verfolgen und per »Haftbefehl« relativ schnell und einfach eine Überstellung an den Verfolgerstaat in die Wege zu leiten. Personen oder Organisationen, die auf der EU-Liste stehen, können nach dem neu geschaffenen Paragraphen 129 b unseres Strafgesetzbuches als Terroristen, Mitglieder oder Unterstützer einer terroristischen Vereinigung bestraft werden, auch wenn sie sich in Deutschland selbst nicht strafbar gemacht haben. Für die Beamten und Ermittler bringen solche Änderungen Arbeitserleichterungen und eine höhere Effizienz im Fahndungsalltag mit sich. Für Anwälte wie Schultz bedeuten sie einen Einschnitt in die rechtlichen Überprüfungs- und Verteidigungsmöglichkeiten.

Die Frage, wie man potenzielle Terroristen abschrecken kann, in ein europäisches Land zu ziehen, führte im Juni 2002 in Dänemark zur Verschärfung des Ausländergesetzes. Seit dem 1. Juli, gleichzeitig mit dem Beginn der dänischen EU-Ratspräsidentschaft, wurden Bestimmungen über den Zuzug von Ausländern, Familienzusammenführungen und die Gewährung von Sozialhilfe drastisch verschärft. Das neue Ausländergesetz – die Ausländerpolitik stand im Mittelpunkt des Wahlkampfes 2001 – sieht vor, dass anerkannte Flüchtlinge erst sieben Jahre nach ihrer Einreise ein volles Aufenthaltsrecht erhalten und bis dahin die Kürzung aller Sozialleistungen um etwa die Hälfte hinnehmen müssen. Der Rechtsanspruch auf eine »passende Wohnung« wird aufgehoben, ebenso das Recht auf Familienzusammenführung. Einwanderer unter 24 Jahren dürfen ihren Ehepartner fortan nicht mehr nach Dänemark nachkommen lassen. Die Einbürgerung selbst wird ebenfalls erschwert: Ausländer müssen nun durch eine Prüfung Kenntnisse der dänischen Sprache, Geschichte und Kultur nachweisen. Bei einer Verurteilung zu zwei oder mehr Jahren Haft verlieren sie das Aufenthaltsrecht.

Und wie sieht es in dieser Hinsicht in Deutschland aus? Die Sicherheitsbeamten werden wohl noch einige Zeit auf ein Zuwanderungsgesetz warten müssen, das ihnen eine verbindliche Handhabe für den Umgang mit potenziellen Islamisten bietet.

Der kommende Krieg in unseren Städten

Vor mehr als einem Jahrzehnt schon warnte der israelische Militärtheoretiker Martin van Crefeld in seiner bahnbrechenden Analyse *The Transformation of War* (deutsch: *Die Zukunft des Krieges*) Politiker und Militärs eindringlich davor, die Globalisierung nicht-staatlicher Gewalt zu unterschätzen. Van Crefeld – früher belächelt und verspottet – sollte Recht behalten.

Während die westlichen Politiker ihren Bevölkerungen in kurzfristiger Denkweise weismachen, die zivilisierte Welt stehe am Beginn einer neuen Ära mit einem friedlichen Wettbewerb zwischen Handelsblöcken, verdrängen sie eine sich seit Jahrzehnten abzeichnende, aber nicht in die Denkkategorien des Westens passende Entwicklung: An die Stelle früherer konventioneller Kriege, die zwischen sich befehdenden regulären Armeen ausgetragen wurden, treten seit fünf Jahrzehnten immer mehr Kriege zwischen ethnischen oder religiösen Gruppen. Mal nennen sie sich Guerillas, mal Freiheitskämpfer; mal führen sie verdeckte Unabhängigkeitskriege, mal rufen sie »nur« zu Unruhen auf, doch ihre Mittel sind stets die des Terrors. Von Kolumbien über den Kongo bis auf die Philippinen reißen solche Gesindelbanden auch Jahrzehnte nach der Entkolonialisierung Gesellschaftssysteme in den Abgrund, ohne dass stehende klassische Heere dauerhaft etwas gegen sie ausrichten könnten. Es gibt keinen stichhaltigen Grund für die Annahme, dass die vergleichsweise kleine Zahl der hoch entwickelten Länder auf absehbare Zeit vor der heraufziehenden Kriegsgefahr durch Söldnerbanden, Organisierte Kriminalität, Plünderer, vermeintliche »Freiheits- oder Glaubenskämpfer« und Terroristen geschützt ist. Zunächst waren Passagierflugzeuge, dann Botschaften und Schiffe das Ziel der neuen unkonventionellen »Weltkrieger«. Etliche Bürger wurden nicht nur im Libanon als Geiseln genommen. So wuchs diese Art der »asymmetrischen Kriegführung« über die Jahrzehnte zu einer festen Konstante des Weltgeschehens – ohne dass sich Militärs und Politiker darauf vorbereitet hätten, eines Tages auch in ihrem Herrschaftsbereich davon betroffen zu sein.

In vielen Staaten der so genannten zivilisierten Welt leben heute beträchtliche Minderheiten. Deren Zahl steigt stetig, und die Konflikte aus ihren Herkunftsstaaten importieren die neuen Mitbürger allmählich in ihre neue Heimat, weil sie sich gesellschaftlich oder wirtschaftlich diskriminiert wähnen. Hier wächst ein Konfliktpotenzial heran, das das Sicherheitsbedürfnis der Menschen in den westlichen Ländern auf eine harte Probe stellt und das Gewaltmonopol der betreffenden Staaten ins Wanken bringt. Wenn ein Staat das Leben seiner Bürger nicht schützen kann, wird er nicht mehr lange auf deren Loyalität zählen dürfen. Und wenn sich ein Staat gegen die asymmetrische Kriegführung nicht adäquat zur Wehr setzen kann, wird er in seinen Grundfesten erschüttert, weil er das Vertrauen seiner Bürger verliert. Spätestens mit den Angriffen des 11. September 2001 haben islamistische Terroristen die Kugel in diesem bösartigen »Spiel« ins Rollen gebracht – und bisher scheinen sie gute Chancen zu haben, nicht als Verlierer daraus hervorzugehen. Weder Israel ist mit seiner bis an die Zähne bewaffneten Militärmacht in der Lage, durch konventionelle Kriegführung den palästinensischen Terror zu besiegen und die Sicherheit seiner Staatsbürger zu garantieren, noch schafft es die Anti-Terror-Koalition, im fernen Afghanistan die Hintermänner der Anschläge mit konventionellen Mitteln zu besiegen und dem Schrecken durch einen militärischen Sieg ein Ende zu setzen. Und vor der eigenen westeuropäischen oder amerikanischen Haustüre reagieren die Militärs und Politiker im Grunde noch hilfloser.

Das Wahre, das Schöne, das Gute und das Heilige. Die symbolischen Objekte der westlich-demokratischen Welt waren die Ziele, die als Erstes von den terroristischen Strategen der asymmetrischen Kriegführung im »sicheren« und »friedlichen« Westen angegriffen wurden. In einem zweiten Schritt wanken gegenwärtig die westlichen Freiheitsrechte, die im Bemühen der Regierungen, ihren Untertanen Sicherheit zu »garantieren«, eingeschränkt werden. Und in einem dritten Schritt wird das Bollwerk der amerikanischen Vorherrschaft, die Nato-Militärstrategie, ins Strudeln geraten. Denn so wie ein Mann nach einem Kopfschuss noch einige Schritte taumeln kann, bäumt sich die westliche Militärmacht noch einmal auf, bevor sie angesichts eines ihr unbekannt gebliebenen Gegners ins Straucheln gerät. Die traditionellen Militärstrategen bemühen sich verzweifelt darum, gegen einen unsichtbaren Feind einen

Sieg davonzutragen, den es gar nicht geben kann. In einem aufgezwungenen asymmetrischen Krieg wirken Tarnkappenbomber und Langstreckenraketen, die zum Beispiel gegen den Irak eingesetzt werden, wie Dinosaurier aus einer längst vergangenen Zeit, und die militärtechnische Forschung scheint bei den drängenden Fragen der Gegenwart eher für den Schrottplatz als für den Kriegseinsatz geeignet zu sein.

Der auch als »low intensity conflict« bekannte asymmetrische Krieg ist ein in der Dritten Welt entstandenes Krebsgeschwür, das sich langsam um die Welt ausbreitet. Die Balkankriege des letzten Jahrzehnts hätten ein Warnzeichen für die Militärs sein können, die nach wie vor glaubten, im Zentrum der »Ersten Welt« abgeschottet, immun und selbstzufrieden weiterleben zu können. Nun lösen sich die alten Konventionen der Kriegführung auch in der »Ersten Welt« allmählich auf, während man auf den afghanischen, irakischen und palästinensischen Schlachtfeldern im Nebel stochert, um den Menschen der »Ersten Welt« wenigstens für einen kurzen Moment die Sicherheit zu suggerieren, die es seit dem 11. September 2001 nicht mehr gibt. Aber die Zeit drängt, und jedes Zögern ist verhängnisvoll: Wenn überzeugende Antworten auf die Strategien des »neuen« Terrorismus nicht schnell gefunden werden, wenn sich die Politiker weiterhin auf die konventionellen Methoden der Militärs verlassen und diese zwanghaft am Idealbild geordneter Schlachtordnungen festhalten, dann ist es nur noch eine Frage der Zeit, bis die asymmetrische Kriegführung in den vermeintlich sicheren europäischen Staaten Fanale setzen wird, die unsere Gesellschaftsordnung dauerhaft vom Sockel der Selbstzufriedenheit stürzt.

Der Krieg der Zukunft wird in unseren Städten stattfinden, und er wird eine Vielzahl von zivilen Opfern fordern, wenn wir nicht rechtzeitig auf die Vorboten der neuen Gefahr reagieren. Während man in Deutschland aus Gründen, die in der deutschen Vergangenheit begründet liegen, eher vorsichtig und zaghaft darangeht, gewaltbereite Islamisten aus dem Verkehr zu ziehen, schlägt Frankreich einen anderen Weg ein. Was Passanten im Pariser Vorort Nanterre Ende Juli 2002 sahen, hätte unbefangene Beobachter schnell an einen amerikanischen Action-Krimi erinnert: Quietschende Reifen im Morgengrauen, heulende Sirenen und heranpreschende Fahrzeuge mit Blaulicht rissen frühmorgens die Bewohner der Sozialbausiedlung »Pablo Picasso« aus dem Schlaf.

Um diese Problemsiedlung hatte die französische Polizei bis dahin stets einen weiten Bogen gemacht. Doch an diesem Tag tauchten dort gleich fünfzig Einsatzfahrzeuge auf. Fast dreihundert bis an die Zähne bewaffnete Polizisten sprangen aus ihren Fahrzeugen, durchsuchten Wohnungen und nahmen immerhin »elf Verdächtige« fest. Wenige Stunden später verkündete der neue französische Innenminister Nicolas Sarkozy auf einer eilends anberaumten Pressekonferenz, von nun an gebe es in Frankreich »keine rechtsfreien Räume mehr«. Der Minister versprach: »Wir werden Kriminalität und Unsicherheit an allen Fronten bekämpfen«. Das zentrale Wahlversprechen der Bürgerlichen hatte geheißen: »Mehr Sicherheit für alle Bürger.« Was nun passierte, ging so schnell, dass man Sarkozy im Volksmund schnell »Kommissar Speedy« nannte. Das kostete natürlich Geld. Wie sein deutscher Kollege hatte der französische Innenminister in den Nachwehen des 11. September im Parlament ein Sicherheitspaket durchgeboxt, das sein Budget um ansehnliche 5,6 Milliarden Euro für die kommenden fünf Jahre aufstockte. Damit sollen etwa 13 500 neue Stellen bei Polizei und Gendarmerie geschaffen werden. In Frankreich hieß die Parole der Stunde: Repression, keine Toleranz für Straftäter und Kleinkriminelle, Jugendliche eingeschlossen. Islamisten wurden ebenso ins Visier genommen wie Prostituierte oder illegale Einwanderer. Im Juni sackte die Zahl der strafrechtlich relevanten Delikte dann auch gleich um satte sieben Prozent ab – ein erster Erfolg für die Bürgerlichen. Hinzu kommen sollte bald ein Gesetzentwurf zur strengeren Ahndung von Delikten durch »Schnellgerichte«. Nachbarschaftstribunale mit Laienrichtern sollen fortan kleinere zivilrechtliche Konflikte regeln und Sanktionen gegen Straftäter verhängen dürfen. Minderjährige Wiederholungstäter, die älter als zehn Jahre sind, sollen in Frankreich künftig in geschlossene Erziehungsanstalten eingewiesen werden.

In Frankreich hofft man mit solchen Schritten, jeglichen Kriminellen, seien es Kleinkriminelle oder Islamisten, den Boden zu entziehen. In Deutschland reagiert man wesentlich verhaltener. Horst Herold, der in der Hochzeit des Kampfes gegen die RAF von 1971 bis 1981 Präsident des Bundeskriminalamtes war, schrieb schon in einem im Mai 2000 veröffentlichten Aufsatz über die »Lehren aus dem Terror«: »Für die RAF wie für alle vorausgegangenen terroristischen Bewegungen gilt: keine noch so große Bedrückung, kein noch so hehrer Gedanke rechtfertigt die Tötung von Menschen. Das Gebot entschlossener Bekämpfung wird durch keine wie immer geartete Erwägung außer Kraft gesetzt. Was hier gesagt werden soll, ist nur: Terrorismusbekämpfung kann nicht an seiner vordergründigen Erscheinung hängen bleiben und sich auf seine Repression beschränken. Terrorismusbekämpfung bedeutet auch, unter der Oberfläche des Vordergründigen das vielleicht Mögliche, das noch Werdende zu erkennen, um künftige Gefahren, die in der Vorstellung der Handelnden existieren, ernst zu nehmen, denkbare Formen, in denen sie auftreten könnten, zu erkennen, ihnen zu begegnen und damit zugleich dem Terrorismus die Schubkräfte und Anreize zu nehmen, die ihn auslösen oder begleiten. Leider wurden Überlegungen solcher Art in der Aufgeregtheit der damaligen Zeit oft böswillig in die gefährliche Nähe der Verharmlosung des Terrorismus gerückt. Der Vorwurf lautete, sie kämen den Terroristen gedanklich entgegen und akzeptierten deren angemaßte Rolle als Vollstrecker der Geschichte. Indessen strebt die Einsicht in historische Zusammenhänge keine Prädikate an, sondern sucht im Zusammenwirken mit anderen Erklärungsweisen nach Möglichkeiten, künftigen Gefahren zu begegnen – bevor sie zutage treten, erst recht, bevor sie bedrohlich werden.«

Welcher Weg ist nun der »richtige«? Der französische, ohne Kompromisse und hart gegenüber allen Abweichlern, oder der deutsche, mit Gesprächsangeboten und eher vorsichtigen Schritten?

Wenn 19 Terroristen mit Teppichmessern durch ihre Tat vom 11. September 2001 ein derartiges Entsetzen bei den Menschen und einen derartigen Aktionismus bei Politikern und Sicherheitsbehörden verursachen können, wozu sind dann erst jene 250 radikalen Kämpfer der Hamas oder jene 800 Extremisten der Hisbollah in der Lage, die mitten in Deutschland leben und mit Schadenfreude beobachten, welche Angst auch hierzulande die Bevölkerung befallen hat? Niemand kann mit Gewissheit vorhersagen, wann und wo sich künftige Anschläge ereignen werden, wann und wo sich beim nächsten Mal Islamisten berufen fühlen, auf eigene Faust oder auf Geheiß ihrer geheimen Terrorzelle in den »Heiligen Krieg« zu ziehen. Durch seine Aufsehen erregenden Aktionen ist Usama Bin Laden zum Bannerträger einer Entwicklung geworden, die nicht nur kurzfristiger Natur sein dürfte. Solange dessen Denkstrukturen in Teilen der muslimischen Bevölkerungsgruppen auf Widerhall treffen, wird die Bewegung nicht auszurotten sein.

Im Gegensatz zu anderen Erscheinungsformen des internationalen Terrorismus verfügt der islamistische Terror nicht über ein »Label« oder ein »Markenzeichen«, das manche Gruppierungen an ihren Tatorten hinterlassen. Die französische »Action Directe« nutzte für ihre Attentate zum Beispiel stets das gleiche Fahrzeugmodell. Außerdem war immer eine Frau in die Gruppe der Attentäter integriert. Die baskische ETA, deren politischer Flügel »Batasuna« im August 2002 verboten wurde, unterzeichnet jedes Kommuniqué mit dem Satz »Gora Euskadi Askatuta!« (»Lang lebe das freie Baskenland!«), und die libanesische »Fractions Armées Revolutionnaires« ließ regelmäßig einen Zettel am Tatort zurück, auf dem geschrieben stand: »victory or victory!« (»Sieg oder Sieg!«). Bin Ladens Gefolgsleute sind weniger straff organisiert und tragen kein Symbol ihres Terrors an die Tatorte. Sie lassen an den Orten des Schreckens keine Spuren zurück, die es den Ermittlern leicht machen, die Attentäter sogleich als »Bin-Laden-Gang« zu identifizieren. Deshalb dürfte es fast unmöglich sein, alle mit der Al Qaida kooperierenden Zellen in der Welt ausfindig zu machen. Allein in Deutschland müsste man zu diesem Zweck wahrscheinlich neun Zehntel aller islamischen Vereine verbieten, wollte man tatsächlich garantieren, dass diese nicht klammheimlich den 11. September zu einem besonderen »Feiertag« und die Attentäter von New York zu Vorbildern für künftige Taten erheben. Das aber erscheint unrealistisch, weil zugleich neun Zehntel der jeweiligen Vereinsmitglieder diesen Schritt wohl kaum verstehen und durch ein Verbot erst recht in die Radikalität getrieben würden. Was also tun?

Einer der schlimmsten Fehler ist es, unreflektiert und undifferenziert den Mythos vom toleranten Islam zu schüren. In diesem Buch haben wir die engsten Verflechtungen der größten muslimischen Gruppe in Deutschland, Milli Görüs, mit der Muslimbruderschaft aufgezeigt. Während sich Milli Görüs öffentlich für Dialogbereitschaft und Toleranz stark macht, steht die Bruderschaft für Gewalt, Bedrohung, Tribut, Auftragsmord und die Vernichtung der Juden. Der »Dialog« mit den Führern dieser Gruppen ist demnach eine Fiktion. Gefolgsgenossen der Muslimbruderschaft – von der Hamas bis zu Milli Görüs – sind und bleiben Feinde der westlichen Demokratien. Wer dennoch mit ihnen spricht, muss wissen, dass Versprechen und Zusagen, die deren Repräsentanten Christen oder anderen »Ungläubigen« geben, nicht mehr wert sind als ein Hundehaufen. Auf der Damaszener Grabinschrift des Saladin – nach wie vor die Ikone des Islam – findet sich der Satz, das Ziel des dort Begrabenen sei gewesen, »Jerusalem vom Schmutz der Ungläubigen zu befreien«. Saladins Geist lebt bis heute fort, und mit Friedfertigkeit hat dieser Geist nichts zu tun. Es ist ein kämpferischer Geist, mit dem es einen ehrlichen Dialog nicht geben kann, weil Betrug, Arglist und bewusste Täuschung zu seiner Grundausstattung gehören. Diesem Geist muss man immer wieder mit voller Wucht auf die Finger schlagen.

Wer sich der Pflicht entzieht, der terroristischen Herausforderung zu begegnen, lädt große Verantwortung auf sich. Vom Bundeskriminalamt über den Generalbundesanwalt bis in die Führungsetagen der Politik weiß man in Deutschland inzwischen sehr genau, wo die Hintermänner des terroristisch-islamistischen Netzes sitzen. Auch über das Treiben von Milli Görüs gibt man sich keinen Illusionen mehr hin. Die zumeist herausgehobene Position der Mitglieder sowie ihr Auftreten in christlich-muslimischen »Dialogforen« gehören zu einer Tarnung, die vor dem Zugriff der Sicherheitsbehörden nicht schützen kann. Wenn die Politik die Freiheitsrechte der Staatsbürger einschränkt, darf sie aus Furcht vor den Reaktionen der in Deutschland lebenden Muslime die Augen nicht gegenüber jenen verschließen, für die die Sanktionen letztlich geschaffen werden. Man darf der geschickten Tarnung allseitiger Friedfertigkeit nicht auf den Leim gehen, denn dahinter verbergen sich die wahren Wölfe im Schafspelz. Wer den Mut dazu nicht aufbringt, verschiebt den Kampf gegen das Böse in die Zukunft und belastet die heranwachsende Generation. Dieser können wir den kommenden Krieg in unseren Städten nur ersparen, wenn wir bald handeln. Denn Warten wird von den terroristischen Gegnern der freiheitlich-demokratischen Grundordnung als Schwäche ausgelegt. Und Schwäche darf man angesichts einer solch großen Gefahr nicht zeigen, auch nicht gegenüber jenen, die in diesem Buch beim Namen genannt werden.

Deutschland ist seit langem ein potenter Wegbereiter für den Aufstieg der Islamisten. Bereits beim Weltmuslimtag im Oktober 1984 in Ankara, an dem auch Vertreter von Milli Görüs teilnahmen, hob einer der Redner hervor: »Der Islam wird die Welt beherrschen. Und in Deutschland sind die Muslime schon stark.« Wilhelm Heitmeyer stellte vor einigen Jahren in einer empirischen Untersuchung unter 1200 türkischen Jugendlichen in Deutschland fest, dass 37,5 Prozent der 15 bis 21 Jahre alten in Deutschland lebenden Türken bereit sind, »mit körperlicher Gewalt gegen Ungläubige vorzugehen«. Wer dieses Gewaltpotenzial sowie das nicht zu leugnende Erstarken des Fundamentalismus verdrängt, spielt mit einer innenpolitischen Zeitbombe. Es ist mehr als blauäugig zu erwarten, dass die dritte Generation jener türkischen Einwanderer, die nun mehrheitlich deutsche Staatsbürger werden, sich alle problemlos integrieren oder sogar assimilieren werden. So gesehen ist es nur eine Frage der Zeit, bis die von der Politik verdrängten Probleme zu Unruheherden in deutschen Städten führen werden. Mögen Allah und Gott mit vereinter Kraft daran arbeiten, das zu verhindern. Sonst könnte bald schon die Hölle der einen zum Himmel der anderen werden.

Möge es sich niemals bewahrheiten, was das Bundeskriminalamt, Abteilung Polizeilicher Staatsschutz, Meckenheim, in einer im Jahr 2000 an die Landeskriminalämter verteilten Studie zum Thema »Extremistische türkische/kurdische Organisationen« über Milli Görüs (IGMG) geschrieben hat: »Eine Selbstisolierung der türkischen Wohnbevölkerung in Deutschland wird damit institutionalisiert, und Kontakte zu Deutschen werden auf ein Minimum reduziert, wie überhaupt eine friedliche Koexistenz von Christen und Muslimen in Westeuropa nur zweckgebunden und vorübergehend beabsichtigt erscheint. Die tatsächlichen Bestrebungen der IGMG werden offensichtlich verschleiert ... Die Einrichtung einer islamischen Staatsordnung ist Glaubensgebot und damit elementarer Bestandteil der Religion. In der Konsequenz islamistisch-fundamentalistischen Gedankenguts schließt dies ein auf Dauer angelegtes multireligiöses Miteinanderleben in gegenseitiger Toleranz geradezu aus.«

Im Zeitalter der Massenvernichtungswaffen wird es weiterhin Wahnsinn, Fanatismus und die Bereitschaft geben, alle verfügbaren Waffen gegen einen Feind einzusetzen. Die Bestrafung der Hintermänner muss daher verheerend sein, um möglichst viele potenzielle Nachahmer abzuschrecken. Vor dem Hintergrund der Bevölkerungsentwicklung in Osteuropa, Nordafrika und der arabischen Welt wird Europa bald einem hohen demographischen Druck ausgesetzt sein. Das Aufkommen von

Gewalt durch oder gegen die zukünftigen Einwandererkommunen, die Verlagerung explosiver Probleme anderer Regionen in das Herz Europas, das Überschwappen von Unruhen aus der Dritten Welt sind oft beschriebene und real existierende Gefahren. Deshalb gilt es, die Wurzeln des Übels zu beseitigen, bevor es zu spät ist. Ein Schritt in die richtige Richtung wäre, endlich Terrorgruppen wie die Hamas oder die Hisbollah zu verbieten und ihr Vermögen einzuziehen. Nicht die Augen verschließen sollte man darüber hinaus vor Milli Görüs. Dieser »muslimische Betverein« hat schließlich schon oft genug seine anti-demokratische Grundhaltung, seine anti-jüdische Propaganda, seine Nähe zu den extremistischen Muslimbrüdern und seine wahre Gesinnung unter Beweis gestellt, die in nichts anderem besteht als in der Zerstörung der freiheitlich-demokratischen Grundordnung.

Fassen wir also zusammen, was für ein Verbot von Milli Görüs und allen dazugehörenden Vereinen, Firmen und sonstigen Kadern spricht:

1. Milli Görüs hat die Bundesrepublik Deutschland durch ein gewaltiges Netz von Tarnvereinen und Tarnfirmen krakenhaft überzogen und täuscht die Öffentlichkeit bewusst über ihre langfristigen Ziele. Ebenso wie Bin Laden und seine Gesinnungsgenossen verfolgt Milli Görüs als Ziel die Errichtung eines Kalifats. Milli Görüs weist eine Nähe zur Muslimbruderschaft und damit zu den Wegbereitern Bin Ladens auf. Milli Görüs ist eine islamistische Gruppierung, deren Endziel ein islamischer Staat und die Scharia ist. Auch in Deutschland. Sie ist daher nicht verfassungskonform.
2. Seit den Anschlägen des 11. September beobachten deutsche Sicherheitsbehörden, dass Personen aus dem Umfeld von Milli Görüs Terroranschläge loben. Hinter der Fassade der Dialogbereitschaft fördert Milli Görüs ein Klima, in dem gewaltbereite Extremisten eine Heimat finden.
3. Es gibt Hinweise darauf, dass in den Moscheen und Vereinen von Milli Görüs für Dschihad-Schulen in Pakistan sowie für Extremisten der palästinensischen Hamas, der algerischen FIS und für tschetschenische Kämpfer Geld gesammelt wurde.
4. Das Bundeskriminalamt warnt intern davor, das »islamistisch-fundamentalistische Gedankengut« von Milli Görüs schließe »ein auf

Dauer angelegtes multireligiöses Miteinanderleben in gegenseitiger Toleranz geradezu aus«. Eine »friedliche Koexistenz« von Christen und Muslimen in Westeuropa sei von Milli Görüs »nur zweckgebunden und vorübergehend beabsichtigt«.
5. Milli Görüs verhöhnt die westliche Welt und gibt den Leugnern des Holocaust eine Plattform. Milli Görüs vertrieb in ihren Moscheen und Vereinen rechtsextremistische und antisemitische Schriften.
6. Das geheime Firmengeflecht von Milli Görüs begünstigt die Geldwäsche.
7. Milli Görüs ist eine Auslandsorganisation der Nachfolgeparteien der ehemaligen Refah, einer mittlerweile verbotenen extremistischen Partei in der Türkei. Türkische Parteien dürfen jedoch keine Auslandsorganisationen unterhalten.

Gegenmaßnahmen

Dieses Buch wäre gewiss unvollständig, wenn es nicht konkrete Schritte vorschlagen würde, wie man den drohenden Gefahren begegnen könnte. Die nachfolgenden Regelungen ergeben allerdings nur dann einen Sinn, wenn sie für die gesamte Europäische Union verbindlich sind:

1. Gruppen wie Milli Görüs und die dazugehörenden Vereine müssen ebenso wie Hamas, Hisbollah, Hizb ut-Tahrir (im Januar 2003 in Deutschland verboten), FIS und andere extremistische Organisationen verboten werden, da sie die freiheitlich-demokratische Grundordnung gezielt unterwandern und letztlich die demokratischen Normen außer Kraft setzen wollen, um einen Kalifenstaat auf der Grundlage der Scharia zu errichten. Solche Verbote wenden sich gegen die ideologischen Grundlagen des islamistischen Terrors. Terroristen fallen nicht vom Himmel, sie brauchen Nachwuchs, den sie aus Sympathisanten rekrutieren. Die Verbote solcher Organisationen sind kein Patentrezept, wirken aber präventiv, reduzieren das Lager der Anhänger und eröffnen den Gerichten wie den Behörden bessere Handlungsmöglichkeiten.
2. Gewaltbereite Extremisten, die sich in Deutschland aufhalten, müssen umgehend – notfalls mit Gewalt – ausgewiesen werden. Sie dürfen keine Möglichkeit zur Rückkehr erhalten. Um diese zu verhindern, sollte man für lange Zeit die DNA sowie die Fingerabdrücke der Ausgewiesenen speichern. Auch die öffentliche Billigung oder die Unterstützung von Terrorakten, zum Beispiel bei den Selbstmordanschlägen der Hamas, müssen zur sofortigen Ausweisung führen, wo immer dies möglich ist.
3. Deutschland muss als Ruheraum für Islamisten einfach unattraktiver werden. Bei Einbürgerungen sollte die deutsche Staatsbürgerschaft frühestens nach zehn Jahren erteilt werden. Jegliche strafbare Handlung binnen dieser Zeit, die oberhalb einer Ordnungswidrigkeit liegt, müsste automatisch zum Verfall des Anspruches führen, eben-

so der Bezug von Sozialhilfe über einen Zeitraum von mehr als drei Monaten. Die Ausführungen in diesem Buch, insbesondere die Zeugenaussagen aus den Verfahren gegen den »Kalifen von Köln«, belegen, dass ein vorrangiges Ziel der Einreise der Islamisten in die Bundesrepublik der Missbrauch der deutschen Sozialsysteme ist. Die Daten der Sozialämter sollten aus diesem Grund in die Rasterfahndung einbezogen werden.
4. Bei der Einreise von Ausländern, die nicht aus EU-Staaten stammen, sollten biometrische Daten aufgenommen und für 2 Jahrzehnte gespeichert werden. Wer das verweigert, sollte nicht einreisen dürfen.
5. Ausländerakten von eingebürgerten Personen dürfen nicht mehr sofort nach der Einbürgerung vernichtet werden. Sie sollten mindestens zwei Jahrzehnte aufbewahrt werden. Übertriebener Datenschutz mag die Freiheitsrechte stärken, schützt und fördert aber zugleich die Gegner der Freiheit.
6. Die EU darf nicht noch einmal – wie im Mai 2002 – den Fehler machen, Terroristen Asyl anzubieten. Damals nahm die EU die 13 Palästinenser auf, die sich in der Geburtskirche von Bethlehem verschanzt hatten. Bald stellte sich heraus, dass die meisten von ihnen Mörder und Terroristen waren. In Europa konnten sie sich frei bewegen und wurden von den Regierungen sogar noch finanziell gefördert. Zum Dank besuchten sie europäische Hamas-Zellen und stärkten diese in ihrem Bewusstsein, den bewaffneten Kampf gegen den Staat Israel unterstützen zu müssen.
7. Ermittlungsbehörden wie Bundeskriminalamt, Bundes- und Landesämter für Verfassungsschutz, Staatsschutzstellen und Bundesnachrichtendienst leisten hervorragende Arbeit. Ihre Ergebnisse hingegen münden im Regelfall nicht in einen zentralen Kanal, der gemeinsam ausgewertet wird. Die Koordination und vor allem die Geschwindigkeit der Zusammenarbeit müssen verbessert werden.
8. Deutschland verfügt mit KSK und GSG-9 über hervorragende Spezialkräfte. Seit mehreren Jahren schon wird die einst von General Ulrich Wegener aufgebaute Grenzschutz-Spezialtruppe GSG-9 jedoch vernachlässigt. Sie besitzt weder ihre Sollstärke noch modernstes Material. Dabei ist es doch gerade diese Einheit, die durch Sondereinsätze die Hintermänner des Terrors in Deutschland ergrei-

fen soll. Die GSG-9 muss deshalb personell und materiell erheblich erweitert werden. Ihr wird beim künftigen Krieg in unseren Städten eine bislang nicht bekannte Bedeutung zukommen.
9. Wer den Kampf gegen den Terror langfristig gewinnen will, muss die Grundlagen dafür in den Köpfen der jungen Generation anlegen. So wie in den Schulen über den Holocaust berichtet und aufgeklärt wird, sollte es selbstverständlich sein, unabhängig vom religiösen Glauben Schüler über das barbarische Vorgehen von Islamisten zu unterrichten.
10. Jegliche Form der Toleranz gegenüber Islamisten muss unerbittlich verfolgt werden. Ebenso wie die Leugner des Holocaust sind jene, die ihre Kinder in Deutschland nach Bin Laden benennen wollen oder auf andere Weise Sympathien für Terroristen zeigen, strafrechtlich zu verfolgen oder – falls möglich – umgehend auszuweisen. Toleranz gegenüber Islamisten darf es nicht geben.
11. Unabhängig davon, ob es sich um deutsche oder um Ausländervereine handelt, müssen solche Organisationen, die Islamisten als »Gastredner« ein Podium für ihre Hetzparolen geben, aufgelöst und ihr Vereinsvermögen vom Staat eingezogen werden.
12. Ausweisungen müssen rechtlich schon dann möglich sein, wenn lediglich der begründete Verdacht der Sympathie für extremistische Gruppen besteht, ganz gleich, ob es sich um islamistische, jüdisch-rechtsextremistische oder andere Extremistengruppen handelt. Gleiches gilt für das Umfeld der Organisierten Kriminalität.
13. Die Achillesferse, der schwächste Punkt, ist die groteske Tatsache, dass es neben der weltweiten Vernetzung von Sympathisanten des Terrors auch Staaten gibt, die Terrorismus als Mittel der Politik tolerieren oder gar fördern. Jeglicher Kampf gegen den Terror hat aber nur dann Sinn, wenn solche Staaten ihren Platz in der Weltgemeinschaft verlieren und geächtet werden. An der Bekämpfung von Terrorismus und Organisierter Kriminalität wird sich zeigen, ob Frieden und Zusammenwachsen verschiedener Kulturen eine Chance haben.

Frankreich schenkte den Vereinigten Staaten von Amerika die Freiheitsstatue als einen Leuchtturm, der die Heimatsuchenden der Welt willkommen heißt. Auf ihr sind die Zeilen eingraviert: »Give me your tired, your poor, your huddled masses …« Noch heute begrüßt die Freiheitsstatue die Neuankömmlinge in den USA. Aber ihre Botschaft ist ebenso verwittert wie die Statue selbst. Denn spätestens mit dem 11. September 2001 hat die grenzenlose Freiheit der westlichen Welt Wunden bekommen, die nur langsam heilen werden. Um die Importeure des Verbrechens, die diese Freiheiten grenzenlos zur Unterwanderung ausgenutzt haben, werden wir uns früher oder später Verein für Verein und Person für Person kümmern müssen.

»Dreadnaught« war der Name für eine angeblich unbesiegbare Klasse von Schlachtschiffen zu einer Zeit, als Ihre Majestät die Königin von England die Weltmeere beherrschte. Manchmal wählten britische Admirale solche Kreuzer als Schlachtschiffe. Manchmal aber waren sie klug genug, es nicht zu tun. Denn gleichgültig, wie dick die Panzerung war, es stellte sich oftmals heraus, dass auch »Dreadnaughts« sinken konnten. Aus dieser Perspektive betrachtet sind die Freiheiten der »Freien Welt« nicht unangreifbar. Jeder von uns wird seinen Teil dazu beitragen müssen, sie dauerhaft gegen Angriffe zu verteidigen.

Um Missverständnissen vorzubeugen, sei hier noch einmal ganz deutlich gesagt: Der Islam ist eine Religion, der Islamismus ist eine Ideologie. Niemand darf die Religion der Muslime diffamieren, und jeder Muslim hat das Recht, nach den Gesetzen seiner Religion zu leben – solange dies im Einklang mit der deutschen Verfassung und der Freiheit und der Sicherheit seiner Mitmenschen geschieht. Dennoch muss man auch in Deutschland endlich begreifen, dass die Zahl der Islamisten steigt. Wer noch länger die Augen davor verschließt und nicht handelt, wird vielleicht bald keine Gelegenheit mehr dazu haben. Die Botschaft, die der frühere Bürgermeister von Istanbul stellvertretend für viele andere so genannte »gemäßigte« Islamisten formuliert, ist wahrlich deutlich genug: »Die Minarette sind unsere Bajonette, die Kuppeln unsere Helme, die Moscheen unsere Kasernen und die Gläubigen unsere Armee.«

Nachbemerkung

Der Autor hat den Versuch unternommen, ein auf den ersten Blick verwirrendes Netzwerk von Islamisten nicht nur in Deutschland zu entwirren. Dabei kann es sich jedoch nur um eine momentane Bestandsaufnahme handeln, denn zu schnell ändern sich die Namen, Vorsitzenden und Mitglieder der Vereine, die in diesem Buch angesprochen werden. So ist Mehmet Sabri Erbakan seit Spätherbst 2002 nicht mehr Chef der deutschen Islamisten-Sektion von Milli Görüs. Intern spaltete sich seit der Fertigstellung des Manuskriptes der AK-Verein von Milli Görüs ab. Dieser folgt der AKP-Partei des neuen türkischen Regierungschefs Recep Tayyip Erdogan, der die Demokratie für seine eigentlichen Ziele nur benutzt und irgendwann sein wahres Antlitz enthüllen wird. Der Westen hofiert Erdogan als Hoffnungsträger in schwerer Zeit und erkennt nicht, dass dieser im Fall einer Aufnahme der Türkei in die Europäische Union auch dort seine islamistischen Ziele Schritt für Schritt propagieren wird. Lehnt die EU die Aufnahme der Türkei ab, wird er seine pro-islamische Politik an den anderen islamischen Ländern ausrichten. Erdogan bleibt damit stets auf der Seite der Gewinner – und mit ihm die Islamisten.

Anhang

Abkürzungen

AFID	Islamischer Bundesstaat Anatolien
AMGT	Vereinigung der nationalen Weltsicht in Europa e.V.
BDK	Bund Deutscher Kriminalbeamter
BKA	Bundeskriminalamt
BND	Bundesnachrichtendienst
CIA	Central Intelligence Agency
DIF	Deutschsprachige Islamische Frauengemeinschaft, Köln
DITIB	Türkisch-Islamische Union der Anstalt für Religion e.V., Europa-Zentrale Köln
EMUG	Europäische Moscheebau- und Unterstützungsgemeinschaft (s. AMGT/IGMG)
ETA	Baskische Befreiungsbewegung
FBI	Federal Bureau of Investigation
FP	Fazilet Partisi (Nachfolgeorganisation der RP)
FIOE	Federation of Islamic Organisations in Europe – Föderation der Islamischen Organisationen in Europa, Zentrale Markfield/England, Sitz auch in Frankfurt beim MSV
FIS	Algerische Islamistische Heilsfront
GdP	Gewerkschaft der deutschen Polizei
GIA	Bewaffnete Islamische Gruppe, Algerien
GMSG	Gesellschaft Muslimischer Sozial- und GeisteswissenschaftlerInnen (Teil der MSV), Sitz Köln
HDI	Haus des Islam, Lützelbach/Hessen
HNG	Hilfsorganisation für nationale politische Gefangene und ihre Angehörigen
IBDA-C	Stürmerfront für den islamischen Orient
IBP	Islamischer Bund Palästinas
ICCB	Verband der islamischen Vereine und Gemeinden e.V. Köln
IFB	Islamische Föderation Berlin
IFH	Islamische Föderation in Hessen e.V.

IGD	Islamische Gemeinschaft in Deutschland e.V. (erreichbar über Dr. Al-Khalifa IZM München)
IGMG	Islamische Gemeinschaft Milli Görüs
IHH	Internationale Humanitäre Hilfsorganisation, Frankfurt
IICO	International Islamic Charitable Organisation
IIRO	International Islamic Relief Organisation
IK/IKD	Islamisches Konzil Deutschlands
IPD	Institut für Internationale Pädagogik und Didaktik, Köln
IRH	Islamische Religionsgemeinschaft in Hessen
ISV	Islamische Studentenvereinigung Berlin
IZA	Islamisches Zentrum Aachen e.V.
IZH	Islamisches Zentrum Hamburg
IZM	Islamisches Zentrum
IWO	Islamische Wohlfahrtsorganisation e.V., Bochum
KADEK	Nachfolgepartei der PKK
MB	Muslimbrüder bzw. Muslimbruderschaft
MSV	Muslim Studenten Vereinigung in Deutschland e.V.
MSWE	Muslimisches Sozialwerk in Europa, Köln
MÜSIAD	Verband Unabhängiger Industrieller und Arbeiter
NIF	Nationale Islamische Front
NPD	Nationaldemokratische Partei Deutschlands
PKK	Arbeiterpartei Kurdistans (s. KADEK)
PLO	Palästinensische Befreiungsbewegung
RAF	Rote Armee Fraktion
RP	Wohlfahrtspartei (s. FP)
TFD	Türkisches Fernsehen in Deutschland
UCK	Kosovo Befreiungsarmee
UMSO	Union Muslimischer Studienorganisationen in Europa e.V.
WICS	World Islamic Call Society
WIPL	World Islamic Peoples Leadership
ZIF	Zentrum für Islamische Frauenforschung und Frauenförderung

Auszüge aus Dokumenten und Schriften

Ibrahim El-Zayat über seine »Visionen« von einem islamischen Staat in Deutschland, veröffentlicht im islamischen Jugendmagazin *TNT*:
»Heute gibt es ca. 2,5 Millionen Muslime in Deutschland. Durch die Gnade Allahs leben wir in einem der reichsten Länder der Erde. Das ist eine große Barmherzigkeit von Allah uns gegenüber, aber ebenso eine riesige Verantwortung. Wir sind ein Teil dieses Landes und ein Teil dieses Volkes. Allah wird uns am jüngsten Tag danach befragen, was wir für unser Volk getan haben, und unser Volk wird uns, die Moslime, fragen, warum wir den Islam nicht weitergegeben haben ... Nur, wenn wir es schaffen, unsere Identität und unseren Glauben in dieser Gesellschaft zu wahren, können wir eine Bereicherung für diese Gesellschaft werden und Inscha Allah eine zentrale Führungsrolle für die Zukunft übernehmen ... Überall in diesem, unserem Lande hört man etwas von einer moralischen Krise, von Werteverfall und Wertewandel. Immer wieder ist die Rede von der ›Sinnkrise‹, und allerorts wird über den Wert von Ethik diskutiert. Der Islam ist eine ganz konkrete Antwort und Lösung für die Probleme dieser Gesellschaft ... Die Zukunft des Islam in diesem, unserem Land, in Deutschland, gestalten wir, die wir hier geboren und aufgewachsen sind, wir, die wir die deutsche Sprache sprechen und die Mentalität dieses Volkes kennen ... Entscheidend ist, dass wir in diesem Land unsere Religionsfreiheit haben (auch wenn wir sie sehr häufig vor Gericht erst erstreiten müssen), und dass es keinen Grund gibt, nicht aktiv an der Neugestaltung dieser Gesellschaft mitzuwirken. Ich glaube nicht, dass es unmöglich ist, dass der Bundeskanzler im Jahre 2020 ein in Deutschland geborener und aufgewachsener Moslem ist, dass wir im Bundesverfassungsgericht einen moslemischen Richter oder eine moslemische Richterin haben ... Dieses Land ist unser Land, und es ist unsere Pflicht, es positiv zu verändern. Mit der Hilfe Allahs werden wir es zu unserem Paradies auf der Erde machen, um es der islamischen Ummah der Menschheit insgesamt zur Verfügung zu stellen.«

Das Glaubensbekenntnis der Muslimbruderschaft, formuliert von Hassan Al-Banna in seinem Buch *Erinnerungen des Rufes und seines Rufers*:

»1. Ich glaube, dass alle Dinge auf Gott zurückgehen; dass unser Meister Muhammad, Allahs Segen ruhe auf ihm, der letzte der Propheten ist und zu allen Menschen gesandt wurde; dass der Koran das Buch Allahs ist; dass der Islam ein allgemeines Gesetz darstellt für die Ordnung dieser Welt und der jenseitigen. Ich gelobe, einen Teil des edlen Koran auswendig zu lernen; mich an die läuternde Sunna – die Überlieferung des Propheten – zu halten, das Leben des Propheten und seiner edlen Gefährten zu studieren. 2. Ich glaube, dass die Tugend, die Aufrichtigkeit und das Wissen zu den Grundlagen des Islam gehören. Ich verpflichte mich, aufrichtig zu sein, die Ritualvorschriften zu erfüllen, mich von den verbotenen Handlungen fernzuhalten, tugendhaft, wohlgesittet zu sein, schlechte Gebräuche aufzugeben, den Glaubensriten des Islam so genau wie möglich zu folgen, Liebe und Zuneigung dem Streit und den Prozessen vorzuziehen, auf die Gebräuche und die Sprache des Islam stolz zu sein, das Wissen und die nützlichen Kenntnisse unter dem Volk zu verbreiten. 3. Ich glaube, dass ein Muslim arbeiten und Geld verdienen soll, dass ein jeder Bedürftige und Notleidende ein Recht auf das Geld hat, das er verdient; ich verpflichte mich, zu arbeiten und für die Zukunft zu sparen, Almosensteuer zu entrichten und einen Teil meines Einkommens für gute Werke auszugeben, alle nützlichen Wirtschaftsprojekte zu ermutigen, den Erzeugnissen meines Landes und meiner Religionsgenossen den Vorzug zu geben, keinen Wucher zu treiben, in welchem Geschäft immer es sei, mich nicht Dingen hinzugeben, die meine Fähigkeiten übersteigen. 4. Ich glaube, dass der Muslim für seine Familie verantwortlich ist, dass es zu seinen Pflichten gehört, ihre Gesundheit zu erhalten, ihren Glauben und ihre guten Sitten. Ich verpflichte mich, alles mir Mögliche in diesem Sinne zu tun, den Mitgliedern meiner Familie die islamische Lehre einzustillen, meine Kinder nicht in eine beliebige Schule zu schicken, die sie nicht die Sitten und den Glauben der Muslime lehrt, alle Zeitungen, Veröffentlichungen, Bücher, Organisationen, Gruppen und Klubs zu meiden, die sich den Lehren des Islam widersetzen. 5. Ich glaube, dass ein Muslim die Pflicht hat, den Ruhm des Islam neu zu beleben, indem er die Renaissance der Völker fördert und die islamische Gesetzgebung wiederherstellt. Ich glaube, dass die Fahne des Islam die Menschheit beherrschen sollte und dass es Pflicht eines jeden Muslims ist, die Welt von den Regeln des Islam zu unterrichten. Ich gelobe, mein Leben lang zu kämpfen, um diese Mission zu erfüllen, und ihr alles, was ich besitze, aufzuopfern. 6. Ich glaube, dass alle Muslime eine einzige und vereinte große Nation bilden, die durch den Islam geeint ist, und dass der Islam seinen Söhnen gebietet, allen Wohltaten zu erweisen. Ich gelobe alles, was ich vermag, zu tun, um die Bruderschaft aller Muslime zu stärken und ihre Gleichgültigkeit zu überwinden sowie die Unterschiede auszugleichen, die unter ihren Gruppen und Bruderschaften bestehen. 7. Ich glaube, dass das Geheimnis der Rückständigkeit der Muslime mit ihrer Entfernung von ihrer Religion erklärt werden muss, dass die Grundlage einer Reform daraus besteht, dass man zu den Lehren und Urteilen des Islam zurückkehrt. Dies ist möglich, wenn die Muslime in diesem Sinn wirken, und die Lehre der muslimischen Brüder zielt darauf hin. Ich gelobe, mich an diesen Grundausrichtungen festzuhalten, loyal zu bleiben gegenüber einem jeden, der für sie wirkt, ein Soldat in ihrem Dienste zu sein und nötigenfalls für sie zu sterben.«

Das nordrhein-westfälische Landesamt für Verfassungsschutz äußerte sich in einem Schreiben über die Ideologie der Attentäter vom 11. September 2001 wie folgt über die Muslimbrüder in Deutschland:

»Die 1929 von Hassan Al-Banna in Ägypten gegründete multinationale Muslimbruderschaft ... verbreitete sich weltweit in nahezu alle Länder, in denen arabische Muslime leben. In Deutschland ist die MB mit zwei organisatorisch getrennten Zweigen vertreten, die jeweils über mehrere Zweigstellen verfügen. In NRW leben etwa 300 Anhänger der MB. Bereits 1960 wurde die Islamische Gemeinschaft in Deutschland e.V. (IGD) gegründet. Sie hat ihren Sitz im Islamischen Zentrum München und steht unter dem Einfluss des ägyptischen Zweiges der MB. Zur IGD gehören auch die Muslim Studenten Vereinigung in Deutschland e.V. (MSV) und das Islamische Bildungswerk e.V. in Köln. 1981 spaltete sich das Islamische Zentrum Aachen (Bilal-Moschee) e.V. (IZA) von der IGD ab. Gründer und langjähriger Leiter des IZA war der ehemalige

Führer der MB in Syrien, Professor Issam El-Attar. Er benannte seine Anhängerschaft 1981 um in Islamische Avantgarden. Zu den Islamischen Avantgarden gehören als Unterorganisationen Union Muslimischer Studentenorganisationen in Europa e.V. (UMSO) und die Union für die in europäischen Ländern arbeitenden Muslime e.V. (UELAM). IGD und IZA halten die meisten derzeitigen arabischen Staatssysteme für mehr oder weniger unislamisch und streben deren Ablösung bzw. Umgestaltung an. Gewalttätige Aktionen von MB-Anhängern in Deutschland wurden bisher nicht bekannt. In der Öffentlichkeit geben sich beide Gruppen moderat und dialogbereit, gerade auch gegenüber christlichen und jüdischen Organisationen. Dies hinderte das IZA jedoch nicht daran, zumindest bis 1996 die antisemitische Hetzschrift ›Die Protokolle der Weisen von Zion‹ in arabischer Übersetzung zum Kauf anzubieten. In Stellungnahmen des IZA zum religiösen Todesurteil Khomeinis gegen den Schriftsteller Salman Rushdie und zum Golf-Konflikt wurde Gewaltanwendung abgelehnt. Nach dem Verbot der Islamischen Heilsfront (FIS) und der Festnahme der FIS-Begründer in Algerien setzte sich das IZA 1992 mit öffentlichen Appellen für eine Freilassung der Inhaftierten ein. 1996 veranlasste die Gewalteskalation in Algerien, insbesondere durch die Bewaffnete Islamische Gruppe (GIA), den Leiter des IZA dazu, den islamisch motivierten Terror in Algerien scharf zu verurteilen. In einem Vortrag erklärte er – ohne eine bestimmte Gruppierung zu erwähnen –, dass diejenigen, die im Namen des Islam Frauen und Kinder ermorden, die Lehre des Propheten pervertieren und kein Recht hätten, sich Muslime zu nennen. Nach den Terroranschlägen in den USA am 11. September 2001 erklärte der Sprecher des IZA, Nadeem Elyas, das Mitgefühl mit den Opfern und Hinterbliebenen und distanzierte sich ausdrücklich von Terror und Gewalt. IGD und IZA gehören dem Zentralrat der Muslime in Deutschland an ... Elyas ist zur Zeit auch Sprecher des Zentralrats. Innerhalb der Muslimbruderschaft entwickelten sich nationale bzw. regionale Zweige und Abspaltungen, die inzwischen weitgehend selbständig agieren. In Deutschland verfügen lediglich die algerische Islamische Heilsfront (FIS) und die palästinensische HAMAS über eine nennenswerte Zahl von Anhängern. Die FIS-Abspaltungen GIA und GSPC, die tunesische En Nahda, der sudanesische Nationalkongress (früher: Nationale Islamische Front – NIF) und die ägyptischen MB-Abspaltungen Al Jama'at al-Islamiyya und Al Jihad al Islami verfügen in Deutschland nur über Einzelmitglieder.«

Neben der SKD Bavaria (München) liefern die folgenden Vertriebsstellen die Bücher des Holocaustleugners Adnan Oktar alias Harun Yahya aus:

Schleswig-Holstein: MG Books, Music and More
Böckmannstr. 14
20099 Hamburg
Tel : 040 28003799

Niedersachsen: Al Eldomiaty Buchversand
Mainweg 13
38008 Braunschweig
Tel : 0531 2842634
E-Mail : adel.eldomiaty@t-online.de

Nordrhein-Westfalen: Ar Rahma Buchversand
Münsterstr. 74
44145 Dortmund
Tel : 0231 1897251

Hessen: Okusan Buchversand
Am Südpark 7a
65451 Kelsterbach
Tel : 06107 301932

Rheinland-Pfalz: SF Buchversand
Leibnizstr. 74
55118 Mainz
Tel : 0162 4242082

Baden-Württemberg: IG Stuttgart e.V.
                    Glockenstr. 6
                    70376 Stuttgart
                    Tel : 0711 9561104

Österreich: Liga Kultur Buchversand
                    Greiseneckergasse
                    A-1200 Wien
                    Tel : +43 1 2760564
                    Fax: +43 1 2760565
                    E-Mail: buecher@ligakultur.net

In einem Prospekt der »Kombassan – Group of Companies« werden die nachfolgenden Firmen dieser Holding zugeschrieben:

1. and 2. Integrated Paper Factories, Konya/Türkei
Printing, Continual Form, Packing Estab., Konya/Türkei
Marbei, Metal Industries J.J. Co., Konya/Türkei
Kongaz Industry and Trading J.S. Co., Konya/Türkei
Kombassan Petrol and Recreation Spots, Konya/Türkei
Komyapi Construction, Contract Ind. Co., Konya/Türkei, Alanya/Antalya/Türkei
Ready Concrete Plant, Konya/Türkei
Food Market J.S. Co., Konya/Türkei
Reber Machine Industry, Trading J.S. Co., Konya/Türkei
Acar Hydroloc Machines Industry J.S. Co., Konya/Türkei
Celkosan Machine Industry J.S. Co., Mersin/Türkei
Esra Film Communication J.S. Co., Konya/Türkei
Koneka Integrated Paper Industry J.S. Co., Istanbul/Türkei
Kompen PVC Construction Materials Ind. Co., Konya/Türkei
Kanuni Motor Vehicles J.S. Co., Istanbul/Türkei
Komal Marketing and Trading Ind. J.S. Co., Alanya/Antalya/Türkei
Turkaz Co. (Turko-Kazakistan Import-Export), Almaata/Kazakistan
Akbulut Taldikorgan J.S. Co., Almaata/Kazakistan

Astec GmbH Audio-Video-Computer, Köln/Deutschland
Alkom Handels GmbH, Krefeld/Deutschland
Tural J.S. Co. (Import-Export, Markets), Almaata/Kazakistan
Timber Products Industry and Trading Co., Konya/Türkei

Zum »Islamischen Konzil« gehörende Vereine in der Bundesrepublik:

- Föderation der islamischen Organisationen in Europa (FIOE), Eichenstr. 41, Frankfurt am Main (Dachorganisation von IGD und MSV)
- Islamische Gemeinschaft in Deutschland e.V. (IGD), Wallnerstr. 1-5, München (ZMD)
- Islamische Gemeinschaft Milli Görüs e.V. (IGMG), Merheimer Str. 229, Köln (IR)
- Islamische Gemeinde Wuppertal e.V., Gronaustr. 107 a, 42285 Wuppertal (Tel: 0202 884772, Fax: 0202 80392)
- Muslim Studenten Vereinigung in Deutschland e.V. (MSV), Eichenstr. 41, Frankfurt am Main (ZMD)
- Union der Türkisch-Islamischen Kulturvereine in Europa e.V. (ATIB), Sachsenring 20, Köln (ZMD)
- Union der Islamisch-Albanischen Zentren in Deutschland (UIAZD), Kleiner Pulverteich 17-21, Hamburg (ZMD)
- Vereinigung der Islamischen Gemeinschaften der Bosniaken in Deutschland e.V. (ZMD)
- Vereinigung der bengalischen Kulturzentren
- Vereinigung der indonesischen Muslime in Deutschland
- Nach eigenen Angaben sind ungefähr 700 lokale Vereine in Deutschland dem IK angegliedert

Literaturhinweise

Aretin, Felicitas von / Wannenmacher, Bernd (Hrsg.): *Weltlage – Der 11. September, die Politik und die Kulturen,* Opladen 2002

Baer, Robert: *Der Niedergang der CIA,* München 2002

Barth, Peter: *Internationaler Terrorismus im Zeitalter der Globalisierung,* Studiengesellschaft für Friedensforschung e.V., München 2002

Behnen / Hofmann / Schad: *Terrorismus – Der Krieg des 21. Jahrhunderts? Materialien für den Unterricht,* Troisdorf 2002

Bergen, Peter: *Heiliger Krieg Inc. – Osama bin Ladens Terrornetz,* Berlin 2001

Brix, Emil (Hrsg.): *The Decline of Empires,* Wien 2001 (Schriftenreihe des österreichischen Ost- und Südosteuropa-Instituts, Band 26)

Bundesakademie für Sicherheitspolitik (Hrsg.): *Sicherheitspolitik in neuen Dimensionen,* Hamburg 2001

Bülow, Andreas von: *Im Namen des Staates – CIA, BND und die kriminellen Machenschaften der Geheimdienste,* München 1998

Carr, Caleb: *Terrorismus – Die sinnlose Gewalt,* München 2002

CD Sicherheits-Management 2/2002, *Themenheft: Information Warfare*

Charlton, David (Hrsg.): *International Terrorism and World Security,* London 1975

Creveld, Martin van: *Die Zukunft des Krieges,* München 1998

Czempiel, Ernst-Otto: »Die Globalisierung schlägt zurück«, in: *Frankfurter Rundschau,* Nr. 257/2001, S. 6

Davis, Anthony: »US in Crisis over Massoud«, in: *Jane's Defence Weekly,* 19. September 2001, S. 33

Debiel, Tobias (Hrsg.): *Der zerbrechliche Frieden – Krisenregionen zwischen Staatsversagen, Gewalt und Entwicklung,* Bonn 2002

Elias, Norbert: *Über den Prozeß der Zivilisation. Soziogenetische und psychogenetische Untersuchungen,* Band 2, 3. Auflage, Frankfurt am Main 1977

Elwert, Georg: »Rational und lernfähig – Wer die Terroristen des 11. September bekämpfen will, muß zunächst ihre Logik begreifen«, in: *Der Überblick,* 3/2001, S. I–V

Eppright, Charles T.: »Counterterrorism and Conventional Military Force – The Relationship between Political Effect and Utility«, in: *Studies in Conflict and Terrorism*, Bd. 20, Nr. 4/1997, S. 333–344

Evan, Thomas: »The Road to September 11«, in: *Newsweek International*, 1. 10. 2001, S. 38–50

Frank, Hans / Hirschmann, Kai (Hrsg.): *Die weltweite Gefahr – Terrorismus als internationale Herausforderung*, Berlin 2002

Freemantle, Brian: *Importeure des Verbrechens – Europa im Griff der Organisierten Kriminalität*, München 1998

Gießmann, Hans-Joachim: *Terrorismus – Globales Problem und Herausforderung für »Weltinnenpolitik«* (2000), veröffentlicht im Internet unter: www.ifsh.de/dokumente/artikel

Gießmann, Hans-Joachim: *Wie gefährlich wird der Terrorismus? Ergebnisse einer Arbeitstagung des IFSH am 20. Dezember 1996*, veröffentlicht im Internet unter: www.ifsh.de/dokumente/artikel

Guelke, Adrian: *The Age of Terrorism and the International Political System*, London / New York 1995, S. 156ff.

Grosscup, Beau: *The Newest Explosions of Terrorism. From the Cold War to the World Trade Center/Pentagon Attacks*, Far Hills 2002

Gruen, Arno: *Der Kampf um die Demokratie – Der Extremismus, die Gewalt und der Terror*, Stuttgart 2002

Hanus, Bo: *Schalten, Steuern und Überwachen mit dem Handy*, Poing 2001

Hirschmann, Kai: »The Changing Face of Terrorism«, in: *International Politics and Society*, Heft 3/2000

Hirschmann, Kai (Hrsg.): *Terrorismus als weltweites Phänomen*, Berlin 2000

Hitzler, Roland / Peters, Helge (Hrsg.): *Inszenierung Innere Sicherheit – Daten und Diskurse*, Opladen 1998

Hoffmann, Bruce: *Terrorismus – Der unerklärte Krieg. Neue Gefahren politischer Gewalt*, Frankfurt 1999

Hoffmann, Bruce: »›Holy Terror‹ – The Implications of Terrorism motivated by a Religious Imperative«, in: *Studies in Conflict and Terrorism*, Bd. 18/1995, S. 271-284

Hoffmann, Hilmar / Schoeller, Wilfried F.: *Wendepunkt 11. September 2001 – Terror, Islam und Demokratie*, Köln 2001

Isensee, Josef: *Das Grundrecht auf Sicherheit. Zu den Schutzpflichten des freiheitlichen Verfassungsstaates,* Berlin / New York 1984

Jacquard, Roland: *Die Akte Osama bin Laden,* München 2001

JungdemokratInnen / Junge Linke: *Handbuch gegen Überwachung und Ausgrenzung – Freiheit stirbt mit Sicherheit,* Berlin 2001 (Beiträge zur radikaldemokratischen Diskussion Band 22)

Knemeyer, Franz-Ludwig (Hrsg.): *Innere Sicherheit in der Gemeinde – Kommunale Kriminalprävention,* Stuttgart 1999

Lange, Klaus: *Neue Formen des Terrorismus,* München 1998 (Aktuelle Analysen Nr. 11, Hans-Seidel-Stiftung)

Laqueur, Walter: *Die globale Bedrohung – Neue Gefahren des Terrorismus,* München 2001

Laquer, Walter: »Neue Waffen in falschen Händen. Der Terrorismus der Zukunft« In: *Europa-Archiv,* Jg. 51, Heft 1/1996, S. 19–23

Leggewie, Claus / Meier, Horst: *Republikschutz, Maßstäbe für die Verteidigung der Demokratie,* Reinbek 1995

Lifton, Robert Jay: *Destroying the World to save it, New Global Terrorism,* New York 1999

Lutz, Dieter S.: *Zukunft des Terrorismus und des Friedens – Menschenrechte, Gewalt, offene Gesellschaft,* Hamburg 2002

Mair, Stefan: *Die Globalisierung privater Gewalt – Kriegsherrn, Rebellen, Terroristen und organisierte Kriminalität. Eine Veröffentlichung der Stiftung Wissenschaft und Politik / Deutsches Institut für internationale Politik und Sicherheit,* Berlin 2002

Maihofer, Werner: »Innen- und Rechtspolitik – Im Zweifel für die Freiheit«, in: Genscher, Hans-Dietrich (Hrsg.): *Liberale in der Verantwortung,* München/Wien 1976, S. 83ff.

Martinetz, Dieter: *Vom Giftpfeil zum Chemiewaffenverbot,* Frankfurt 1995

Midlarsky, Manus J.: »Why violence spreads – The Contagion of International Terrorism«, in: *International Studies Quarterly,* Bd. 24/1980, S. 262–298

National Intelligence Council: *Global Trends 2015. A Dialogue about the Future with nongovernment Experts,* Washington, Dezember 2000

Noack, Paul: *Die manipulierte Revolution – Von der Bastille bis in unsere Zeit,* München 1978

Paris, Rainer: »Der kurze Atem der Provokation«, in: *Kölner Zeitschrift für Soziologie und Sozialpsychologie,* Jg. 41/1989, S. 33–52

Prantl, Heribert: *Verdächtig – Der starke Staat und die Politik der inneren Unsicherheit,* Hamburg 2002

Preuss, Ulrich K.: »Vorsicht Sicherheit. Am Ende staatlicher Neutralisierung?«, in: *Merkur,* Heft 6/1989, S. 488

Raith, Werner: *In höherem Auftrag – Der kalkulierte Mord an Aldo Moro,* Berlin 1984

Rapoport, David C.: »The Politics of Atricity«, in: Y. Alexander (Hrsg.): *Terrorism – Interdisciplinary Perspectives,* John Jay 1977, S. 46–61

Reich, Walter (Hrsg.): *Origins of Terrorism – Psychologies, Ideologies, Theologies, States of Mind,* Baltimore 1998

Reischl, Gerald: *Unter Kontrolle – Die fatalen Folgen der staatlichen Überwachung für Wirtschaft und Gesellschaft,* Frankfurt 2002

Reuter, Christoph: *Mein Leben ist eine Waffe – Selbstmordattentäter, Psychogramm eines Phänomens,* Bertelsmann 2002

Rojahn, Christoph: *Militärische Antiterroreinheiten als Antwort auf die Bedrohung des internationalen Terrorismus und Instrument nationaler Sicherheitspolitik – das Beispiel Amerika,* München 2000

Roth, Jürgen: *Netzwerke des Terrors,* Hamburg 2001

Schapper, Claus-Henning / Maaßen, Hans-Georg: »Bekämpfung der Organisierten Kriminalität – Scheitert die Weltgemeinschaft an dieser Aufgabe?«, in: *Internationale Politik,* Heft 2/3/1999, S. 37ff.

Schelter, Kurt: »Internationaler Terrorismus und organisierte Kriminalität«, in: *Europäische Sicherheit,* Jg. 46, H. 5/1997, S. 6–13

Schilling, Walter: »Unkonventionelle Kriegführung«, in: *Internationale Politik,* Heft 12/2000, S. 57ff.

Schmid, Alex / Jongman, Albert u.a.: *Political Terrorism: A New Guide to Actors, Authors, Concepts, Data Bases, Theories and Literature,* New Brunswick 1988 (Transaction Books)

Schmidt-Häuer, Christian: »Die Saud-Connection«, in: *Die Zeit,* Nr. 47/2001, S. 17–20

Schmucker, Robert H.: *Die weltweite Sicherheitslage und der Terrorismus zur Jahrtausendwende – Ausgangslage, Analyse und Ausblick,* Vortrag am 21. Februar beim Institut für Personal- und Unternehmensberatung in München

Scholzen, Reinhard / Froese, Kerstin: *GSG9. Innenansichten eines Spezialverbandes des Bundesgrenzschutzes*, 3. Auflage, Stuttgart 2001

Senghaas, Dieter und Eva: »Si vis pacem, para pacem – Überlegungen zu einem zeitgemäßen Friedenskonzept« in: Meyer, Berthold (Red.): *Eine Welt ohne Chaos?* Frankfurt am Main 1996, S. 250

Scholzen, Reinhard: *SEK – Spezialeinsatzkommandos der deutschen Polizei*, 2. Auflage, Stuttgart 2000

Schulzki-Haddouti, Christiane (Hrsg.): *Vom Ende der Anonymität – Die Globalisierung der Überwachung*, 2. Auflage, Hannover 2001

Schwarzer, Alice (Hrsg.): *Die Gotteskrieger und die falsche Toleranz*, Köln 2002

Sen, Faruk / Aydin Hayrettin: *Islam in Deutschland*, München 2002

Shapiro, Shlomo: »Medien und Terrorismus – Eine klare Strategie wird benötigt«, in: *Internationale Politik*, Heft 12/2001, S. 19ff.

Sieber, Ulrich (Hrsg.): *Internationale Organisierte Kriminalität*, Köln/Berlin 1996

Simon, Hermann: »Terrorismus – Bremse des Welthandels«, in: *Internationale Politik*, Heft 6/2002, S. 17ff.

Spuler-Stegemann, Ursula: *Muslime in Deutschland*, Freiburg 2002

Stahl, Michael / Weinz, Irene / Wittke, Peggy: *Background Guide des Auswärtigen Amtes und der Freien Universität Berlin zur Weltkonferenz gegen den internationalen Terrorismus*, Berlin 2001

Stahel, Albert A.: *Organisierte Kriminalität und Sicherheit*, Bern/Stuttgart/Wien 1999

Stolz, Rolf: *Kommt der Islam? Die Fundamentalisten vor den Toren Europas*, 2. Auflage, München 2001

Stolz, Rolf: *Die Mullahs am Rhein. Der Vormarsch des Islam in Europa*, München 1994 (identisch mit: *Die Mullahs in Deutschland. Der Sprengstoff von morgen*, Frankfurt/Berlin 1996)

Thamm, Berndt Georg: *Terrorismus – Ein Handbuch über Täter und Opfer*, Hilden 2002

Thamm, Berndt Georg: »Osamas ungezählte Gotteskrieger«, in: *Die Zeit*, Nr. 49/2001, S. 10

Thamm, Berndt Georg / Freiberg, Konrad: *Mafia Global – Organisiertes Verbrechen auf dem Sprung in das 21. Jahrhundert*, Hilden 1998

The Clash of Civilizations: *The Debate: A Foreign Affairs Reader*, New York (NY), Council on Foreign Relations, 1993

The International Policy Institute for Counter-Terrorism at the Interdisciplinary Center in Herzliya: *Countering Suicide Terrorism*, New York 2002

Tolmein, Oliver: *Vom Deutschen Herbst zum 11. September – Die RAF, der Terrorismus und der Staat,* Hamburg 2002

Tophoven, Rolf: *GSG-9 – German Response to Terrorism*, 2. Auflage, Koblenz 1985

Tuschl, Ronald (Hrsg.): *Ground Zero – Friedenspolitik nach den Terroranschlägen auf die USA,* Münster 2002

Uhrlau, Ernst: »Nachrichtendienste im Wandel – Der BND und die neuen Gefahrenbereiche«, in: *Internationale Politik*, Heft 7/2000, S. 53ff.

Ulfkotte, Udo: *Propheten des Terrors – Das geheime Netzwerk der Islamisten,* München 2001

Vollert, Jens (Hrsg.): *Zukunft Bundeswehr,* Bremen 2002 (Schriftenreihe des Wissenschaftlichen Forums für Internationale Sicherheit e.V.)

Waldmann, Peter: »Terrorismus im internationalen Umfeld«, in: *Internationale Politik*, Heft 2/31999, S. 21ff.

Waldmann, Peter: *Terrorismus – Provokation der Macht,* München 1998

Williams, Phil: »Transnationales organisiertes Verbrechen – Gefahren und Wege zur Bekämpfung«, in: *Internationale Politik,* Heft 2/3/1999, S. 29ff.

Windfuhr, Volkhard/Stein, Georg (Hrsg.): *Ein Tag im September – 11.9.2001,* Heidelberg 2002

Wittkämpfer, Gerhard W. / Krevert, Peter / Kohl, Andreas: *Europa und die innere Sicherheit,* Wiesbaden 1996

Zulaika, Joseba: *Basque Violence – Methaphor and Sacrament,* Reno 1988

Register

Abbassi, Madani 67
Abdullah, Hazim 126
Abdullah, Mohammed Salim 64
Abu Geith, Suleiman 178
Abuhalima, Mahmud 37
Air Alpha 158, 161, 163
Akit (Zeitschrift) 61, 68
Al Aqsa e.V. 56, 95 ff., 107, 138, 152
Akira Corporation 33
Al-Banna, Hany 53 f.
Al-Banna, Hassan 40, 42, 47, 52 f., 250 f.
Al-Ittihad al-Islamijah 179
Al Jama'at al-Islamiyya 55, 253
Al Jihad al Islami 55, 142, 253
Al-Kassar, Ghassan 132
Al-Kassar, Monzer 131
Al-Khalifa, Ahmad 37 ff., 45 f., 50, 68, 164
Al Madudi 26 f.
Al Mohad, Mohammed Ali Hassan 23
al-Motassadeq, Mounir 16
Al Mujama Al Islami 98
Al Qaida (»Die Basis«) 13 f., 16 f., 23, 31, 34, 38 f., 43, 46, 53, 57, 96, 107 ff., 130, 146, 154 f., 180 f., 186, 188, 195, 208, 211, 216 ff., 236
Al-Qaradawi, Yusuf 52
al Sadat, Anwar 34
al-Shehi, Marwan 39
Al-Sherif, Ahmad 66
al-Shuaybi, Hammoud bin Uqla 164

Al Taqwa 52 f., 181
Al-Turki, Abdullah 163
al Turabi, Hassan 13
Al-Zawahiri, Ayman 34, 48 f., 53
Alkom Handels GmbH 159
Amr, Mahmoud 99 f.
Amsiouji, Said 152 f.
an-Nabahani, Taqiuddin 92
Anthrax 195, 206
Anti-Terror-Allianz 17, 108, 186, 212, 232
Anti-Terror-Gesetze 120, 207
Anti-Terror-Maßnahmen 120, 204, 225
Anti-Terror-Strategien 196
antisemitische Äußerungen/Propaganda 105, 181, 240, 252
Antisemitismus 88, 178, 180 ff.
Aqi, Imad 192
Aqida (Glaubenslehre) 93
Arafat, Jassir 56, 118, 179 f.
Armée Islamique du Salut (AIS) 55
Asri Saadet (»Zeitalter der Glückseligkeit«, Zeitung) 82
Assem, Shaker 93 f.
asymmetrische Kriegsführung 231 ff.
Atatürk, Kemal 80
Atta, Mohammed 16, 31, 35, 39 f., 93, 142, 219, 227
Attian, Mohammed Adalla 142
Aum-Shinrikyo-Sekte 197, 213, 215 f.
Ayasofya Moskee Mili Goerues 117

Bayram, Hassim 158 f.
Beandali, Aeurobi 148
Beck, Marieluise 69
Beckstein, Günther 80
Bin al Shibh, Ramzi (Binhalshibh) 16, 38, 227 f.
Bin Laden, Usama 17, 23, 26 f., 29 ff., 34, 37, 39, 40, 42 f., 46, 48, 52 f., 57, 76, 81, 96, 108, 126, 128, 131, 133, 142, 146, 178, 181, 183, 185 f., 191, 194 f., 197, 199, 213, 215 f., 235 f., 239
Bin Ziad, Tarik 151
Binswanger, Karl 46 f., 49 f.
Boukhari, Dalim 149
Breidling, Ottmar 77 f.
Brinkmann, Volker 67
Bund Deutscher Kriminalbeamter (BDK) 223, 225
Bundesgrenzschutz 116 f., 154, 221
Bundeskriminalamt (BKA) 19, 23, 28, 31 ff., 35, 47, 53 ff., 62 f., 68, 81, 116 ff., 123 f., 126 ff., 130, 136, 142 f., 154 ff., 162 f., 170, 220, 223, 225 f., 237 ff., 242
Bundesnachrichtendienst (BND) 27 f., 34, 54 f., 66, 154, 222 f., 242
Bush, George W. 190, 203, 207 f., 211
Butt, Hassan 13

Central Intelligence Agency (CIA) 66, 82, 207 ff., 219
Ceyhun, Ozan 70
Chamenei, Ajatollah 137, 139
Cheney, Dick 211
Chomeini, Ajatollah 13, 46, 74, 139, 144, 183, 189, 252

Cinar, Recep 55, 68
Clinton, Bill 209
Cosa Nostra 132

Daawa (»Einladung«) 16, 38
Däbritz, Christian 155
Dantschke, Claudia 62, 93, 181
Darkanzali, Mamoun 16
Delioglu, Süleyman 61
Deutschsprachige Islamische Frauengesellschaft (DIF) 33
Divan Fleischprodukte AG 163
Diyanet/DITIB 73
Drogenhandel *siehe* Rauschgifthandel
Dschasirah 199
Dschihad (*auch* Jihad, »Heiliger Krieg«) 14, 43, 52, 76, 89 ff., 102, 107, 118, 138, 143, 171, 179, 183, 192 f., 235, 239
DVU 169

El-Abidin, Yusuf Zeyn 49 f.
El-Attar, Aiman 53, 100 f.
El-Attar, Isameddin 43
El-Attar, Issam 252
El-Battouti, Hossam Mohammed Ahmad 142
El-Gafrawi, Salah El-Din 164
el Hage, Wadi 146 f.
El-Islambouli, Khaled 34
El-Islambouli, Mohammed 34
El-Naggar, Zahghiloul 52
El-Serri 143
El-Zayat, Farouk 31, 35, 40
El-Zayat, Ibrahim 30, 32 ff., 40, 44 ff., 49, 54, 67 ff., 107, 164
El-Zayat, Manal 68
El-Zayat, Montasser 34 f.

El-Zayat, Sabiha 33
Elshimy, Abdel-Momen Mohamed 128
Elyas, Nadeem 44, 252
En Nahda 55, 252
Erbakan, Mehmet Sabri 33 f., 36 f., 44, 58 ff., 62, 67, 71, 182, 245
Erbakan, Necmettin 12, 60, 62, 68, 71, 74 f., 158
Erdogan, Recep Tayyip 145
Essedine, Hassan 134
Esser, Robert 100
ETA (Baskische Befreiungsbewegung) 194, 200, 213, 228, 236
Europäische Moscheebau- und Unterstützungsgemeinschaft e.V. (EMUG) 32 f., 36 f., 49, 71 f.
Explizit (Magazin) 92, 94, 171
Evren, Kenan 73 f.

Fatih Sultan Mehmet 104
Fatime Versammlung e.V. 144
Fatwa 52, 69 f., 76 f., 164, 175
FARC 135
Farhat, Mohammed 192
Fazilet Partisi (FP) 68, 71 f., 158
Federal Bureau of Investigation (FBI) 55 ff., 66, 207 ff.
Freiberg, Konrad 132, 225, 228
»Freiheitskämpfer« 45, 153, 188, 231

G., A. 26 ff., 33, 107, 125 ff.
G., Christian 16, 38, 44
G., Mahmoud 46
G., S. 28 f., 33, 107, 125, 127 ff.
Gaddafi 65
Gamaat al-Islamiya 34 f., 45, 53, 171
Geldwäsche 33, 40, 108, 116, 131, 157 ff., 170, 226, 240

Gesellschaft Muslimischer Sozial- und Geisteswissenschaftler/Innen e.V. (GMSG) 32
Gewaltmonopol 205, 232
Gewerkschaft der deutschen Polizei (GdP) 132, 225, 228
GIA (»Bewaffnete Islamische Gruppe«, Algerien) 50, 196, 252
Glaubenskämpfer 63, 134
Glaubenskrieg 63, 75, 177
Goldstein, Baruch 198
Golfkrieg, Zweiter 199
Gotteskrieger/-kämpfer 120, 148, 183
Gruber, Franz 37
GSG-9 73, 242, 243
Gundrum, Uwe 141

Hagia Sophia 104 f.
Hakk TV 75 ff.
Hamadi, Abbas 134
Hamadi, Mohammed 134
Hamas 14, 16, 45, 50, 52 f., 55 f., 93, 95 ff., 107, 120, 138, 151 ff., 155, 171, 179, 188, 192, 196 ff., 228, 235 f., 239, 241 f., 252
Hand in Hand (Zeitschrift) 25
Hawala 195
Hegazi, Muhammed 45
»Heiliger Krieg« *siehe* Dschihad
Heine, Peter 41
Heitmeyer, Wilhelm 238
Hekmatyar, Guldbuddin 66
Helfer, Hans-Ulrich 135 f.
Heroinhandel *siehe* Rauschgifthandel
Herold, Horst 234
Herzl, Theodor 179
Hicret-Verlag 68
»HILAL-Plakette« 64

Hilfsorganisation für nationale politische Gefangene und ihre Angehörigen (HNG) 180
Himmat, Ghaleb 37, 45 ff., 51 f., 54, 100
Hisbollah 14, 16, 50, 56 f., 93, 107, 120, 137 ff., 143, 170 f., 179 f., 184, 189, 196, 235, 239, 241
Hitler, Adolf 181
Hizb Allah 143 f.
Hizb ut-Tahrir (auch Hizb Al-Tahrir al Islami oder Hizb at-Tahrir) 88, 92 ff., 107, 171, 241
Holocaust 179 ff., 240, 243, 253
Huber, Ahmad 181
Huntington, Samuel P. 12
Hussein, Saddam 188, 199

IBDA-C *siehe* Stürmerfront für den islamischen Orient 163
Imran, Marek 130
International Islamic Charitable Organisation (IICO) 52
International Islamic Relief Organization (IIRO) 117
Institut Européen des Sciences Humaines 51, 69
Internationale Humanitäre Hilfsorganisation e.V. (IHH) 24 f.
Intifada 98, 181
IRA 194, 197, 199, 213, 228
iranische Revolution 46, 142 ff.
Isik, Ismail 159
Islam 11 ff., 35, 41, 57 f., 64, 67, 74, 80, 85, 87 ff., 91 f., 100 f., 103 f., 106 f., 169 f., 172, 174 ff., 180 f., 237, 243, 249 ff.
Islam A.G. 39, 93
Islam-Archiv Soest 64
Islam Kolleg e.V. 114

Islamic Call Society 65
Islamic Center for Studies and Researches 66
Islamic Relief e.V. 25, 32, 126
Islamic Relief Worldwide 53 ff., 117
Islamische Armee von Aden 179
Islamische Avantgarden 252
Islamische Buchmesse 24, 68
Islamische Föderation Berlin (IFB) 70, 72, 113 f.
Islamische Föderation in Hessen e.V. (IFH) 23 f.
Islamische Gemeinschaft in Deutschland (IGD) (*ehemals* Moscheebau-Kommission, *später* Islamische Gemeinschaft Süddeutschland e.V.) 30, 37 ff., 43, 45 f., 49, 164, 181, 251 f., 255
Islamische Gemeinschaft Milli Görüs (IGMG) 14, 23 f., 32 ff., 48 f., 51, 54 ff., 58 ff., 73, 75, 85, 87 f., 93, 105, 107, 109, 113 f., 117, 157 f., 162 ff., 169 f., 181 f., 185, 236 ff., 245, 255
Islamische Gemeinschaft Süddeutschland e.V. *siehe* Islamische Gemeinschaft in Deutschland
Islamische Heilsfront (FIS) 53, 55 f., 67, 197 f., 239, 241, 252
Islamische Jugend in Europa e.V. 32
islamische Revolution 47, 175, 177
Islamische Religionsgemeinschaft Hessen (IRH) 51, 68, 69
Islamische Studentenvereinigung Berlin (ISV) 93
Islamische Union Europa e.V. 36, 55, 58
Islamische Wohlfahrtsorganisation e.V. (IWO) 117

Islamischer Bund Palästina (IBP) 56, 96 f.
Islamischer Bundesstaat Anatolien (AFID) 74
Islamischer Dschihad 171, 195
islamischer Fundamentalismus 12, 15, 48
Islamischer Verein Schorndorf e.V. 82 f.
Islamischer Verein Tarik Ben Ziad e.V. 35, 156
Islamischer Weg e.V. 137, 143
Islamisches Bildungswerk e.V. 43, 251
Islamisches Konzil in Deutschland (IK) 49, 163 f.
Islamisches Konzil in Europa e.V. 32, 255
Islamisches Kulturzentrum Köln 49
Islamisches Weltkonzil 164
Islamisches Zentrum Aachen (Bilal Moschee) e.V. (IZA) 43 f., 100 f., 251 f.
Islamisches Zentrum Frankfurt 30, 34, 46, 164
Islamisches Zentrum Freiburg 160
Islamisches Zentrum Genf 47 ff.
Islamisches Zentrum Hamburg (IZH) 138, 144, 145
Islamisches Zentrum Mailand 46
Islamisches Zentrum München (IZM) 37 ff., 49, 68, 164, 181, 251
Islamisches Zentrum Münster 56, 138, 142 f.
Islamisches Zentrum Winnenden e.V. 82
Islamistisch Cultureel En Informatie Centrum Abibakr Moskee 117

Islamrat für die Bundesrepublik Deutschland 64 ff.
ISW-Institut für Vergleichende Sozial- und Wirtschaftsforschung 32
ITP Import Export Handels GmbH 27

Jalid, Ismail 131
Jansen, Klaus 223, 225 f.
Jarrah, Ziad Samir 39, 143
Jihad *siehe* Dschihad
Juergensmeyer, Mark 198
Jungheim, Wolfgang 182

KADEK (vormals PKK) 135, 187, 216, 228
Kahlert, Heinrich 182
Kajusevic, Ahmad 164
Kalif von Köln 49, 73, 76, 103, 175, 185, 242; *siehe auch* Kaplan, Cemaleddin; Kaplan, Metin
Kalifat (islamische Staats- und Gesellschaftsordnung) 12, 18, 40 f., 43, 45 f., 59, 63, 74 f., 93 f., 107, 167, 170 ff., 192, 239
Kalifatsstaat (auch Kalifenstaat; »Hilafet Devleti«) 56, 73 f., 76 ff., 80 ff., 87 f., 175, 177, 241
Kalter Krieg 199, 216
»Kanal-7« 68, 71
Kanther, Manfred 80
Kaplan, Cemaleddin (auch Cemaleddin Hocaoqlu) 56, 73 ff., 95, 107, 175
Kaplan, Metin 49, 56, 73, 75 ff., 80 ff., 85 ff., 95, 107, 175
Karacabey, Makfi 24, 25
Karim, Abdul 180
Karsli, Jamal 182

Katholische Akademie Berlin 30, 35
Kayser, Gerhard 140
Kebir, Rabah 55
Kemper, Hans-Peter 223
Khemais, Essid Sami Ben 147 ff.
Kombassan Holding A.S. 157 ff.
Koran 12, 41, 52, 60, 71 f., 74 f., 77, 94, 98, 126, 157, 178, 250
Kosovo Befreiungsarmee (UCK) 135
Krahwinkel, Herbert 64
»Kreuzfahrer«, Kreuzritter 13, 41, 178
Krueger, Alan 184 f., 190

Lased, Ben Heni 147 f.
LTTE 135, 187

Mafia 119
– italienische 133
– russische 127
Maleckova, Jitka 184 f., 190
»Märtyrer« 45, 93, 198; *siehe auch* Schahid
Märtyrertum 91, 190, 192
McVeigh, Timothy 198
Menschenhandel 128, 134
Milli Görüs *siehe* Islamische Gemeinschaft Milli Görüs
Milli Görüs & Perspektive (Zeitschrift) 68 f.
Milli Gazette (Zeitung) 25, 60, 68, 71, 106, 182
Mokhtar, Bouchoucha 147 f.
Moslemische Revue (Zeitschrift) 68
Moslemisches Sozialwerk in Europa (MWSE) 61
Mossad 82
Moussaoui, Zacarias 227

Mudschahedin (*auch* Mujahidun) 47, 57, 90, 192
Müller, Herbert 44
MÜSIAD *siehe* Verband Unabhängiger Industrieller und Arbeiter
Mulim-Markt 138, 140, 142 f.
Muslim Studenten Vereinigung Deutschland e.V. 164, 251, 255
Muslim Studenten Vereinigung, München (MSV) 32, 34, 37, 43, 46, 69
Muslim Studenten Vereinigung Trier e.V. 28, 128
Muslimbruderschaft 28, 32, 34 ff., 58, 69, 75, 93, 107, 126, 236, 239, 250, 252 f.
Muslime Helfen e.V. 32

Nada, Yusuf 47 ff., 51 f., 54
Nada Management 52 f.
Nahost-Konflikt 12, 178 f.
Nasreddin, Ahmed Idris 52
Nasser, Gamal Abd el 42, 47
Nationale Islamische Front (NIF) 55
Nawar, Nizar Ben Mohammed (»Saif«) 16, 32, 38
Nidal, Umm 192 f.
NPD 169

Oktar, Adnan *siehe* Harun Yahya
Organisierte Kriminalität 119, 130 ff., 137, 170, 172, 205, 231, 243
Othman, Amin (d. i. Ayman Al-Zwahiri) 48 f.
Özdogan, Hasan 62, 65 f., 70, 164
Özoguz, Yavuz 137 ff., 142 f.

Pala, Hasan 77
Palästinensische Befreiungsbewegung (PLO) 90, 179, 194, 216
Partnership Agreement Limited Partnership 126
PKK *siehe* KADEK
Prantl, Heribert 210

Qutb, Sajjid 40, 42 f., 75

Rabin, Yitzhak 179 f.
Raddatz, Hans-Peter 44
Radio Islam 181
Ramadan, Hani 47
Ramadan, Said 47
Ramadan, Tariq 47 f.
Rami, Ahmad 181
Rauschgifthandel 131 ff., 161, 226
Rechtsextremisten 178, 180 f., 225
Refah-Partei (Refah Partisi, RP) 68, 71 f., 74, 158, 240
Reid, Richard 209
Religionsfreiheit 15 f., 249
Remmerle, Wolf-Dieter 38, 182
Renata Consult 27
Reuter, Christoph 189, 191
Revisionisten 181 f.
Rote Armee Fraktion (RAF) 174, 199, 205, 213, 216, 228, 234
Rushdie, Salman 252
Rüttgers, Jürgen 164

Saadet-Partei (Saadet Partisi) 68, 158
Sarkozy, Nicolas 234
Sayet, Emad Ahmad 142
Schahid (*auch* Shahid, »Märtyrer«) 189, 193
Scharia (islamische Rechtsordnung) 12, 45, 47, 58, 71, 78, 92, 171, 174, 239, 241
Scharon, Ariel 56, 180
Schiffauer, Werner 85 ff.
Schily, Otto 83, 94 f., 101 f., 138, 154, 222, 225, 227
»Schläfer« 17, 81, 216 f., 226
Schröder, Gerhard 139
Schultz, Eberhard 228 f.
Schwarze Panther 187
Schwarzer September 200
Schweitzer, Yoram 187
Scientology 65
Seidel, Eberhard 62
Sechs-Tage-Krieg 12
Selbstmordanschläge 184, 186 f., 191 f., 195, 210, 241
Selbstmordattentäter 52, 81, 93, 102, 154, 180, 187 ff., 194, 215
Selim, Muhammed (d.i. Klaus D.) 172, 174 f., 177
11. September 2001 11, 14 ff., 31, 39, 42 f., 51 f., 61, 66, 82 f., 96, 99, 102, 107 f., 116, 139, 142 f., 146, 171, 180, 188, 190 f., 194, 203 ff., 213 ff., 218 ff., 225 ff., 232 ff., 239, 243, 251 f.
Seyfullah 85 ff., 103
Shbib, Ishan 54
SKD Bavaria Verlag 68, 126, 191, 253
SLM-Consulting 32
SLM Liegenschaftsmanagement 33
Smyrek, Steven 180
Sofu, Halil Ibrahim (d.i. Dr. Yusuf) 75, 77, 175
Spuler-Stegemann, Ursula 60 f., 70, 104, 162
Staatsschutz 23, 218, 226, 242
Stolz, Rolf 36, 61, 64

Stürmerfront für den islamischen Orient (IBDA-C) 163
Sunna 41, 91

Taliban 17, 76, 124, 130, 133, 142, 180, 211
Tarek, Charaabi 147
Terrorbekämpfung 210, 223, 235
Terrorismus 13, 26, 130 ff., 177, 184 ff., 211 f., 213 ff., 216, 220 f., 229, 233, 235 f., 243
Thamm, Berndt Georg 132, 136
TNT (Jugendmagazin) 35
Tomuschat, Christian 211
Totakhyl, Ghulam D. 65
Türkisch Islamischer Kulturverein e.V. 117
Türkische Union Europa e.V. 49, 74
Türkisches Fernsehen in Deutschland (TFD) 68
Turm-Verlag 68

Ul-Haq, Zia 12
Ummah (das islamische Kollektiv) 35, 40, 89, 91
Union für Gott (l'tilafu al-Khayr) 52, 98, 249
Union Muslimischer Studentenorganisationen in Europa e.V. (UMSO) 128, 252
United Council Pakistan 66

Verband der islamischen Vereine und Gemeinden (ICCB) 74
Verband Unabhängiger Industrieller und Arbeiter (Müstakil Sanayici ve Isadamlari Dernegi, MÜSIAD) 61 f., 65
Vereinigung der Nationalen Weltsicht in Europa e.V. (Avrupa Milli Görüs Teskilatlari, AMGT) 36, 49 f., 58, 71, 157, 160 f.
Verfassungsschutz 23, 46, 55 f., 59, 70, 83, 97, 98, 125, 136, 142, 144, 164, 169, 182, 222 f., 242
Vural, Abdurrahim 114

Waffenhandel 26, 67, 116, 120, 125 f., 129, 131 ff.
Wegener, Ulrich 242
Weinberg, Leonard 213
Weltkrieg, Zweiter 199, 208
Windfuhr, Volkhard 51
»Wohltätigkeitsorganisationen« 95, 97, 98
World Islamic Call Society (WICS) 65 f.
World Islamic Peoples Leadership (WIPL) 66
World Trade Center 16, 37, 61, 96, 127, 191, 194, 209, 215

Yahya, Harun (d.i. Adnan Oktar) 105, 126, 181, 253
Yildirim, Ali 62, 70
YIMPAS-Holding 162, 163
Yumakogullari, Osman 68

Zaidan, Amir 51, 69, 70
Zallum, Abdul Qadim 92
Zammar, Mohammed Haydar 218 f.
Zentralrat der Muslime in Deutschland 44
Zentrum für Islamische Frauenforschung und Frauenförderung (ZIF) 33
Zija, Ahmed 130
Zündel, Ernst 181

Danksagung

Der Autor dankt jenen Mitarbeitern des Bundeskriminalamtes in Wiesbaden und seiner Außenstelle in Meckenheim, die sich für die Sicherheit der Bundesbürger unermüdlich einsetzen und dennoch von Politikern wie auch ihren Vorgesetzten nicht sonderlich in ihrem Engagement gewürdig werden, dem Bundesamt für Verfassungsschutz, den Landesämtern für Verfassungsschutz, dem Bundesnachrichtendienst, dem israelischen Auslandsgeheimdienst Mossad, amerikanischen, niederländischen, britischen und französischen Mitarbeitern von Nachrichtendiensten, Botschaften und Konsulaten für das Überlassen von Unterlagen, dem bayerischen Innenminister Beckstein für vertrauliche Gespräche, der Marburger Islamwissenschaftlerin Ursula Spuler-Stegemann für die Durchsicht des Manuskripts und zahlreiche Anregungen, dem Kölner Journalisten Ahmet Senyurt, einem der besten Kenner der europäischen Islamisten-Szene, Dr. Barbara Werner für ihre redaktionelle Hilfe und Anregungen bei der Bearbeitung des Manuskripts, den »Hexenkurieren« Katharina Kahlert und Bianca Schulz vom Frankfurter »Professional Courier Service« für stets pünktliche und zuverlässige Transporte einzelner Passagen zwischen Autor, Anwälten und Verlag, den Anwälten Felix Damm und Dr. Ingeborg Schwarz für wertvolle rechtliche Hinweise zum Manuskript, der Lektorin Carmen Kölz vom Eichborn Verlag für ihr Engagement, dem GSG-9-Gründer General Ulrich Wegener und dem derzeitigen GSG-9-Kommandeur Friedrich Eichele für Anregungen. Abschließend dankt der Autor auch seiner Frau Doris für ihre Geduld während der endlosen Recherchen.

Ungenannt bleiben müssen jene Freunde unserer Harley-Davidson-Clique, die für den Autor regelmäßig Verschlusssachen von Informanten entgegengenommen haben. Die Achselhöhlen dieser angeblich so »harten Jungs« wiesen nach solchen »Einsätzen« bisweilen eindrucksvolle Schweißflecke auf, weil sie ständig fürchteten, mit ihren mindestens 100 Phon lauten Auspuffanlagen in eine Polizeikontrolle zu geraten, bei der dann wohl auch brisante Unterlagen gefunden worden wären ...